中华泰山文库·著述书系

泰山风景名胜区管理委员会 编

王东峰 著

福建泰山信仰调查

山东人民出版社 · 济南

图书在版编目（CIP）数据

福建泰山信仰调查 / 王东峰著. —— 济南：山东人民出版社，2023.3
（中华泰山文库·著述书系）
ISBN 978-7-209-12773-8

Ⅰ.①福… Ⅱ.①王… Ⅲ.①泰山—文化研究 Ⅳ.①K928.3

中国版本图书馆CIP数据核字（2022）第018159号

项目统筹　胡长青
责任编辑　张艳艳
装帧设计　武　斌　王园园
项目完成　文化艺术编辑室

福建泰山信仰调查
FUJIAN TAISHAN XINYANG DIAOCHA
王东峰　著

主管单位　山东出版传媒股份有限公司
出版发行　山东人民出版社
出 版 人　胡长青
社　　址　济南市市中区舜耕路517号
邮　　编　250003
电　　话　总编室（0531）82098914
　　　　　市场部（0531）82098027
网　　址　http://www.sd-book.com.cn
印　　装　山东新华印务有限公司
经　　销　新华书店

规　　格　16开（210mm×285mm）
印　　张　21
字　　数　350千字
版　　次　2023年3月第1版
印　　次　2023年3月第1次
印　　数　1—1000
ISBN 978-7-209-12773-8
定　　价　280.00元
如有印装质量问题，请与出版社总编室联系调换。

立岱宗之弘毅

——序《中华泰山文库》

一生中能与泰山结缘，是我的幸福。

泰山在中国人民生活中有着广泛而深远的影响，人们常说"重于泰山""泰山北斗""有眼不识泰山"……在中国人心目中，泰山几乎是"伟大""崇高"的同义语。秉持泰山文化，传承泰山文化，简而言之，主要就是学做人，以德树人，以仁化人，归于"天人合德"的崇高境界。

自1979年到现在，我先后登临岱顶46次，涵盖自己中年到老年的生命进程。在这漫长岁月里，纵情山水之间，求索天人之际，以泰山为师，仰之弥高，探之弥深。从泰山文化的博大精深中，感悟到"生有涯，学泰山无涯"。

我学习泰山文化，经历了一个由美学考察到哲学探索的过程。美学考察是其开端。记得在20世纪80年代，为给泰山申报世界文化与自然遗产做准备，许多专家学者对泰山的文化与自然价值进行了考察评价。当时，北京大学有部分专家教授包括我在内参加了这一工作。按分工，我研究泰山的美学价值，撰写了《泰山美学考察》一文，对泰山的壮美——阳刚之美的自然特征、精神内涵以及对审美主体的重要作用，有了较深的体悟。除了理论上的探索，我还创作了三十多首有关泰山的诗作，如《泰山颂》：

> 高而可登，雄而可亲。
>
> 松石为骨，清泉为心。
>
> 呼吸宇宙，吐纳风云。
>
> 海天之怀，华夏之魂。

这是我对泰山的基本感受和认识。这首诗先后刻在了泰山的朝阳洞与天外村。

我认为泰山的最大魅力在于激发人的生命活力。我对泰山文化的学习，开端于美学，深化在哲学。两者往往交融在一起。在攀登泰山时，既有审美的享受，又有哲学的启迪（泰山自然景观和人文景观的结合，体现了一种天人合一的艺术境界）。对泰山的审美离不开形象、直觉，哲学的探索则比较抽象。哲学关乎世界观，在文化体系中处于核心地位，对人的精神影响更为深沉而持久。有朋友问我：能否用一个词来概括泰山对自己的最深刻的影响？我回答：这个词应该是生命的"生"。可以说，泰山文化是以生命为中心的天人之学，其内涵非常丰富，可谓中国文化史的一个缩影。泰山文化包容儒释道，但起主导作用的是儒家文化，与孔子思想有千丝万缕的联系。《周易·系辞下》中讲"天地之大德曰生"，天地生育万物，既不图回报，也不居功，广大无私，包容万物，这是一种大德。天生人，人就应当秉承这种德行，对于人的生命来说，德是其灵魂。品德体现了如何做人。品德可以决定一个人的人生方向、道路乃至生命质量。人的价值和意义离开德便无从谈起。蔡元培先生讲："德育实为完全人格之本，若无德，则虽体魄智力发达，适足助其为恶，无益也。"

"天行健，君子以自强不息；地势坤，君子以厚德载物。"这两句话深刻地体现了"天人合德"的思想。学习泰山文化要与时代精神相结合。泰山文化中"生"的精神对我影响很大，近四十年，我好像上了一次人生大学，感到生生不已，日新又新，这种精神感召自己奋斗、攀登，为人民事业做奉献。虽然我已经97岁，但生活仍然过得充实愉快，是泰山给了我新的生命。

泰山文化是中华民族优秀传统文化的主要象征之一，是我们民族文化的瑰宝。在这方面，历史为我们留下了浩瀚的资料，亟待整理。挖掘、整理泰山文化，是推动中华优秀文化遗产的创造性转化、创新性发展的迫切需要。

日前，泰山风景名胜区管理委员会的同志来舍下，告知他们正在编纂《中华泰山文库》。丛书分为古籍、著述、外文及口述影像四大书系，拟定120卷本，洋洋五千万言，计划三到五年完成。我听了非常振奋！这是关乎泰山文化的一件大事，惠及当今，功在后世，是一项了不起的文化工程。我对泰山风景名胜区管理委员会领导同志的文化眼光、文化自觉、文化胆识和文化担当，表示由衷钦佩；对丛书的编纂，表示赞成。我认为，编纂《中华泰山文库》丛书，将其作为一个新的文化平台，重要意义在于：

首先，对于泰山文化的集成，善莫大焉。关于泰山的文献，正所谓"经典沉深，载籍浩瀚"（刘勰《文心雕龙》）。从大汶口文化时期的象形符号，到文字记载的《诗经》，再到二十五史，直至今天，在各个历史阶段都不曾缺项。一座山留下如此完整、系统、海量的资料，这是任何山岳都无法与其比肩的，在世界范围内也具有唯一性。《中华泰山文库》的编纂，进一步开拓了泰山文化的深度和广度，对于古今中外泰山文化资料及研究成果的发掘、整理、集成、保存，都具有无与伦比的综合性、优越性和权威性，可谓集之大成；同时，作为文化平台，其建设有利于文化资源和遗产共享。

其次，对于泰山文化的研究，善莫大焉。文献资料是知识的积累，是前人智慧的结晶，是文化、文明的成果。任何研究离开资料，都是无米之炊。任何研究成果都是建立在资料的基础上。同时，每当新的资料出现，都会给研究带来质的变化。《中华泰山文库》囊括了典籍志书、学术著述、外文译著、口述影像多个门类，一方面为学术研究提供了所必需的文献资料，大大方便了研究者的工作；另一方面，宏富的文献资料便于研究者海选、检索、取舍、勘校，将其应用于研究，以利于更好地去伪存真、去粗取精，提高研究效率和研究质量。

再次，对于泰山文化的创新，善莫大焉。文化唯有创新，才会具有更强大的生命力。所以说，文化创新工作永远在路上。新时代泰山文化的创新，质言之，泰山文化如何引领新时代的精神文明，服务于新时代的精神文明建设，是一个重大课题。就其创新而言，《中华泰山文库》丛书的编纂本身就是一种立意高远的文化创新。它有目的、有计划、有系统地广泛征集、融汇泰山文献资料，集腋成裘，聚沙成塔，夯实了泰山文化的基础，成为泰山文化创新的里程碑。另外，外文书籍的编纂，开阔了泰山走向世界、世界了解泰山的窗口，对于泰山更好地走向世界、融入世界，具有重要的现实意义。而口述泰山的编纂，则是首开先河，把音频、影像等鲜活的泰山文化资料呈现给世人。《中华泰山文库》的富藏，为深入研究泰山的文化自然遗产，提供了坚实的物质保障。

最后，对于泰山文化的传承，善莫大焉。从文化的视角着眼，随着经济社会的发展变革，亟须深化对优秀传统文化重要性的认识，以进一步增强文化自觉和文化自信；通过深入挖掘优秀传统文化价值内涵，进一步激发其生机与活力；着力构建优秀传统文化传承发展体系，使人民群众得到深厚的文化滋养，不断提高文化素养，以增强文化软实力。毋庸讳言，《中华泰山文库》负载的正是这样一个优秀传统文化传承发展体系。如上所述，集成、研究、创新的最终目的，就是为了增强泰山文化的生命力，祖祖辈辈传承下去，延续、共享这一人类文明的文化成果。这是一个民族兴旺发达的源泉所在。《中华泰山文库》定会秉承本初，薪火相传，继往开来。

更为可喜的是，泰山自然学科资料的整理和研究，也是《中华泰山文库》的重要组成部分，无论是地质的还是动植物的，同样是珍贵的世界遗产。

中国共产党第十九次全国代表大会报告中指出："文化自信是一个国家、一个民族发展中更基本、更深沉、更持久的力量。必须坚持马克思主义，牢固树立共产主义远大理想和中国特色社会主义共同理想，培育和践行社会主义核心价值观，不断增强意识形态领域主导权和话语权，推动中华优秀传统文化创造性转化、创新性发展，继承革命文化，发展社会主义先进文化，不忘本来、吸收外来、面向未来，更好构筑中国精神、中国价值、中国力量，为人民提供精神指引。"这是我们编纂《中华泰山文库》丛书工作的指南。

编纂《中华泰山文库》丛书是一项浩繁的文化系统工程，要充分考虑到它的难度、强度和长度。既要有气魄，又要有毅力；既要正视困难，又要增强信心。行百里者半于九十，知难而进，迎难而上，才能善始善终地完成这项工作。这也是我的一点要求和希望。

值此《中华泰山文库》即将付梓之际，泰山风景名胜区管理委员会的同志嘱我为之作序，却之不恭，写下了以上文字。我晚年的座右铭是："品日月之光辉，悟天地之美德，立岱宗之弘毅，得荷花之尚洁。"所谓"弘毅"，曾子有曰："士不可以不弘毅，任重而道远。仁以为己任，不亦重乎？死而后已，不亦远乎？"故而，名序为：立岱宗之弘毅。

杨辛
2018年7月

序

　　2019年11月23日，我在北京黄河京都会议中心参加第三届东岳论坛，这期间结识了王东峰先生。当时我的发言题目是《东岳大帝信仰的人文意义探究》，提到我与泰山有着深厚的感情，因为我是在泰山脚下的济南出生和长大的；我又介绍说，齐鲁文化在整个中国文化中颇具代表性，而"一山一水一圣人"反映了齐鲁文化的内涵和精髓。"一山"指的就是大名鼎鼎的泰山；"一水"指的是"天下第一泉"趵突泉；"一圣人"指的是儒家文化的开山祖师孔子。山水相依，圣人相伴，更能突出人杰地灵。

　　正是我的这些发言触动了王东峰先生，他在会场上找到我，说我们是老乡，都对家乡有着深深的眷恋；尤其对泰山文化，我和王先生更是有共同的兴趣和关注。本月初，我收到王先生的信息，邀请我给他福建泰山信仰调研的专著写一篇序言。我的第一感觉是家乡朋友的信任不能辜负；然后就是发自内心恭喜王先生大作出版，为弘扬家乡文化作出贡献。

　　我认为，任何信仰民俗都具有人文理性和宗教神性两个方面，所以，以泰山信仰为个案探讨人文性具有重要的学术价值。泰山是"天下第一山"，东岳大帝被尊为神界的"中界至尊"，东岳庙也广布于全国各地乃至海外。王先生以一己之力遍访福建，涉足闹市、乡村、山林、江海甚至坟地，调研了大量场所，观摩了大量民俗活动，并进行了充分的整理、归纳、统计、考证，其中辛苦可想而知。王先生的调研拓宽了泰山信仰研究的地域范围和视野，具有十分重要的学术价值。

　　《福建泰山信仰调查》分为导语、福建泰山信仰的主神体系、配神体系、旁祀神体系、福建泰山庙概况、福建泰山信仰的民风民俗、宗教职能、社会职能共八部分，后附新时代的泰山精神分析、福建泰山庙统计表，论述全面，条分缕析，脉络清晰，环环相扣，读来令人兴味盎然。我认为这是一部非常值得读的学术著作，其亮点表现在：（1）根基扎实，不故弄玄虚，每一处知识点都有精确的出处，可谓考证严谨、有根有据，体现了作者务实的学风；（2）田野调查资料非常丰富，列举了大量实例，并附现场照片，可谓图文并茂、内容翔实，体现了作者求真的治学态度；（3）文笔流畅，且引用了许多通俗易懂的素材，如清末美国传教士卢公明的记载，增加了该书的可读性，可谓雅俗共赏、引人入胜，体现了作者兼顾学术性和可读性的写作风格；（4）提出了多个有创建的学术观点，如将泰山称为"始祖之山""帝王之山""人民之山"，对新时代的泰山精神更是有独到的见解，这些都是作者在大量实际调研基础上独立思考的结果，可谓匠心独运、孤明先发，体现了作者继承和创新的学术开拓精神。总之，该著为读者了解泰山信仰及其衍布打开了一面窗户，吹入了新鲜的空气，一定会为民俗文化的繁荣和发展起到添砖加瓦的积极作用。

以下是我对泰山信仰的理解和阐释：

泰山信仰源于对泰山的自然崇拜，泰山自然神则源于中国原始宗教的自然崇拜。自然崇拜排在远古时期的五大崇拜（自然崇拜、灵魂崇拜、生殖崇拜、图腾崇拜和祖先崇拜）之首，自然崇拜中山的崇拜尤其引人注目，在周易八卦中山为"艮"，成为预测吉凶和未来的八卦之一。古时"泰"与"太""大"相通，所以泰山也写作"太山""大山"，"泰"乃大中之大也，故有"泰山北斗"之说；"泰"亦为《周易》的卦名，正所谓"天地交，泰"，所以"泰"有天地交而万物通之意。泰卦与否卦刚好相反，有所谓"否极泰来"之说，属于中国祥瑞文化的范畴，故有"泰安"之地名。孔子有"登东山而小鲁，登泰山而小天下"（《孟子·尽心上》）之感叹。历代吟咏泰山的诗文当推诗圣杜甫的《望岳》、诗仙李白的《泰山吟》，其中的"会当凌绝顶，一览众山小""天门一长啸，万里清风来"成为千古绝唱。

在方位术数方面，泰山为东方之神。在五行中东方属木德，木为五行之首，"東"字从"木""日"，甲骨文中"木"与"桑"通，古时有"日出扶桑"之说，东方是太阳升起的地方，太阳给自然万物以生命，给人类以光明和温暖；在四时中东方为"春"，"春之为言蠢也，产万物者也"（《礼记·乡饮酒义》）；在五帝中东方为"青帝"；在五常中东方为"仁"，乃天地大德；在九天中东方为"苍天"；在后天八卦中东方的"震"与"苍龙"，则是帝王出生腾飞之地。泰山在五岳中独尊也与方位术数有重大关系，东方与孕育生命的太阳和春天相缘相伴，属于人类与世间万物的生命之本源。在古人心目中泰山离天最近，按照"山岳则配天"的观念，作为"东天一柱"的泰山正是阴阳始代、天地交泰之地。早在夏商周三代以前，祖先就在泰山极顶"古登封台""燔柴以祀天"，泰山崇拜与天地崇拜的结合便愈加密切。

在灵魂崇拜方面，东岳大帝的来历众说纷纭，其中的泰山神乃天帝之孙的说法非常流行，说明东岳大帝有更替王朝和稳固江山的职能，历代帝王的封禅和祭祀活动在泰山就说明了这一点。《后汉书·乌桓鲜卑列传》说中国人死者魂归于泰山，则说明泰山有治鬼和主人生死贵贱的职能，历史上记载东岳大帝管理阴曹地府的文献资料汗牛充栋，可见东岳大帝主持着人死后的归宿，灵魂不灭的观念与来世思想相结合便具有了丰富的伦理意义和人文色彩。泰山信仰有促进民族凝聚力的作用，传统中有"魂归泰山"的说法，这便是一种"落叶归根"思想。中国人的"寻根"心理非常普遍，泰山之所以能成为中华民族心目中的神山，成为中华民族共同的精神象征，"落叶归根"的传统文化和心理积淀应该说是一个非常重要的因素。

在祖先崇拜方面，"封禅"制度是泰山文化的重要表现，体现出汉民族"敬天法祖"的心理特质，从而形成了政治与信仰相结合的历史格局。这一格局的形成与历史上所倡导的"以孝事君则忠"的观念是相联系的，其将家祭与国祭结合在了一起，颇具中国特色，体现了中国宗法文化的内在结构。"封禅"文化延伸出来就是"君权神授""天人感应"和"天命神权"的思想，这乃"封禅"行为的核心所在，更是泰山宗法文化的重要命题。最高统治者被视为天之子，对天的崇拜敬仰成为维护统治的重要形式。历代帝王在泰山的封禅与祭祀活动丰富了泰山宗法文化的内涵，有力地提升了泰山的历史地位，究其实，泰山之"五岳独尊"本质上是天子独尊，是神化帝王权威的反映。

在女性崇拜方面，碧霞元君又称泰山老奶奶，其存在说明在母系氏族社会中女性是掌控繁衍生息的主力军并对女性加以崇拜，这样的母神崇拜和相应的神话就成为上古时期的泰山文化之源；对碧霞元君的崇拜敬仰和登山进香活动则构成泰山民俗行为与崇拜心理的主要内容。

在神仙崇拜方面，战国秦汉时期信奉方仙道的方士们纷纷到泰山修炼求仙。"仙"与"山"有密切的联系，帝王封禅求仙也与泰山有千丝万缕的联系。汉武帝曾先后七次到泰山祭天以求国泰民安和长生不老，上至帝王下至百姓，心目中都形成了较为系统的泰山主长生的信仰观念。泰山信仰启于周秦，延至汉晋，兴于唐宋，盛于明清，有着深厚的历史人文内涵；其有一种文化的凝聚力，在某种程度上代表着民众共同的信仰和心理需求，是中华民族的根脉性文化。泰山留给我们丰富的精神内涵，被赋予多重文化含义，已经超越了自然物的范畴；也正由于其强大的人文价值，才使泰山矗立在人们心中而形成一座不朽的丰碑，才使泰山信仰成为中华民族信仰中非常重要的组成部分。

自然崇拜、方位崇拜、灵魂崇拜、祖先崇拜、女性崇拜和神仙崇拜六大崇拜构成了泰山信仰的主要内涵，折射出泰山信仰所蕴含的"敬畏自然""和于术数""慎终追远""敬天法祖""守雌贵柔""仙道贵生"等人文精神，是中华民族精神的凝聚和浓缩。

以上是我对泰山信仰内涵和意义的分析与归纳，愿其能对读者理解《福建泰山信仰调查》一书的写作意义起到一定的助读作用。

谢路军

中央民族大学教授，博士生导师

2021年12月20日于北京房山

目　录

导　语

　　中华文明发祥地的黄河中下游，是一片呈月牙状的平原地区，先民们在此繁衍生息、孕育文明，处于这片地区中心的制高点——泰山，便进入了先民的视野。他们对自然界的未知、敬畏，对神秘力量的原始自然崇拜，以及对自身平安、幸福、健康消灾的美好愿望逐渐演化成了泰山信仰和泰山民俗文化。

　　从原始崇拜之蛹中羽化而出的是神。自从神灵出现以后，由于其能在更大范围内满足人们的精神需要并提供了更大的想象空间，尤其当灵魂世界建立以后，这个宗教因素得到了迅速发展，帝王将相、黎民百姓、文人雅士、宗教各派纷纷在泰山上留下了深深的足迹，不仅改变了自然山体的风貌，更塑造了涵盖人文、宗教意义上的泰山。泰山信仰在逐渐形成了一个独具特色的神灵崇拜体系的同时，也没有居于一隅，而是随着历代民众的迁徙广为传播。在传播过程中，虽然曾遇到了一定的阻力，产生了一些争论，然而民众并没有把对神灵的崇拜当作一件刻板的事情，反而积极接纳，使之更加适应本地的土壤，由此形成了各式各样、色彩纷呈的泰山信仰形态。

　　泰山信仰崇拜是和泰山的自然高度、泰山在人们心中的高度相吻合的，其传播呈放射状，从南到北，从西到东，分布广泛且深入人心，是人们自愿的一种信仰行为。本书就福建区域的泰山信仰进行调查，辑成《福建泰山信仰调查》一书，旨在抛砖引玉，为泰山信仰的区域研究打开一扇窗口，为泰山信仰的区域分布现状留下历史的原貌记录。

一、泰山信仰的源头与流布

　　泰山神属自然神，源于原始的自然崇拜。古时"泰"与"大""太"相通，泰山就是"大山""太山"。泰山是万物交代的群山之长。古人对泰山的崇拜，最早取决于人类生存、生活对它的依存关系，故而理所当然地受到古人的崇拜。泰山崇拜还与天地崇拜紧密相连。自然崇拜的某些对象逐渐被赋予某些社会属性，自然神开始逐渐人格化。

南宋马端临《文献通考》也指出："岱庙东岳，以其处东，北居寅丑之间，万物终始之地，阴阳交泰之所，为众山之所宗主也。"①现代地质学印证了神话所具有的科学性。地球形成初期，熔岩和尘埃使地球处在混沌状态，泰山形成于开天辟地之初，天开于子，地辟于丑，人生于寅，自此海陆沉浮、天清地明、阳光普照、沧海桑田，万物孕育生命，人类才有了进化、繁衍的生存环境。没有地质学概念的古人将泰山作为万山之祖，阴阳始代、天地交泰之地，或许冥冥中有其必然。

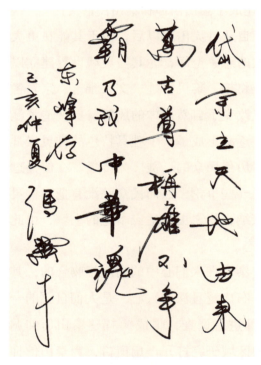

图1　冯骥才先生题诗："岱宗立天地，由来万古尊。称雄不争霸，乃我中华魂。"

名山有一个普遍现象，就是一座大山往往只有一种宗教存在，泰山却以其博大的胸怀，创造了世界独一无二的"泰山不择细壤，故能成其大"的精神圣地。

孔子经常往来于泰山之下，多次登泰山。"孔子圣中之泰山，泰山岳中之孔子"，明代严云霄《咏孔子庙》中的这两句作为一楹联，挂在了孔子庙的东配殿，成为"人杰地灵"的最好诠释。孔子登泰山、学泰山、颂泰山，为泰山的精神内涵打下了坚实基础。一个春寒料峭的早晨，孔子起床后一反常态，背着手拖着拐杖长叹："泰山其颓乎！梁木其坏乎！哲人其萎乎！"②七天后，孔子逝世，享年七十三岁。

---

①　《二十五史》刊行委员会：《二十五史补编·汉书地理志补注》，《二十五史》刊行委员会1955年印，第220页。

②　陈洪、乔以钢主编：《诗词名句手册》，南开大学出版社2009年版，第412页。

　　孔子逝世百年后，孟子继承并发展了孔子的思想。由于泰山脚下的邹鲁地区诞生了这两位圣人，许多地方以邹鲁自称，如安徽徽州、浙江温州称"东南邹鲁"，福建的福州、泉州、莆田、长乐、福清、东山等多地亦称"海滨邹鲁"。孔子的温文敦厚、文质彬彬，孟子的至大至刚、浩然正气，给"泰山岩岩"注入了儒家的人格内涵，使它像天柱一样支撑着中国的社会、文化、道德与信仰的天空。

　　泰山山势雄伟、突兀峻拔，上古时期便是神仙家和方士们的重要场所。秦汉时期，在魂魄二元的灵

图2　东山县南溟书院对联"道衍唐虞佑启一方邹鲁　心同日月照明万古乾坤"

魂观念框架内，人们构想死后魂归于泰山支脉蒿里山，而人往往丛葬于泰山另一支脉梁父山，并以此创作了大量的诗文：

　　　　蒿里谁家地，聚敛魂魄无贤愚。（西汉《乐府·蒿里》）①

　　　　梁父亦有馆，蒿里亦有亭。幽岑延万鬼，神房集百灵。长吟泰山侧，慷慨激楚声。（西晋　陆机《泰山吟》）②

　　泰山西麓黄西河从大石峡至泮河一段名为"奈河"，由此衍生出民间传说中的"奈河（何）桥"。大约在东汉后期，逐渐形成了"魂归泰山""泰山治鬼"的说法。《后汉书·乌桓鲜卑列传》记载："肥养一犬……使护死者神灵归赤山。赤山在辽东西北数千里，如中国人死者魂神归岱山也。"③《三国志·魏

①　吴小如主编：《汉魏六朝诗鉴赏辞典》，上海辞书出版社1992年版，第193页。
②　傅璇琮等主编：《中国诗学大辞典》，浙江教育出版社1999年版，第1034页。
③　〔南北朝〕范晔：《后汉书》，太白文艺出版社2006年版，第699页。

图3　莆田市荔城区梅园东路莆阳书院（原东岳殿）对联"地疑齐鲁阴阳界　德配乾坤广大生"

书·方技传》中有一段管辂的话："但恐至太山治鬼，不得治生人，如何！"①近代学者罗振玉《贞松堂集古遗文》中提到，出土的东汉"镇墓券"中有"生人属西长安，死人属东太山""生属长安，死属太山，死生异处，不得相防（妨）"之语。②德国汉学家卫礼贤写道："在离孔子诞生地曲阜不远的地方，坐落着神圣的泰山，泰山是中国的奥林匹斯山。人们认为泰山是最具灵性的，中国各地都有敬奉这座圣山的庙宇。在这些庙宇中，泰山都是作为生与死的守护者受到尊敬。生与死都归泰山掌管，敬献给它的牺牲往往是最壮观的。"③

　　道教把泰山神的神性二元化，通过"阴阳交代之地"而将泰山的神性二元化，把主宰生命和春天的泰山神奉为青帝，在岱顶修建了一座青帝宫，却把管理阴司的泰山神奉为东岳大帝，让他端坐在泰山脚下的岱庙中。黄巢曾吟出了"他年我若为青帝，报与桃花一处开"的诗句，但大部分的普通人往往更重视冥冥中的死亡和来世。于是，二元化后的泰山神，其神性在人们的信仰中发生了偏移，作为青帝的泰山神越来越淡出人们的视线，而作为东岳大帝的泰山神却日益受到人们的膜拜。或许，恐惧和未知比今生更能激发人们的宗教感情。

　　但是，泰山最伟大的神灵是一位女神——泰山天仙玉女碧霞元君。汪曾祺先生在《泰山片石》中讲："碧霞元君实际上取代了东岳大帝，成为泰山的主神。"④

① 〔西晋〕陈寿：《三国志》，中国纺织出版社2017年版，第139页。
② 罗振玉：《贞松堂集古遗文》下册，北京图书馆出版社2003年版，第659页。
③ 〔德〕卫礼贤：《圣山》，载《中国心灵》，国际文化出版公司1998年版，第87～88页。
④ 汪曾祺：《汪曾祺散文选集》，百花文艺出版社2009年版，第231页。

与正襟危坐、严肃拘谨的东岳大帝相比，这位女神以其充满人情味、富有同情心的形象，让民众倍觉亲切：她是慈眉善目的老奶奶，送子治病，抚慰伤痛；她是善良聪慧的百姓保护神，惩治强暴，保护弱小；她护国佑民，灵应九州。因此，元论帝王还是百姓，都把她当作自己的保护神朝拜祭祀，碧霞元君也逐渐成为民众心目中的慈母、圣母、老母。①

佛教来到中国，首先遭遇了本土化的难题，浓厚的异域色彩跟本土理念不可避免地产生了磕碰，如印度和西域的胡人宣扬佛教理论"八正道"，却被戏谑为"胡说八道"。为了能在中国站稳脚跟，所采取的重要方法，即佛教所谓的"善巧方便"，就是迎合本土的观念、附会中国的传统，泰山在此时进入了佛教的视野。

译经借用——早期佛经中的"泰山地狱"。"泰山治鬼"说自然成为佛教宣传"地狱"说最合适的借用对象，从而有了"泰山地狱"这一中国佛教特有的概念：

　　　　在世间皆为恶业无所畏难，死后当入泰山地狱，苦痛极哉。（三国　月氏国支谦译《五母子经》）②

　　　　渐当入泰山地狱。（南北朝　竺佛念译《出曜经》）③

胡适曾提到他晚年的一大发现："我看《法苑珠林》这一部唐人的书，说泰山就是地狱。我初时还不敢相信。再翻《大藏经》里的《六度集经》，说到泰山地狱的有好多处。《六度集经》是三国时代译的。那时民间已有死上泰山的迷信，所以译者就利用这点译泰山地狱、地狱泰山了。这个发现，我可以把'十殿阎王'里的泰山王和泰山府君都连起来了。"④对此种现象，钱锺书则评价："经来白马，泰山更成地狱之别名。"⑤

反客为主——将泰山神纳入佛教体系。随着佛教地狱观念渐渐流行，泰山治鬼的影响力则渐渐萎缩。对此，顾颉刚先生说：

---

①　王鲁湘、王德全：《中华泰山》，五洲传播出版社2015年版，第153页。

②　《中华大藏经》编辑局编：《中华大藏经》（汉文部分）第34册，中华书局1988年版，第471页。

③　郑天挺等主编：《中国历史大辞典》上卷，上海辞书出版社2000年版，第921页。

④　胡颂平：《胡适之先生晚年谈话录》，新星出版社2006年版，第204～205页。

⑤　钱锺书：《管锥编》第1册，中华书局1979年版，第289页。

　　东岳是中国未有阎罗王时的阎罗王……阎罗王未入中国之先，鬼是东岳管的，阎罗王入了中国，鬼是阎罗王管的。但东岳的势力还在，所以阎罗王做了东岳的层属。道教本是集合各时代的信仰而成的，所以古代的东岳、后起的阎罗王，都会聚在一块。佛教没有受多大道教的同化，所以阎罗王依然保持他治鬼的主权。[①]

　　在佛教神话体系中，设置了二十四位护法神"二十四诸天"，东岳大帝为其中之一，并设置地狱十殿冥王，第七殿为泰山王。"十殿冥王"之说将中国本土的泰山治鬼吸收到了佛教地狱当中，进而使佛教进一步中国化。在闽南地区，往往将泰山庙称为"亚公庙"，"亚公"即闽南语"阎王"，将注生娘娘与阎罗王供奉在东岳大帝两侧，作为分管生死职能的"副手"，称东岳大帝为"大岳"、阎罗王为"小岳"。

图4　长汀县兆征路汀州城隍庙的七殿泰山王壁画

---

　　① 顾颉刚：《东岳庙的七十二司》，载《顾颉刚民俗学论集》，上海文艺出版社1998年版，第411～412页。

此外，佛教还试图从地理上攻占泰山，如在周边建佛寺，在岱顶舍身崖上刻文殊菩萨像，在石坪上刻《金刚经》等等。长期同处泰山的儒、释、道，在泰山发展的过程中，经历了斗争和融合的复杂过程，你中有我，我中有你，彼此之间吸取对方的精华，排除糟粕，经过消化改造，创造新的思想体系。一方面，他们互相制约，使每一方不致走向极端，另一方面，他们又互相渗透、共存共荣。在儒释道斗争又融合的过程中，体现着和谐的美。这就是泰山，其兼容并蓄和独立不移，都一样的强大。

从具体人的角度，每个人心中都装着一个宇宙，这个宇宙包括天地、神灵、祖先和人。天地孕育万物，是人类赖以生存的家园，祖先孕育了自己，神灵则无时不在、无处不有，故坚信"举头三尺有神明"，对自然、天地、神灵始终保持一颗敬畏之心。在这种宇宙观、文化生活观影响之下，对泰山进行崇拜奉祀的不止有始祖、帝王，更有人民。

在泰山上筑土为坛以祭天，报天之功，故曰"封"；在泰山下小山上祭地，报地之功，故曰"禅"。"封"即在岱顶聚土筑圆台祭天帝，增泰山之高以表功归于天；"禅"即在岱下小山丘积土筑方坛祭地神，增大地之厚以报福广恩厚之意。泰山通天拔地，人间的帝王应到泰山去祭过天地，才算受命于天。《史记》记载古代泰山封禅的有七十二代始祖，著名的有无怀、伏羲、神农、炎帝、黄帝、颛顼、帝喾、尧、舜、禹等。[①]《韩非子》也提到："昔者黄帝合鬼神于泰山之上。"[②]北宋李

图5　漳州市芗城区新华东路东岳庙的九天玄女

① 〔西汉〕司马迁：《史记》（点校本二十四史修订本），中华书局2014年版，第1638页。
② 〔战国〕韩非著，〔清〕顾广圻注：《韩非子》，上海古籍出版社1996年版，第35页。

昉《太平御览》记载："黄帝与蚩尤九战九不胜。黄帝归于太山，三日三夜天雾冥。有一妇人，人首鸟形，黄帝稽首再拜，伏不敢起。妇人曰：'吾玄女也。子欲何问？'黄帝曰：'小子欲万战万胜，万隐万匿，首当从何起？'遂得战法焉。"①

追随着祖先的脚步，历代帝王到泰山或封禅或祭祀。宣统三年（1911），中国最后一个王朝的背影消失了，泰山与帝王维系了数千年的关系就此落幕。从此，泰山彻底成为人民的泰山，继续为中华民族亿万人民瞻仰。

人民对泰山的情感更加朴实而直接，多求得东岳大帝和泰山老奶奶的庇佑，摄影家焦波作品《俺爹俺娘》中深情地讲道："爷爷一辈子没上过泰山，爹抱着爷爷的遗像爬上泰山。"②威然可敬的东岳大帝，慈祥可亲的泰山老奶奶，随处可见的泰山石敢当，代表了有求必应的神灵信仰；规模浩大的香社组织，祈福还愿的香客队伍，展示了芸芸众生的心灵诉求。

图6　泉州市泉港区诚峰村东岳庙的香火

无论佛道儒的争取，还是始祖、帝王祈求江山的长治久安、自身的长生不死，还是普通人民的朴素信仰，泰山始终是中华的圣地。陕西黄帝陵用泰山石铭刻黄帝功绩、昭示后人，几千年来泰山已深深融入炎黄子孙的血脉之中。

二、泰山信仰入闽

泰山信仰的传播并不顺利，南传之初，福建是拒绝泰山信仰的。

由于福建东南面临海，东北有太姥山和鹫峰山，西北至整个西部横亘着武夷山脉，西南是博平岭，这种特殊的地理条件使古代福建处在一种半封闭状态，

①　严可均：《全上古三代秦汉三国六朝文》，中华书局1987年版，第114页。
②　焦波：《俺爹俺娘》，山东画报出版社1998年版，第105页。

与中原地区的沟通往来非常有限，因而在信仰文化方面也就自成体系。秦汉以前，福建是闽越族的聚居地。闽越人以图腾信仰为主，闽字为门内一虫，他们将蛇视为与本部族有亲缘关系的灵物，对蛇加以崇拜。

秦汉时期，福建与中原的交往有所增加，汉人开始向东南沿海地区迁徙。从晋代到南宋，先后出现三次汉人南迁高潮——晋永嘉之乱、唐安史之乱、宋靖康之难。晋代福建人口仅8000户，南宋嘉定十六年（1223）猛增至159.9多万户，明代何乔远《闽书》记载："晋永嘉二年，中州板荡，衣冠始入闽者八族，所谓林、黄、陈、郑、詹、丘、何、胡是也。"① 南宋梁克家《三山志》记录了从北宋到南宋淳熙年间福州人口的剧烈变化：

> 国初，主客户凡九万四千五百一十。景德，一十一万四千八百六十二。治平，一十九万七千一百七十六。元丰，二十一万一千五百四十六。建炎以来，户至二十七万二百有一，口四十七万七千三百四十四。以今较之，户加建炎五之一，口加三之一。②

中原汉人迁徙入闽，带来了先进的生产技术和生产工具，同时也带来了北方的信仰。唐以前，福建经济落后，民力困乏，无法建造太多的寺院。从晋太康三年（282）至唐开业五年（840）的558年间，福州附属各邑只建寺院76座，平均7年多才建一座。到了五代宋元时期，经济发展了，百姓踊跃捐资兴建寺院，五代时，仅福州府属各邑建造的寺庙就多达488座，平均每年以6座的速度递增。北宋庆历三年（1043），福州府寺院达1625座之多。③ 但外来信仰被接受并不是一帆风顺的，直接面临着神灵越界问题——"祭不越望"，即神灵祭祀不能超越神灵所在地。早在南宋，对于是否应该祭祀外来神灵，福建的知识精英就有所争论，漳州籍理学家陈淳在《北溪字义》中特别以泰山信仰为例，说：

---

① 〔明〕何乔远：《闽书》卷152，明崇祯刻本。
② 〔南宋〕梁克家：《三山志》，海风出版社2000年版，第126页。
③ 林国平、彭文宇：《福建民间信仰》，福建人民出版社1993年版，第8～9页。

古人祭祀，各随其分之所至。天子中天地而立，为天地人物之主，故可以祭天地。诸侯为一国之主，故可祭一国社祭山川。如春秋时楚庄王不敢祭河，以非楚之望，缘是时理义尚明，故如此。

据泰山在鲁封内，惟鲁公可以祭，今隔一江一淮，与南方地脉全不相交涉，而在诸州县皆有东岳行祠。此亦朝廷礼官失讲明，而为州县者之不禁。蚩蚩愚民，本不明理，亦何足怪。[①]

而莆田籍诗人刘克庄的看法与陈淳相反，他在《古田县广惠惠应行祠》中写道：

古者祭不越望，鲁可以祭泰山，楚不可以祭河，今夫桐川昭武之神，而食于福之支邑，无乃非古谊欤？然尝论之，具仁义礼智谓之人，禀聪明正直谓之神。均是人也，有一乡一国之士，又有天下之士。惟神亦然，故有能惊动祸福一方者，有功被海内泽流后世者，有歆豚蹄卮酒之荐者，有岁食万羊者，有依草附木以惑人者，有被衮服冕极国家之封册者。今二神之祀起汉隋，讫今日，邋江浙至闽粤，绵绵不绝，比比相望。岂非聪明正直之尤者乎？岂非功被海内，泽流后世者乎？然则祭之非谄也。虽不在其望，非越也。[②]

些许争论阻挡不了文化融合的脚步。而且，泰山作为帝王封禅之地，正统的代表，广泛立祠建庙获得了帝王的大力支持，如北宋王通叟《东岳行宫记》载："宋真宗祥符九年有事，泰山岳神显异，诏天下郡县悉建东岳行宫，人始得以庙而作敬所。"[③]福建想方设法摈弃"荒蛮之地"的标签、积极拥抱"中原正统"的心理也在信仰中得到彰显："（福州）东岳行祠，在郡东门外易俗里，即伪闽时所建东华宫之泰山庙也。宋大中祥符间，寝广其制，明崇祯中重修。又

---

① 〔南宋〕陈淳著，熊国祯、高流水点校：《北溪字义》卷下，中华书局1983年版，第63页。
② 〔南宋〕刘克庄：《后村先生大全集》卷88，北京图书馆出版社2004年版，第2～3页。
③ 浙江省地方志编纂委员会：《雍正朝浙江通志》，中华书局2001年版，第6300页。

有行祠，在连江县钦平下里。"①"（汀州）东岳庙，在县治西，宋祥符间建，元天德至元中尝加修葺。"②南宋时期，福建获得了国家的重点关注和建设，东岳庙的兴建更加如火如荼。福建民间"崇巫尚鬼"的风气也和泰山主生死的观念不谋而合，泰山信仰在福建的传播具有先天优势，伴随着北方信仰和福建土著信仰的交汇，区域自然和经济条件对造神活动也产生了重大影响：一方面，对北方传入的某些神加以演变，使之更加适合福建的人文、地理环境；更重要的一方面是，经过对北方传入的道教、佛教和民间信仰的吸收消化后，民间根据福建的自然地理条件和社会历史文化背景，创造出了具有浓厚地方特色的神灵。经过漫长的造神与"筛选"，许多神灵销声匿迹，许多外来信仰却在此崛起，外来神灵完成了本土化，本地神灵则具有世俗化的特点，福建逐渐形成了丰富而完整的信仰体系。20世纪初胡朴安《中华全国风俗志·闽人侫鬼风俗记》云：

> 闽神位分最大者，若武公庙之五公、瘟部尚书、郭圣王、三仙姑、齐天大圣、东岳帝、炳灵王（东岳帝第三子）、包孝肃、省城隍。③

在清代，泰山信仰再次随着南迁者的脚步来到福建。康熙研读了泰山的著作，"但言华山如虎，泰山为龙……总未根究泰山之龙于何处发脉"④。于是，利用他从外国传教士那里学来的地理知识和科学技

图7　闽侯县白沙镇东岳泰山府献给泰山岱庙的"神光普照闽疆"匾额

① 〔清〕郝玉麟：《福建通志》卷15，载文渊阁《四库全书》，商务印书馆（台湾）1986年版，第1076页。

② 〔清〕曾曰瑛修，李绂纂，王光明、陈立点校：《汀州府志》，方志出版社2004年版，第299页。

③ 胡安朴：《中华全国风俗志》下编，河北人民出版社1986年版，第305页。

④ 〔清〕玄烨：《泰山山脉自长白山来》，载《圣祖仁皇帝御制文集·四集》卷27《杂著·几暇格物编》，文渊阁《四库全书》影印本第1299册，上海古籍出版社1987年版，第577页。

术，派专人考察地理，得出"泰山实发龙于长白山"的结论。该论显然不是科学的考察，而是以中华圣山与满族神山的"龙脉"走向，为清王朝入主中原寻找依据，却也兴起了满人信仰泰山的热潮，如词人纳兰性德即建上庄东岳庙为家庙，其孙起名"纳兰瞻岱"。

清代皇室亲王非圣旨不得出京，他们的王府都建在城内。但有一座王府却坐落在昌平郑家庄，清康熙时于此建府安置废太子胤礽，胤礽之子弘皙在王府旁的黄土北店村建东岳天齐庙为其家庙。弘皙不甘没落，被乾隆圈禁至死，其眷属连同护卫官兵全部调往福州。[①]同时，八旗精锐集中于京师10余万，分驻于全国各战略要地10余万，福州驻地因此得名"旗汛口"并沿用至今。19世纪末，美国传教士、汉学家卢公明来到中国，详细观察记录了中国社会的方方面面，著有《中国人的社会生活》一书，该书共19章，除了最后3章讲述其他内容外，前16章全部以福州社会为背景，以福州人、福州事为研究对象，其中《居民与旗人》一则记载：

福州城的东部与南部一片区域提供给驻防的满族八旗人居住，但没有设围墙把旗人和汉人隔开。这块区域内有些房子后来又卖给了汉人，因此也有汉人杂居在那里。目前居住在福州的旗人约在一万人至一万五千人之间。他们不受汉族官员管辖，只服从八旗军官。所有的满族军官都隶属于军队，但每月领取饷米的在册士兵只有一千人。旗营士兵的饷额是固定不变的，死一个补一个。

这些旗人是清初受皇帝派遣从北京来到福州的八旗军队的后裔。他们自认为是皇族的远亲，一向蒙受朝廷的恩宠。[②]

图8　福州市鼓楼区旗汛口今貌

① 冯其利、周莎：《重访清代王爷坟》，北京燕山出版社2007年版，第144～145页。
② 〔美〕卢公明著，陈泽平译：《中国人的社会生活》，福建人民出版社2009年版，第11～12页。

福州旗人认为东岳大帝是自己的保护神，甚至祭祀东岳大帝也成了旗人的专属特权，直至今天，游神活动仍然残留着旗人服饰的痕迹。清末施鸿保《闽杂记补遗·卷五·东岳庙轿役》记载：

> 东岳庙神，俗称东岳大帝，每年三月内一日出巡城中，一日出巡南台等处。轿役皆驻防旗人所充，派分四班，每班约一百余人。黄衣笠，笠上押鹤翎一支，非旗人不得与也。或有先期许愿者，必俟每班旗人，或有事故不至，方得顶充。行有里数，或故改，或故宽，行数步，辄无足痛腿废，亦可异也。[①]

奇特的是，泰山信仰在福建的传播中，还有教堂受其影响而冠以泰山之名。清道光二十四年（1844）七月，乘海禁初开，英国伦敦会传教士施敦力·约翰携眷经新加坡抵达厦门鼓浪屿，先是租用民房为布道所，之后又迁往卖鸡巷建教堂，称"泰山礼拜堂"。[②]

尤须重视一点，同样的播迁模式不仅限于泰山信仰，也可以一再重复发生在其他信仰的传播过程。重复，正说明现象源于同类的传统信仰思维，形成支撑中华神灵系统的信念，影响祖先心目中相关外向开拓的意义观念。不同的神灵系统在福建拥有类似的播迁模式，都是通过信众的迁流完成香火分布，都是以信仰景象反射先民开拓四方各地的历史进程，也承载了他们赖以印证生命意义的中华文化、价值观念，全景式呈现以诸神信仰文化交织成就的华夏信仰版图。

三、调研初衷及主要收获

《中国国家地理·福建专辑》评价福建："山海碰撞的奇迹，众神狂欢的地带。"福建山海共生，蔚蓝色的大海意味着开放冒险和交流，而连绵的群山在带来封闭阻塞的同时，却也成为了强大涵养和保存的力量。开放与封闭，冒险与

---

① 林家钟：《闽中文献辑编》下册，福州市鼓楼区地方志办公室1997年印，第111页。
② 福建省地方志编纂委：《福建省志·宗教志》，厦门大学出版社2014年版，第438页。

保守，种种矛盾在福建这部"山海经"中得到了奇妙地协调。体现在民俗信仰上，则表现为既有本地创造的无数神灵，又有外来移民带来的信仰，并通过航海将信仰远传播至海外。就泰山信仰而言，拥有着广泛的群众基础、丰富的民间活动，并与重要历史人物、重大历史事件产生了许多交集。同时，栅栏状的山岭、网格状的水系，将福建划为一块块相对独立的"飞地"，交通不便，方言驳杂，东、西、南、北民风殊异，沿海、山区习性不同，这种特殊的地理环境和文化背景，使得泰山信仰既能相对完整地保存着原始形态，又衍生了许多创造性和变异性，形成了鲜明的地方特色。

笔者搜集、学习了一些关于泰山的著作，发现多关注于帝王封禅、尊号加封、文人墨客吟咏题刻，对鲜活的民俗信仰活动、新时代的泰山精神关注相对少些。福建的众多信仰中，某些著名信仰的研究甚至到了"竭泽而渔"的地步，而泰山信仰的研究仍属小众，田野调查样本也很少。2012年初，笔者决定利用业余时间在全省进行地毯式的调研，以期能绘制出福建泰山信仰的样貌。

起初，笔者大大低估了福建信仰场所的密度，在密密匝匝的宫庙寺观殿堂社祠面前，个人力量极其有限，只好以福州市为主，其他市（区）做抽样，大约走访了两千处民俗信仰场所，共发现泰山庙461座：福州市342座、厦门市4座、漳州市13座、泉州市11座、莆田市24座、三明市36座、南平市4座、龙岩市3座、宁德市19座、平潭综合实验区5座，采访当地各界人士数百名。即使福州地区，大部分地方依然没能走到，估计福州地区泰山庙不下千座，全省则不下几千座，另有普遍的私家供奉，其他民俗信仰场所供奉泰山神更是随处可见、无法计数了。长乐妈祖文化研究会陈建新会长直言："福州到处供泰山，太多了，你永远也跑不完！"当笔者站在山上远眺时，常感叹不知还有多少未发现的内容散落在茫茫大地上。

拙作中的"泰山庙"，须是独立于私家供奉之外的公共场所，有着组织化的管理者、相对固定的信仰人群和活动，关键的一点，所祀主神必须为泰山神。以康王为例，具有三重身份：东岳大帝属下十太保之一、玄天上帝属下三十六天将之一、四大护法元帅之一，此外，泉州有源自明代武将康谋才的康王信仰，漳州也有西岳康阜王信仰。因此，为避免混淆，笔者在调查中必须发现庙宇的名称、碑刻、牌位、神帐、对联、匾额、文书等写有泰山、东岳、东岱、岳宗、岱宗等字样，信众明确所祀主神为泰山神，才可确定为泰山庙。

　　调研中，笔者使用了各种交通方式，如火车、汽车、摩托车、自行车、轮船、徒步等，由于福建地形复杂，雇摩托车最方便实用，司机也可兼当翻译、向导。具体的调研方法，笔者努力将田野调查法、文献资料法相结合，跑庙的同时查找相关的专著、地方志、民间文献。由于历史原因及信众的意识局限等，庙史普遍存在着断档与含糊不清，因此进入现场访谈相关人员、观摩相关活动、记录庙中的各类文字信息就尤为重要，这也是笔者每到一处场所必经的流程。

　　拙作的结构，开头是导语，细述泰山信仰的产生与流传，重点论述如何传入福建，阐明调研福建泰山信仰的初衷、思路、基本情况和方法；第一、二章，福建泰山信仰的主神体系、配神体系，理清所祀主要神灵及其关系，当然主配是相对的，具体庙宇要视其具体供奉而定；第三章福建泰山信仰的旁祀神体系，笔者调研过程中，也"顺势"对福建其他信仰做了一定的调研，福建民俗信仰场所供奉众多，一神为主，佛道儒医巫鬼等共处一堂、互相旁祀，但并非简单地"供在一起"，而是彼此影响吸纳，如榕树崇拜中出现了"东岳大帝灵树王"、闾山派①中有"东岳守宫将帅"，因此对旁祀神做调研论述也是很有必要的；第四章福建泰山庙概况，讲述庙宇的兴建、劫难与重建，以代表性庙宇为例重点分析，兼论特殊内容和现象；第五章福建泰山信仰的民风民俗，讲述笔者观察到的民间流行的风尚、习俗；第六、七章，讲福建泰山信仰的宗教职能、社会职能，从宗教、社会两方面讲述泰山信仰的实际作用；附件一《论新时代的泰山精神》为笔者旧作，分析近现代社会变迁中，泰山有了哪些新的生机、承载了哪些新的精神内涵；附件二《福建泰山庙统计表》，将笔者调研的泰山庙一一列举，并附详细地址、经纬度，以期为后来人有所帮助。需要指出的是，各类信仰的神职、仪式互相交叉趋同，许多元素并非泰山信仰所独有，如同救助海难不只妈祖信仰所独有那样，加之民俗信仰来源多端、纷杂多变，随着社

---

　　① 　闾山派，相传发源于闽江底的闾山，源于闽越故地的原始宗教，不断吸收与融合道教派系中净明道、灵宝派诸派的宗教形式而成，以福建为中心，广泛流行于中国广东、浙江、江西、江苏、湖南、台湾以及东南亚等地。供奉闾山九郎（许逊）、临水三奶（陈靖姑、林九娘、李三娘）、张公法主（张慈观）等诸神，至今仍保留了许多闽越故地原始巫术的特征。

会文化的整体活动而不断重新整合变迁，因此笔者只能尽量在统计的基础上展现最普遍的信仰形态，而非具体指向某座庙。

虽经十年调研，泰山信仰在福建影响之广、深、细，仍让笔者暗暗心惊。拙作这短短的记录，像一滴水珠，尽量折射阳光的赤橙黄绿青蓝紫，但永远展现不了完整的太阳。

第一章
福建泰山信仰的主神体系

　　阴阳是中国的传统理念，神灵也是阴阳对应，如皇天上帝与后土皇地祇、蓬莱东王公与昆仑西王母。福建神灵也不例外，南宋时，陈淳即在给漳州官员的信中写道："既塑其正鬼之夫妇，被以衣裳冠帔；又塑鬼之父母，曰圣考圣妣；又塑鬼之子孙，曰皇子皇孙。一庙之迎，动以十数像，群舆于街中。"[①]随着时间的延伸和信仰的普及，神灵体系一步步细化，福建泰山信仰也随之形成了一个完善的主神体系。

第一节　东岳天齐仁圣大帝

　　我国神仙崇拜大都先源自民间，待到影响力较大时获得官方册封，然后由文人墨客加以修饰和宣扬。而泰山崇拜伊始即双管齐下，自然与人文并重，民间共官方齐举。发展到夏商周三代中国古代宗法性宗教时期，泰山神逐渐人格化，如东汉班固《白虎通》记载："周公祭太山，周召公为尸。"历代帝王对泰山神尊崇有加，唐代武则天封"天中王"，唐玄宗改封"天齐王"，宋代晋为"天齐仁圣大帝"，元代加封为"天齐大生仁圣大帝"，明代又恢复为东岳泰山神。道教称东岳大帝为"中界至尊""慈光救苦威权自在天尊"。每年农历三月二十八日是东岳大帝诞辰，全国各地的善男信女或到泰山或在当地泰山庙焚香

---

　　① 〔南宋〕陈淳著，熊国祯、高流水点校：《北溪字义》，中华书局1983年版，第62页。

祭拜以示庆贺。

　　笔者调查到的461座福建泰山庙中，主祀东岳大帝的有190座，约占41%。需要说明的是，由于调查以福州为主，而福州、三明、宁德的泰山庙大量主祀泰山十太保中的温康二太保，因此降低了东岳大帝的"供奉率"，而福建其他市（区）的泰山庙基本以东岳大帝为主神。东岳大帝的来历众说纷纭，福建也吸纳了各种说法，在泰山庙中有缤纷的体现：

　　一是盘古化身说。清代马骕《绎史》引三国徐整《五运历年记》言："首生盘古，垂死化身……四肢五体为四极五岳。"南北朝任昉《述异记》也称："昔盘古氏之死也……盘古头为东岳，腹为中岳，左臂为南岳，右臂为北岳，足为西岳。"

　　二是青帝太昊说。晋代葛洪《枕中书》称："太昊氏为青帝，治岱宗山；颛顼氏为黑帝，治太恒山；祝融氏为赤帝，治衡霍山；轩辕氏为黄帝，治嵩高山；金天氏为白帝，治华阴山。"北宋道经《洞渊集》也称："太昊为青帝，治东岱，主万物发生。"因此，福建多处泰山庙名为"泰山青府"。

图1-1　永泰县芋坑村泰山堂的盘古

　　三是金虹氏说。西汉东方朔《神异经》称："盘古终世之时，其子名赫天氏。时有三皇代出，赫天乃人居一山，于此时代代相传，故其山后即名岱宗泰山。赫天有子前勃氏，骨勃子玄莫氏生二子，长名金轮王，次子少海氏。少海氏妻弥轮仙女。弥轮仙女夜梦吞二日入腹，觉而有娠。生二子，长子金蝉氏，后称东华帝君；次子金虹氏，后称东岳帝君。"① 此说在福建较为常见。

　　四是天孙说。泰山乃天帝之孙，东汉纬书《孝经援神契》云："泰山，一曰天孙，言为天帝孙也，主

_____

① 〔明〕佚名：《三教源流搜神大全》卷1，己酉春仲郎园校刊，第21页。

图1-2　惠安县崇武镇东岳大帝庙对联 "化育　　图1-3　平潭区裕藩村泰山府的金虹氏
　　　　权司青帝　望秩礼配苍天"

召人魂魄。东方万物始成，知人生命之长短。"[1]传说天帝姓张，因此东岳大帝
也有姓张一说。

　　五是圆长龙说。东汉纬书《龙鱼河图》称："东方泰山君神，姓圆名常
龙。"此说在福建仅发现一例，为福州市仓山区叶宅村东岳泰山府。

　　六是黄飞虎说。这本是明代小说家许仲琳《封神演义》所创造，却因为小
说的巨大传播力而在民间流
传甚广。永泰县锦安村黄氏
自称黄飞虎后裔，名声较著
者有清末船政匠首黄文禧。

　　此外，东岳大帝还有天
帝外公、上清真人、山图公
子、王仲儒、肩吾、后稷、
刘翁、孙点、涂楷、石倪、　　图1-4　福州市仓山区林浦村泰山宫的 "名本天孙" 匾额

————————————

① 〔西晋〕张华撰，范宁校证：《博物志校证》，中华书局1980年版，第6页。

图1-5　福州市仓山区叶宅村东岳泰山府的圆常龙　　图1-6　仙游县金井村东岳庙的黄飞虎壁画

雷度等说法，但这些说法在福建并未发现。

　　不过无论是哪种说法，东岳大帝都是一名俊朗的男子，且为了避免"嘴上没毛，办事不牢"的观感，必有美髯，由此也引出了一段故事——泰山娶亲。

第二节　淑明皇后

　　北宋大中祥符年间，宋真宗加封五岳帝号，接着加封五岳后号："东岳淑明皇后，其德甚贤，有宝诰曰：'乾元配位，坤德合形。淑气明明，婉春融于三界；德兹育育，澄秋月于万方。与圣同明，普天共仰。大慈大惠，大淑大明，东岳正宫，淑明坤德皇后。'"①

---

　　① 〔南宋〕李焘：《续资治通鉴长编》第3册，中华书局2004年版，第1736页。

图1-7　闽侯县中平村东岳泰山府的东岳大帝与淑明皇后

在调查的461座福建泰山庙中，有43座在东岳大帝身旁配祀淑明皇后，另有主祀淑明皇后的庙宇1座，为福州市晋安区浦下村东岳娘娘宫，共约占总数的9.5%。淑明皇后的称呼在福建各地略有不同，闽东称"淑明皇后奶"，闽北称"岳母"，闽南则称"岳妈"。

在闽北的建瓯一带，信众认为淑明皇后是建瓯西大洲的船家女（疑似疍民），东岳大帝游神时路遇，摄魂纳为正宫皇后。每年农历四月十八日是淑明皇后生日，大洲娘家人会到建瓯东岳庙为淑明皇后贺寿，每年三月二十八日东岳大帝出巡时，也会带淑明皇后回大洲娘家。信众常随身携带"岳帝牌""岳母牌"，每张牌都要诵读一千遍《岳帝经》《岳母经》《太子经》，只要心诚，念诵十遍或一遍也可以，然后汇总起来，焚烧给东岳大帝和淑明皇后。其"经文"佛道杂糅、语言直白：

岳帝经

阿弥陀佛岳帝经　念得岳帝有来因
父子朝中为元帅　万古留名到如今
淑明夫人多善节　善节两字奏天庭

奏到玉帝面前去　玉帝见奏心欢喜

提起玉笔下玉旨　封他夫妇为正神

永受万民敬香烟　善男信女来朝拜

朝拜太山东岳帝　太山岳帝云头现

保佑男女无灾难　保佑男女万年兴弥陀佛

岳母经

金线岩头起经卷　金卷银卷到殿前

祝奴婢养奴奴　养奴养大报母恩

岳帝殿上月照檀前　拜请岳母大王菩萨王弥陀佛

太子经

四月初八好天气　太子出世笑眯眯

太子出世四门转　宝山门下接宝金

西方路上接经卷　弥陀佛

　　福州民间则有"淑明皇后助"的说法，因为扶乩中显现淑明皇后的名字是"助"。《封神演义》中，黄飞虎之妻为贾夫人，因此个别庙塑贾夫人像为淑明皇后。对于民间祭祀淑明皇后，福州民俗学家郑丽生《福州风土诗》中《娘娘会》一则云：

　　　　奉持巾栉入椒房，动息晨昏服侍忙。

　　　　配极神恩难酬德，舍身执役报娘娘。

　　注：二十五日，为东岳天齐仁圣大帝皇后生辰，俗称"娘娘诞"。妙龄妇女先期入庙执役，一如宫人，谓之"娘娘会"。①

　　早年娘娘会十分隆重，参加娘娘会的妇女（据传最初要未婚女，后放宽）须食素斋三天，入宫前还要香汤沐浴。娘娘诞当天要为淑明皇后沐浴更衣，由

---

　　①　郑丽生：《福州风土诗》，福建人民出版社2012年版，第61页。

图1-8　福州市第十中学校园内的淑明皇后殿

执事者引领礼拜，祈求淑明皇后庇佑夫妻和顺、儿女健康、阖家平安。这是福建唯一专供妇女祭拜的庙会活动，难能可贵。福州市晋安区东岳祖庙原有淑明皇后殿，后庙宇年久失修、日渐破败，改建为林森师范学校，1954年福州第十中学从城内学院迁到东岳祖庙。后东岳祖庙虽恢复，但至今淑明皇后殿、"东岳御库"碑、明代荔枝树两株仍在十中校园内，从殿堂石柱上的对联上，可以明显感知淑明皇后曾受到的敬仰：

坤德协三宫功资配岳　储薇流丹索泽普为霖

帝德宏深灵昭东岱　后功普被泽沛南闽

位主东方明神降岳　权综内政懿德配天

淑明皇后殿主体建筑保存完好，清代雕凤石门当显示着女性的身份，殿内的供桌、"神灵威万载"匾额仍摆放严整，殿前"岳宗"石香炉至今仍有人上香。

由于淑明皇后殿被占用，信徒施桂斌悄悄收藏起了淑明皇后、东西宫娘娘塑像，在附近的浦下村建起了唯一的一座东岳娘娘宫，主祀淑明皇后、配祀东西宫娘娘。

图1-9　福州市晋安区浦下村东岳娘娘宫

淑明皇后通常塑作一位青年妇人，头戴缀满珍珠的凤冠，金黄色长衣上织满了优美的红色或紫色凤纹与花朵，看起来文雅亲切。由于东岳大帝身旁通常簇拥着勇猛刚健甚至狰狞的部下，在一片威严中，淑明皇后的慈爱温情更加鲜明地呈现出来，远比语言表述来得清澈透明。

第三节　东西宫娘娘

在泰山岱庙，东岳大帝的"夫人"仅淑明皇后，而在福建，东岳大帝却有了东宫、西宫一套完整的后宫体系。东岳大帝身边配祀东西宫娘娘的泰山庙有14座，唯一的东岳娘娘宫也配祀东西宫娘娘，共约占调查的461座福建泰山庙的3.3%，由于泰山信仰的在地演变性，东西宫娘娘都是福建本地人。

图1-10　永泰县溪南村泰山府的东西宫娘娘

东宫娘娘的故事已湮灭不可考，只有口传为福州市鼓楼区旗汛口人，而"泰山娶亲"的故事仍在民间流传，讲的是福州市仓山区下渡尾人三娘因爱慕东岳大帝，被东岳大帝摄魂纳为西宫娘娘的故事。郑丽生《泰山诞》诗云：

君子由来总好逑，虽云仁圣亦风流。

齐东野语难凭信，面上刀痕今尚留。

注："二十八为泰山诞。相传下渡有屠者之女，因往赛会魂为所摄，猝死；其父怒不可遏，持刀破神像之颊。后虽屡易塑，伤痕未消。"[1]

因为其父骂东岳大帝的一句气话"我诸娘囝（女儿）都没了，哪有你这女

---

①　郑丽生：《福州风土诗》，福建人民出版社2012年版，第62～63页。

图1-11　福州市晋安区岳峰镇东岳血池殿的锦旗，落款：下渡尾三娘故里众弟子仝敬叩

婿？"产生了福州最具"虾油味"的俗语"没园有菜，没女儿有女婿"。当时仓山下渡一带缺少菜地，有人就学会了泡豆芽菜，让大伙没有菜园也能吃上菜。大家把这两件事串在一起，便有了这句俗语。直到今天，仓山下渡的信徒依然感念西宫娘娘，称其为"老姑婆"，自称"老姑婆家人"。福州籍革命烈士卢懋榘曾写下散文《在东岳庙里》记录这段传说，其文带有浓厚的乡土气息，真实而亲切地反映了泰山文化在福州老百姓心中的地位。

此外还有"泰山夫人"的传说。据连江县粗芦岛东岸村李乃炽先生讲：

泰山府本不在村中小山上，原址在村边小港湾旁。一百多年前，有一具棺材随着潮水漂流到了小港湾，村民认为不吉利，就用竹竿把它推走，反复三次仍被潮水冲到小港湾中，而且每次都正对着泰山府。村民将棺材抬上岸，发现棺中女子肉身不腐、美丽动人，棺板上面有文字记录是浙江金华白塔村人，姓王。有德高望重者说这是泰山夫人到了。此时，村民发现泰山府中的香炉出现在村中小山上，便认为是泰山公想建新府了，就在小山上重建泰山府，将原来的泰山府改建成泰山夫人宫，并安排村中两位妇女每天为夫人梳头。日寇侵略时盗走夫人棺材和肉身，走到长乐时觉得棺材沉重异常，便放下歇息，谁知落地后棺材肉身一起化为灰土。东岸村失去了

图1-12　连江县粗芦岛东岸村泰山夫人宫的王夫人

夫人肉身后，大家商议塑像奉祀，但每次塑像都无法成形。后经人指点，到长乐夫人肉身落地处取土，才将像塑成。

附：在东岳庙里[①]

警报的声音蓦地在空中狂叫起来，为着躲避敌机上机枪的扫射，行人都拐进一座巍峨的庙宇里，虽然这条路离城还不算近。十五六个人分散地站在戏台的前面，尖着耳朵，谁也没有说话。约莫过了二十分钟，并没有听到轧轧的机声，大家才觉得松了一口气，有的低着头踱来踱去，有的却在寻觅洁净的石板来坐。

"这是什么庙啊？"不晓得谁问了这么一句。

"连泰山菩萨的东岳庙都不认得！"回答的是坐在殿前石阶上的一个老年农民。态度那么悠闲，说话呢又带着矜夸的神气，他大概是当地的人。

"唉！要是泰山能够威灵显应，责罚日本，那才好呢！"插进这句话的人是一个中年农民。他这话好似是希望、怀疑与讥讽的混合物，叫谁都猜不透他的用意。

"别的菩萨，我可不晓得，"那个老头子从石阶上跳下来，极其有把握地说，"泰山爷迟早总要给日本仔一个厉害。"

"你怎么知道？是泰山告诉你的吗？"好几个人异口同声地、带笑地问着。

"泰山是最讲情理的。没人心没天理的日本仔一定会受到责罚的。"停了两三秒钟，他又兴奋地继续下去，"你想，泰山爷在情理上讲不过去时，还是让人三分，不肯仗着神力欺负凡间弟子。他最恨的就是不讲道理的人。"

他最后这两句话，大家似乎都听不懂。老头子倒也觉乖，不等人家追究，便自动地提出一个反问："你们难道忘了泰山娶娘娘那一回事吗？"

惭愧得很，我虽是地道的福州人，关于泰山，委实知道的太少，说到泰山的娘娘，那更不必讲了。

---

① 原刊于 1939 年 11 月永安《改进》第 1 卷第 6 期，后刊于海峡文艺出版社 1991 年版《福州诗与散文选》。作者卢懋榘，福州苍霞人，1931 年加入中国共产党，1940 年为掩护战友突围遭反动军队逮捕，被押送至省保安处三元梅列集中营。在狱中，他成立党小组坚持斗争。1941 年，卢懋榘被保安处杀害，年仅 32 岁。

除了几个大概已经晓得这个故事因而保持缄默的人外，剩下的人便恳切地请求老头子讲讲那一定十分动人的故事。当然，我也在一旁怂恿着。

"亏了你们都是福州人！"老头子似乎很得意又像是很感慨。

老头子的身材十分短小，颧骨突起，两颊深深地陷进去，看样子是一个很衰弱的人。但是，讲起故事来，不晓得是从哪里借来的力气，他不但大声，而且还费劲地在指手画脚。

他讲的故事是这样的：

从前（像其他的故事一样，一提到事件发生的时间，总是说从前，好在听的人都懂得事情横竖是过去了，因此对于"从前"这两字并不觉得有什么不满意的地方），有一回，在每年例行迎泰山的时候，他——泰山——的"銮驾"经过下渡大街。街的两旁真是人山人海，挤得水泄不通。妇女们都或坐或站在门前临时搭好的高台上瞧热闹。

有一个年轻标致的姑娘，她从来没有看见过泰山的神像。在她的天真的揣度里，泰山的脸相一定是凶恶得使人害怕。因此，当泰山"驾"临她的门前，她便把好奇而又恐惧的目光投过去。出乎她的意料之外，泰山是那么英俊而风雅。在那一刹那间，她不能自制地扯着她的嫂嫂的手臂低声说："真想不到，泰山长得这么好看！"

做嫂嫂的皱起眉头，恶狠狠地斜睨了她一下，接着要用严正的话语来训斥她时，瞥见她双目紧闭，全身摇摆不定；还来不及用手去扶，砰然一声，她栽倒在地上了，气已绝了，但两颊浮着红晕，嘴上挂着微笑，比生前更加美丽。

在骚动的人潮中，几个有见识的老前辈出来，把"大驾"留住，恳求随驾的神公施法驱邪，希望把死人的灵魂夺回。神公"上神"了，但只说了"我在此地纳了正宫娘娘"这么一句话，便"退神"了。

"娘娘"的哥哥，是一个青年的屠户。这刚强的小伙子，对于泰山这样没有事先征他同意的做法，认为无论如何是不能原谅的，虽然泰山是有权力的菩萨——东岳大帝。被悲痛与愤怒交织成的情感所驱使，他闯进自己屋子里摸出一把屠刀，奔到泰山"驾"前，朝着泰山面部戳去。泰山受伤，右颊掉下了一小块肉——泥土。

大家都替这小伙子捏一把汗，他的妻子更是提心吊胆。可是，第二天泰山"回宫"了，青年屠户依然平安地去卖肉。

一回到东岳庙，"当头"的人赶忙请了一个手技最好的塑佛师傅替泰山修补面颊。第二天，泰山的右颊仍旧有着一个小窟窿，新补上的那块泥土脱掉下来了。那著名的塑佛师傅，受了难堪的奚落，当然是不服气的。他用尽了平生的本领再来修补一次，结果，他又失败了。无数的塑佛匠，接二连三地赶到东岳庙，想尽显身手，博个好名声，然而，没有一个是成功的。

重塑代替了修补。但是，当新的神头塑好后，右颊还隐约留着一线疤痕。

从那时候起，青年屠户的家被公认为是泰山的岳家。每年泰山"出宫"时，没有例外地都到岳家拜望，而下渡的居民也觉得泰山与他们之间存在着一层极其亲密的关系。

老头子够得上称为一个漂亮的宣传家，他讲完故事后，又再三说明泰山绝对会庇护我们，无疑的，他的目的是在坚定我们的信心。

这传说，深深地使我们喜爱，因为它不仅是美丽的，而且是有血有肉的。在中国，神被渲染为绝对的尊严、神圣、绝俗，泰山却是个例外。他极像希腊神话中的神，属于人间的，具有凡人的欲望和情感。

听完老头子的故事后，大家都感到非常地有趣。只是，奇怪得很，没有一个对老头子的信念加以有力的支持，这使老头子大大地失望了。

"过去打仗是天地灭人，"好久不说话的那个中年农民现在又开口了，"死在刀兵之下的人，大都是有过怨孽的，所以菩萨不出来管这些闲事。现在被日本仔害死的，不至于全是坏人吧！"他的面部表情非常严肃。

"不只是人，前几天靠近地方法院监狱的一个什么庙也被炸倒了！"一个年青的小贩在传播着他在城里所得的新闻。

这两个人所说的话都是极为含蓄的。把他们的话细细咀嚼一下，其意是很明显的，它是说：无辜的中国人受到日本侵略者这样的残害，世上假如真的有菩萨，现在应该是"威灵显圣"的时候了，为什么菩萨也不能保住自己的庙宇呢？

当然，我并没有夸张地说：中国的民众都变成无神论者了。可是，经过血的洗礼后，相信一切只有依靠人们自己力量的老百姓，已经还是少数的了。

我正在浸入沉思时，庙里的人却提步涌出大门外，原来外面已是"回报"了。

第四节　碧霞元君

　　碧霞元君全称为"东岳泰山天仙玉女青灵普化碧霞元君"，道经称为"天仙玉女碧霞护世弘济真人""天仙玉女保生真人宏德碧霞元君"。因坐镇泰山，被尊称为泰山老母、泰山老奶奶、万山奶奶、泰山娘娘（淑明皇后有时也被称作泰山娘娘）等。

　　曹操的《气出唱》是现存最早描写泰山玉女的文本："行四海外，东到泰山。仙人玉女，下来遨游。"[1]其后是曹植的《远游篇》："灵鳌戴方丈，神岳俨嵯峨。仙人翔其隅，玉女戏其阿。"[2]"碧霞"一词最早出现在宋真宗近臣查道的《登岱》诗："捧出海天红日近，迓将蓬岛碧霞来。"[3]明初《水浒传》第七十四回有"万民朝拜碧霞君，四远归依仁圣帝"[4]之语。明成化十六年（1480），明宪宗诏修岱顶昭真观，成化十九年（1483）工成，赐额为碧霞灵应宫。明万历二十一年（1593），首辅王锡爵《东岳碧霞宫碑》记："问故元君能为众生造福如其愿，贫者愿财，疾者愿安，耕者愿岁，贾者愿息，祈生者愿年，未子者愿嗣。子为亲愿，弟为兄愿，亲戚交厚，靡不相交愿，而神亦靡诚弗应。"[5]碧霞元君信仰至今仍很兴旺，人们不辞劳苦登上泰山之巅向其祈祷，许愿还愿。

　　云兴霞蔚的泰山气象，怡然自得的泰山玉女，不仅以真幻迷离的艺术世界演绎了先秦两汉以来的神仙观念，也以神奇自然环境中的神女意象浓缩了儒道诸家对于超越和不朽的共同追求。道教吸收了上述信仰，认为碧霞元君乃应九炁而生，受玉帝之命，证位天仙，职责是使妇女多子，保护妇女儿童，有求必应。

---

　　① 〔东汉〕曹操、曹丕、曹植：《三曹集》，岳麓书院1992年版，第62页。

　　② 〔东汉〕曹操、曹丕、曹植：《三曹集》，岳麓书院1992年版，第351页。

　　③ 北京大学古文献研究所：《全宋诗》，北京大学出版社1995年版，第824页。

　　④ 〔明〕施耐庵：《水浒传》，中华书局2009年版，第625页。

　　⑤ 〔明〕区大相、区大伦撰，刘正刚整理：《区太史诗文集（外二种）》，齐鲁书社2017年版，第380页。

　　碧霞元君的神职不止于此，她还有"统岳府神兵"之威、"掌人间善恶"之明、"护国庇民"之职、"普济保生"之任。故旧时妇女信仰碧霞元君特别虔诚，不仅在泰山有庙，在各地也建有许多"娘娘庙"，并常在左右配祀送生娘娘、眼光娘娘、催生娘娘、痘疹娘娘、培姑娘娘、乳母娘娘、子孙娘娘、引蒙娘娘等八位女神。

1-13　闽侯县青岐村岐山泰山祖殿的泰山老母（碧霞元君　中）、泰山娘娘（淑明皇后　右）、送子娘娘（左）

　　细究碧霞元君的来历，较早的为黄帝属下玉女说。明代王之纲《玉女传》记载："泰山玉女者，天仙神女也。黄帝时始见，汉明帝是再见焉。按《玉女考》、李谔《瑶池记》云：'黄帝书建岱岳观，遣女七云冠羽衣，焚修以迓西昆真人。玉女盖七女中之一，其修而得道者。'"①同时，《玉女传》引《玉女卷》（已佚）提到凡女成仙说："汉明帝时，西牛国孙宁府奉符县善士石守道妻金氏，中元七年甲子四月十八日子时生女名玉叶。貌端而性颖，三岁解人伦，七岁辄闻法，尝礼西王母，十四岁忽感母教，欲入山。得曹仙长指入天空山黄花洞修焉。……天空益泰山洞，即石屋处也。……三年丹就，元精发而光显，遂依于

---

　　①　詹石窗主编：《百年道学精华集成》第2辑《神仙信仰》卷5，上海科学技术文献出版社2018年版，第269页。

泰山焉。"①

　　调查中发现，民间几乎没有黄帝玉女说，更多认同东岳大帝之女说。西晋张华《博物志》提及泰山女嫁为东海妇，东晋干宝《搜神记》提及泰山女嫁为河伯妇，但皆简单一笔带过。宋真宗泰山封禅时在玉女池发现玉女石像，于是下令疏浚玉女池，并用白玉重雕玉女像，设龛祭祀，南宋马端临《文献通考·郊社考》记述比较详细："泰山玉女池，在太平顶。池侧有石象。泉源素壅而浊，东封先营顿置，泉忽湍涌。上徙升山，其流自广，清冷可鉴，味甚甘美。经度制置使王钦若请浚治之。象颇摧折，诏皇城使刘承珪以玉石。既成，上与近臣临观，遣使砻石为龛。奉置旧所，令钦若致祭，上为作记。"②明末顾炎武认为此即泰山之女，清代张尔岐同意顾炎武之说，其《蒿庵闲话》卷一引《帝京景物略》云："按稗史，元君者，汉时仁圣帝前有石琢金童玉女。至五代，殿圮像仆，童泐尽，女沦于池。宋真宗东封，还次御帐，涤手池内，一石人浮出水面，出而涤之，玉女也。命有司建祠奉之，号为圣帝之女，封天仙玉女碧霞元君。后祠日加广。"明代《三教源流搜神大全》说得更直截了当："帝一女，玉女大仙，即岱岳太平顶玉仙娘娘是也。"

　　按鞠熙的调研，产生于明代的《天仙圣母源流泰山宝卷》，讲述释迦牟尼、观音老母与玉皇大帝是古佛授职、执掌乾坤的三位神灵。观音老母为解救众生之苦下凡投胎，古佛与无生老母不忍她独自下落凡尘，便先行一步，化作她的父母——国王和黄氏娘娘。观音于甲子年四月十八日降生，起名为千花公主。公主在皇宫内长到十四岁，不愿结婚生子，发愿到泰山修行。历经千辛万苦，千花公主终成碧霞元君，"同东岳，合地藏，掌管幽冥。有眼光，合子孙，坐了二府。管温灾，掌生死，取送儿孙"。

　　此外，还有玉皇大帝之女、之妹，东岳大帝之妹，王母之女太真夫人等说法。

　　然而，在福建，虽然遍地泰山庙，碧霞元君信仰却香火清淡。明代王应山《闽都记》记载福州于山有碧霞元君庙："九仙山，初名于山。相传何氏兄弟九

---

　　①　詹石窗主编：《百年道学精华集成》第2辑《神仙信仰》卷5，上海科学技术文献出版社2018年版，第269页。

　　②　詹石窗主编：《百年道学精华集成》第2辑《神仙信仰》卷5，上海科学技术文献出版社2018年版，第296～297页。

人修炼于此，因名九仙……碧霞洞天，万历间建，奉泰山顶上碧霞元君。"[1]但于山碧霞洞天今已不存，仅在九仙观斗姆殿有塑像旁祀，另有福州市鼓楼区三坊七巷天后宫、长乐区西关桥新村显泰堂旁祀碧霞元君，闽侯县傅筑村一户人家供奉碧霞元君、送子娘娘、眼光娘娘。笔者调查的461座福建泰山庙中，也仅有福州市台江区同心花园泰山殿、仓山区叶宅村东岳泰山府、晋安区岳峰镇东岳血池殿与横屿村东岳普心堂、长乐区泮野村东岳庙与壶井村泰山宫，闽侯县青岐村岐山泰

图1-14　福州市于山九仙观庆贺碧霞元君诞辰

山祖殿，连江县玉荷东路东岳泰山府、黄岐镇东岳泰山府、蛤沙村东岳泰山府，莆田市涵江区江口镇东岳观，仙游县金井村东岳庙，福安市天马山东岳道观13座有配祀碧霞元君，主祀碧霞元君的仅上杭县马鞍山泰山圣母庙、诏安县东沈村泰山妈庙2座，共约占总庙数的3.3%，确实是一个值得深究的文化现象。

第五节　众太子

泰山神有子，始见于《魏书》，后渐有五子、七子之说。《日知录》考证：

又考泰山不惟有女，亦又有儿。《魏书·段承根传》："父晖，师事欧

---

① 〔明〕王应山：《闽都记》，方志出版社2002年版，第19页。

阳汤。有一童子与晖同志，后二年，辞归，从晖请马，晖戏作木马与之。童子甚悦，谢晖曰：'吾泰山府君子，奉敕游学。今将归，损子厚赠，无以报德，子后至常伯封侯。'言讫，乘马腾空而去。"《集异记》言："贞元初，李纳病笃，遣押衙王祐祷岱岳，遥见山上有四五人，衣碧汗衫半臂。路人止祐下车，言此三郎子、七郎子也。"①

福建泰山信仰中，东岳大帝共有四位亲太子、一位谊太子，民间称为"五爵主"。

大太子信仰主要在福州市鼓楼区温泉东汤一带，至今仍有庙供奉，其护驾将军为曹元帅（由乐神田元帅演变），全称东宫振武军督兵曹大元帅。

图1-15　福州市鼓楼区温泉东汤小区泰山庙的大太子与护驾曹元帅

三太子的信仰是最盛的。《旧五代史·唐书·明宗纪》记载："后唐长兴（930～934）中，明宗皇帝不豫，泰山僧进药，小康，应僧之请，封泰山三郎为威雄将军。"②北宋高承《事物纪原》记载宋大中祥符七年（1014）十月十五诏

---

① 〔明〕顾炎武：《日知录》，安徽大学出版社2007年版，第1406页。
② 〔北宋〕薛居正：《旧五代史》第2册，中华书局1976年版，第605～606页。

封三太子为炳灵公。据清代福建侯官人陈梦雷《古今图书集成·神异典》记载，炳灵公为东岳大帝第三子，有统御三山（茅山、龙虎山、阁皂山）的职权。在道经中，炳灵公也是雷火之神，称"雷火都元帅炳灵仁惠帝君"。

唐代以前，三太子为恶人形象，鲁人畏敬三太子超过了东岳大帝。唐代戴孚《广异记·赵州参军妻》记叙了泰山三郎强抢人妻、被警告后将人妻放还的故事：

> 赵州卢参军，新婚之任，其妻甚美。数年，罢官还都。五月五日，妻欲之市求续命物，上于舅姑。车已临门，忽暴心痛，食顷而卒。卢生号哭毕，往见正谏大夫明崇俨，扣门甚急，崇俨惊曰："此端午日，款关而厉，是必有急。"遂趋而出。卢氏再拜，具告其事。明云："此泰山三郎所为。"遂书三符以授卢，"还家可速烧第一符，如人行十里，不活，更烧其次。若又不活，更烧第三符，横死必当复生，不来真死矣"。卢还，如言累烧三符，其妻遂活，顷之能言。初云，被车载至泰山顶，别有宫室，见一年少，云是三郎。令侍婢十余人拥入别室，侍妆梳。三郎在堂前，与他少年双陆，候妆梳毕，方拟宴会。婢等令速妆，已缘眷恋故人，尚且悲泪。有顷，闻人款门云："是上利功曹，适奉都使处分，令问三郎，何以取卢家妇，宜即遣还。"三郎怒云："自取他人之妻，预都使何事！"呵功曹令去。相与往复，其辞甚恶。须臾，又闻款门云："是直符使者，都使令取卢家妇人。"对局劝之，不听。对局曰："非独累君，当祸及我。"又不听。寻有疾风，吹黑云从崖顶来。二使唱言：

图1-16　南平市延平区闽江支路泰山东岳宫的炳灵公

"太一直符，今且至矣。"三郎有惧色。风忽卷宅，高百余丈放之，人物糜碎，唯卢氏获存。三使送还，至堂上，见身卧床上。意甚凄恨。被推入形，遂活。①

在《封神演义·第九十九回·姜子牙归国封神》中，黄飞虎被封为东岳大帝，黄飞虎的第三子黄天化被封为炳灵公：

> 子牙命柏鉴引黄天化上台听封。不一时只见清福神引黄天化至台下，跪听宣读敕命。子牙曰："今奉太上元始敕命，尔黄天化，以青年尽忠报国，下山首建大功，救父尤为孝养；未享荣封，捐躯马革，情堪痛焉！爰功定赏，当从其厚。特敕封尔为管理三山正神炳灵公之职，尔其钦哉！"黄天化在台下叩首谢恩，出坛而去。

图1-17　泉州市丰泽区东岳前街东岳行宫的"黄天化——三山正神炳灵公"壁画

---

① 王汝涛编校：《全唐小说》，山东文艺出版社1993年版，第439页。

在福州市仓山区先农村（俗称吴厝顶），吴氏村民信奉炳灵公，并取吴氏宗族字辈表中"敏""政"二字称其为"东岱岳宗敏政公"，将其作为宗族保护神。

福建过去有许多帮会，如木行，俗称柴帮、柴商，兼有帮会和商会的性质。福州市光明花园居民、柴商后代欧木财老先生介绍说，柴商分两大宗支，分别信奉二太子和四太子。二太子主管生育，护驾将军为雷将军，名已不传；四太子主管武艺，护驾将军为振威李将军，名李秋，俗称李振威。柴商沿水运输木材，走遍福建各地乃至外省，居无定所，

图1-18　福州市仓山区胪雷村龙山太子庙的二太子

为供奉方便，只在船上设立两位太子的简易牌位。随着时代变迁，他们上岸定居后，两位太子的信仰也随之落地生根。

民国年间，欧老先生的祖父在台江区路通桥附近建岳宗二太子宫，欧老先生少时常在宫中玩耍，惜二太子宫今已不存。在鼓楼区龙山巷原有二太子庙，后因旧城改建被拆，1996年，德国籍华人陈新宇医生在仓山区胪雷村择址重建，称"龙山太子庙"，该庙碑志称："二太子，东岳天齐仁圣大帝次子也，母淑明皇后，妻和惠夫人。神于唐太宗贞观元年加封为惠灵侯，掌民间科举禄位、世人富贵贫贱之职权。"传说二太子非常英俊，被玉皇收为谊子，被观音收为门生。

和三太子不同的是，四太子通常以善人的形象出现，如《冥报记·唐兖州人》记叙了四太子与凡人交友、助其妻子还阳的故事。四太子信仰范围在台江区复池路一带，欧老先生的叔公一支即信仰四太子，后来这一支衰败，便将四太子信仰也归到欧老先生祖父一支的"柴商聚兰堂"。笔者调查中发现，福州第十中学内的淑明皇后殿仍有清同治丁卯（1867）聚兰堂所献石柱，这一发现让

图1-19　淑明皇后殿的聚兰堂所献石柱

图1-20　民国十年所立福州木行碑

欧老先生很是感慨激动。

历史上，木行商会、四太子行宫、毓麟宫与复初庵连体而建，巷子称"四太子弄"，今只有复初庵独存。2015年3月，岳宗四太子行宫碑在距离遗址约50米的地方被发现，可能是荒废时被人搬做他用。此碑暂时保存在复初庵，迅速被庵中老太以五千元价格卖掉，四太子弄也于同年拆迁，只剩民国十年（1921）所立的福州木行碑孤零零地见证着这一切。

东岳大帝的"谊太子"为福州地方神灵，和东西宫娘娘一样，体现了泰山信仰的在地演变性。福州市内有小山名为康山，上有康山庙供奉"康山五大元帅"，清代工部尚书、国史馆总编廖鸿荃《康山帅庙序》记载："榕城之东有康山庙焉，中奉五帅，其一柳曦，次何懋森，次王宸、邓芝星、陈万清，相传五人为汉闽越臣。"①何元帅被东岳大帝的化身灵树王（康山榕树神）收为谊子，人

---

① 〔清〕黄仲昭：《八闽通志》（修订本）下册，福建人民出版社2017年版，第503页。

图1-21　福州市晋安区徐家村泰山府的康山五大元帅

称"谊殿下"。五大元帅为结谊兄弟，便一起称东岳大帝为"谊父"，一同纳入了东岳神系。

第六节　公主与驸马

福州有句谚语"泰山的女儿，哪里都有人疼"，在泰山神的"女儿"中，有庙宇将碧霞元君称作"碧霞公主"，但碧霞元君在福建罕有供奉，更为普及的说法是东岳大帝有三位公主。

东岳大帝的三位公主分别配三位驸马：南天呼元帅、紫清宫何元帅、仁圣宫王千岁。其中，王千岁掌管东岳都察院，总事三使（都巡使、协察使、纠察使），有监察百官的职权，没有足够的身份背景是"镇不住官场"的，因此岳父老泰山便安排自己的女婿职掌都察职能。

据2011年3月31日《海峡都市报》报道，福州市仓山区屿宅村村民以龙峰境郑氏为主，有1300多户人家，在这里已经生活了一千多年。《郑家族谱》记载了他们的历史，也记载了他们家族的老泰山、公主与驸马。村民郑子海介绍，他们的"老泰山"就是号称"千古词帝"的南唐后主李煜，郑氏祖先是李后主的驸马，名叫郑体恭，官封都尉银青光禄大夫，娶了李后主的公主。公主和驸马成亲不久，宋军攻破了南唐都城，驸马带着公主一路逃到福州。郑子海先生说："我是驸马的二十六代孙，龙峰郑氏现在已经绵延三十代了。"屿宅村泰山府的泰山神头戴皇冠，坐龙头椅，用黄色绣龙帷帐，俨然一副帝王之态。村里人都说，这尊泰山神是有来历的，他是龙峰郑氏的"老泰山"李后主，岳父也称泰山，把李后主化身为泰山神，可以避开官府的追查。

此外，东岳大帝也有一位谊女。据清末里人何求《闽都别记》记载，福州欧冶山神有女，生于唐代，聪明、善良而美丽，擅长治疗蜈蚣毒和蛇毒，被福建著名女神临水夫人陈靖姑赏识，与之结拜为姐妹。传说福州南营有一个老色鬼官员，街上看到花匠的妻子漂亮，以莫须有的罪名抓了花匠，逼其妻就范。

图1-22　福州市长乐区泮野村东岳庙的三公主

图1-23　福州市台江区太平社区九案泰山府总堂的王千岁

图1-24　福州市仓山区屿宅村泰山府的公主　　图1-25　福州晋安区浦下村欧阳宫的欧阳公主

花匠妻宁死不屈，从轿子里逃出，跳进了陆庄河。恰逢公主巡视到此，救起花匠妻，令猫头山上的一只毛猴变做花匠妻的模样由老色鬼接回。当晚老色鬼揭开盖头一看，吓破了胆，一病不起，不久就死去了。东岳大帝的化身灵树王对欧冶山神女非常赞赏，收之为谊女，人称"圣公主"，因"欧冶山"与"欧阳"谐音，又称"欧阳公主"。许多女孩子将公主像前的香灰制成香灰袋随身佩戴，希望自己也能像欧阳公主那样漂亮。

第七节　泰山府君

泰山府君是最早的泰山神，经历了从主神到配神、从威名显赫到默默无闻的演变。先秦时期，民间就有人死以后魂归泰山的说法，魏晋年间，主管地府、治理鬼魂的神被称作泰山府君。泰山府君最早出现在东晋干宝《搜神记·胡母班》中：

胡母班字季友，泰山人也。曾至泰山之侧，忽于树间逢一绛衣驺，呼班云："泰山府君召。"班惊愕，逡巡未答。复有一驺出，呼之，遂随行数十步，驺请班暂瞑。少顷，便见宫室，威仪甚严。班乃入阁拜谒，主为设食，语班曰："欲见君，无他，欲附书与女婿耳。"班问："女郎何在？"曰："女为河伯妇。"班曰："辄当奉书，不知缘何得达？"答曰："今适河中流，便扣舟呼'青衣'，当自有取书者。"班乃辞出。昔驺复令闭目，有顷，忽如故道。遂西行，如神言而呼青衣。须臾，果有一女仆出，取书而没。少顷复出。云："河伯欲暂见君。"婢亦请瞑目。遂拜谒河伯。河伯乃大设酒食，词旨殷勤。临去，谓班曰："感君远为致书，无物相奉。"于是命左右："取吾青丝履来！"以贻班。班出，瞑然忽得还舟。

遂于长安经年而还。至泰山侧，不敢潜过。遂扣树自称姓名，从长安还，欲启消息。须臾，昔驺出，引班如向法而进。因致书焉。府君请曰："当别再报。"班语讫，如厕，忽见其父着械徒作，此辈数百人。班进拜流涕，问："大人何因及此？"父云："吾死不幸，见谴三年，今已二年矣，困苦不可处。知汝今为明府所识，可为吾陈之。乞免此役。便欲得社公耳。"班乃依教，叩头陈乞。府君曰："生死异路，不可相近，身无所惜。"班苦请，方许之。于是辞出，还家。

岁余，儿子死亡略尽。班惶惧，复诣泰山，扣树求见。昔驺遂迎之而见。班乃自说："昔辞旷拙，及还家，儿死亡至尽。今恐祸故未已，辄来启白，幸蒙哀救。"府君拊掌大笑曰："昔语君：'死生异路，不可相近故也。'"即敕外召班父。须臾至庭中，问之："昔求还里社，当为门户作福，而孙息死亡至尽，何也？"答云："久别乡里，自忻得还，又遇酒食充足，实念诸孙，召之。"于是代之。父涕泣而出。班遂还。后有儿皆无恙。①

在唐代之前的小说中，泰山府君都是作为泰山主神出现。此后，泰山神受到历代的加封，东岳大帝为人们广泛接受，泰山府君的地位却逐渐降低。而在日本，泰山府君却成为神道教大神，掌管人的生死，如日本小说《阴阳师·凤凰卷》、电影《阴阳师Ⅰ》中，安倍晴明为救源博雅，举行"泰山府君祭"，日

---

① 〔东晋〕干宝：《搜神记》，江苏凤凰文艺出版社2019年版，第73～74页。

本狂言、能剧中也有传统节目《泰山府君祭》。另外，日本樱花中花朵最大、花期最长的樱花叫"泰山府君樱"。日本樱花以"泰山"命名，与一段中日文化交流史有关，相传日本平安朝有位叫藤原的大臣，非常喜爱樱花，在居处四周遍植樱花，其中一株花期只有七天的最受藤原喜爱，为了延续花期，藤原便向能主宰生死的泰山府君祈愿，没想到花期真的延长二十多天，从此这种樱花便叫"泰山府君樱"。①

在历史上，日本后冷泉天皇（1045～1068年在位）曾亲笔写《泰山府君都状》，表达向泰山府君祈求免除灾祸、保佑朝廷平安的心愿，其内容与形式犹如道教斋词：

> 谨上　泰山府君都状　南阎浮洲大日本国天子亲仁御笔　二十六
> 献上冥道诸神一十二座
> 银钱　二百四十贯文
> 白绢　一百二十四匹如上
> 如上，亲仁谨启：泰山府君、冥道诸神，御践祚之后，未经几年，顷日苍天为变，黄地妖祯，怪物数数，梦想纷纷。司天阴阳，勘奏不轻，其徵尤重。若非蒙冥道之恩助，何攘人间之凶厄哉。乃为攘祸胎于未萌，延宝祚于将来，敬设礼奠，谨献诸神。昔日崔希夷祈之东岳延九十之算，赵颃子之奠中林获授八百之祚，古今虽异，精诚惟同。伏愿垂彼玄鉴，答此丹祈。谨启拂除灾危，赐余宝祚，删死籍于北宫，录生名于南简，延年增算，长生久视。
> 永承五年十月十八日　天子亲仁（御笔）谨状②

在中国，虽然东岳大帝备受推崇，但泰山府君并没有消失，而是变成了类似判官的角色。佛教《十王经》称泰山府君为阎罗王手下的尚书，专门负责记人善恶。在道教中，泰山府君五百年一轮替，到轮班之时，天帝会选有德之人来接班，较著名的泰山府君是崔钰，他昼断阳、夜断阴，公正审理阴阳两界。

---

① 周郢：《泰山读不尽　千古总含情》，载《中国旅游报》2018年9月3日，第4版。
② 〔日〕远藤克己：《近世阴阳道史的研究》，丰文社1988年版，第715～716页。

在莆田市涵江区江口镇东岳观、东蔡村东岳观、铁灶村东岳观，仙游县金井村东岳庙，东岳大帝两侧配祀崔珏（西齐王）、张巡（东平王）。在《水浒传》中，戴宗辞官到泰安岳庙出家，便是崔府君勾唤：

只见戴宗起身道："小弟已蒙圣恩，除授兖州都统制。今情愿纳下官诰，要去泰安州岳庙里陪堂求闲，过了此生，实为万幸。"宋江道："贤弟何故行此念头？"戴宗道："是弟夜梦崔府君勾唤，因此发了这片善心。"宋江道："贤弟生身既为神行太保，他日必作岳府灵聪。"自此相别之后，戴宗纳还了官诰，去到泰安州岳庙里，陪堂出家，每日殷勤奉祀圣帝香火，虔诚无忽。后数月，一夕无恙，请众道伴相辞作别，大笑而终。后来在岳庙里累次显灵，州人庙祝，随塑戴宗神像于庙里，胎骨是他真身。①

图1-26　莆田市涵江区东蔡村东岳观的崔钰

此外还有多位泰山府君，《冥报记·陆仁蒨》中，赵武灵王在泰山府君属下统治黄河北临胡国。南宋洪迈《夷坚志》中的泰山府君都是由正直之人死后充任，与判官的传说非常类似。泰山府君偶尔也会作为泰山主神出现，如明代《永乐大典戏文三种》收录的元代戏剧《小孙屠》中，泰山府君奏明上帝，降甘露救小孙屠还阳，清代袁枚《子不语·紫姑神》中，泰山府君帮助紫姑神有情人终成眷属。

在调查的福建泰山庙中，除了前述的4座外，明确供奉泰山府君的还有1处——福清市龙门村东岳寺。寺正中央为东岳大帝殿，供奉东岳大帝，

---

① 〔明〕施耐庵：《水浒传》，吉林文史出版社2003年版，第744页。

东侧为泰山府，供奉泰山府君，西侧为三法司，供奉萧何、魏征、包拯。寺中陈昌顺老先生介绍说，该寺以泰山府君为东岳大帝属下总管，信众的具体祈求要先报泰山府君，有罪错则由三法司审判。这种安排布局也有理论依据，《上清灵宝大法·卷三十九·散坛设醮品上》记载的醮位，泰山府君位列五岳大帝之后，为东岳泰山府之神，相当于东岳大帝宫的宫廷主管大神。

图1-27　福清市龙门村东岳寺的泰山府君

　　泰山信仰从出现在单一地区到拥有跨地域的信仰版图，除了依赖祖先在一再迁徙的过程中延续与传播，它能扎根成为新土地的信仰，必须要经过充分的在地演变，与当地文化融为一体。同时，无论是本地的娘娘、太子、公主还是驸马，都反映出民众的愿望，对外来文化形态加以改造，创造出能够反映自己地区人杰地灵的传说，在这些传说中寄托对家乡土地一草一木的深情，愉悦自己，教育后代。信仰像个中心点，就像石子抛向水面的落点，而本地化的传说就是以它的产生地为圆心，涟漪般向四面八方荡漾开来。

第二章

福建泰山信仰的配神体系

　　多神教的特点在福建表现得尤为突出。民间传说中充满对神灵善行润泽的感恩，在信徒的观念中，多一个神灵就多一层保护，神灵越多，就可以得到越多的庇佑。在充满缺憾的现实生活中，要扶危济困必须有超越社会制衡的能力，这些传说不只是将一个个虚无缥缈可望不可即的神灵拉到身边，用草根情结解说（盼望）神灵"助人为乐"，同时还尽力升华自己的神灵，增加各种职数。同时由于"级别对应"观念，普通信众往往自认为"升斗小民"，想法难以直达大帝，觉得向其下属神灵祈祷也能传达心意、获得福报。因此，东岳大帝在福建不但有一个大家庭，更有众多的属下、随从，构成了一支庞大而精细的神灵队伍。

图2-1　闽侯县傅筑村泰山宫的东岳大帝与众多属下

第一节　温康二王

东岳大帝属下有温、李、铁、刘、杨、张、康、鄂（岳）、孟、韦十太保，巫傩文化中称"东岳殿庭十大都猖猛王"，莆田地区则另设了都城隍、都土地而成十二太保。"太保"本为官名，古代三公（太师、太傅、太保）之一，为辅弼国君之官，后世演变成对武将、豪杰、绿林好汉的尊称。十太保中声名最著者为温、康二太保，在福建民间，更习惯按爵位称其为"温康二王""九千岁"，或按职务称"温康二元帅""温康二都统"。

图2-2　连江县仁山村东岳庙的东岳大帝与温康二都统

（一）忠靖王温都统

温都统是玉帝敕封的亢金大神，东岳十太保中的第一太保，称"岳班之首""翊灵昭武使""东岳地祇上将""追魂摄魄太保"，影响最大，公务也最繁忙。他还为道教护法神温、康、马、赵四大元帅之一（佑侯元帅），同时又是

图2-3　霞浦县台江村东岳庙的温都统

三十六天将之一，一身兼数职。

关于温都统的身世有三种说法：

据明代宋濂《温忠靖公庙碑》记载，他姓温名琼，字永清，浙江温州人，其父曾中明经甲科，因年老无嗣，与妻子张氏昼夜祷告上帝。一天晚上，张氏梦中见一巨神擎火珠自天飞下，说："吾乃大火之清，将降胎为神。"张氏顿时觉得赤光耀体，自此有妊，于唐武后长安二年（702）五月五日午时生下了温琼。温琼十四岁即通四书五经、佛道典籍，二十六岁时考进士不中，抚案长叹道："吾生不能至君泽民，死当为泰山神，以除天下恶厉耳。"复制神符授人，说："持此能主地上神鬼。"说完就站立而死。后来蜀中叶天师用此符为人除灾，十分灵验，世人便立庙奉祀温琼，宋代封其为"翊灵昭武将军正佑侯""正福显应威烈忠靖王"。①

而《三教源流搜神大全》则说温琼诞于后汉顺帝汉安元年（142），因其母梦神人送以玉环，故名曰琼，字小玉，"十九岁科第不中，二十六岁明经射策亦不中"，感叹一番，留下一偈："孝悌为本，忠义为先，宽仁恕身立身无偏，便函修清净，契合真玄，若奉吾道，何忧不仙？吾随左右，呼召立前。"温琼正郁抑不乐，忽见一条苍龙坠珠于前，捡起来含到口中，珠滚入腹，那苍龙仍飞舞盘旋不肯离去。温琼扭龙为环，绕尾于手，突然变幻的"面青，发赤，兰身猛猛，握铜，游衍坐立，英毅勇猛"，并显现："有能行吾法、诵吾偈者，慈惠民物，以伐妖精，治病驱邪，吾当显应，斯言不忘。"东岳大帝闻其威猛，召为佑岳之神，受玉帝敕旨封为亢金大神，又封为"翊灵昭武将军兵马都部署"，赐

———————

①　潘恩德编：《全像民间信仰诸神谱》，巴蜀书社2001年版，第130页。

玉环一把，琼花一朵，金牌一面，金牌上书"无拘霄汉"四个篆字。①温琼手中玉环可叩开南天门，有事可直接出入天门朝奏。

《道藏·洞神部·谱箓类》中的《地祇上将温太保传》关于温都统身世的说法虽觉怪异，却与社会更为贴切：

> 温琼，字子玉，乳名卓郎，身长九尺二寸，长大有志，勇武敢为。时唐朝群盗蜂起，随汾阳郭子仪出战，身为先锋，白刃未尝伤体。子仪尝梦前军有黑雾，觉而问监军，知夜里前军中校尉温琼大醉，身中酒气散发有如黑雾成龙成蛇，群盗惊走，温琼追杀数千。未几，拜其为几前都检点。子仪尝与温琼同宿，又梦见其变黑蛇而生一角，知其为异人，然终疑其为患，欲杀之。温琼觉其意，遂逃至泰山下屠牛卖酒为生。后遇泰山三郎炳灵公所化道人点化，遂悟而不再杀牛，入东岳当庙祝三年。一日在岳峰遇黄衣道人，道人对温琼作揖曰："今日岳帝书上汝名，若天年终则为岳府太保，汝可立像于殿前，身后当任其职。"温琼如言立像，果然羽化，肉身不倒，初受敕封为"显德大将军"。温琼不以国封为荣，不愿享受民间庙食，拒绝为其立庙。炳灵公将其事奏知东岳大帝，岳帝诏其为"地府冥司急取人案大典者"，生死皆由其所掌管。②

同时，温都统在民间被塑造成了大义参天的正神。元代《温太保传补遗》中记载了温都统舍己救民的故事：

> 一日，北帝降下瘟药千丸于东岳大帝，敕令其遣使行瘟，检察世间不忠不孝、杀生害民、损物之人。东岳大帝受诏，命温琼行瘟，温琼寻思：一丸之药可杀千人，千人之死害及千家，况且气候传流，借毒行疫，殃及世人不可计数，甚失太上好生之德。于是仰天面北，将瘟药一口尽吞，欲以己身代千人而救无数性命。须臾，温琼腹痛身热，不可支持，变作一大猛鬼至东岳大帝前俯首请罪，东岳大帝上奏北帝，北帝欲治温琼渎职之

---

①　〔明〕佚名：《三教源流搜神大全》卷5，己酉春仲郎园校刊，第9页。

②　朱越利：《道藏分类解题》，华夏出版社1996年版，第200页。

罪，真武大帝嘉其用，保奏北帝赦免其罪。[①]

由于温都统吞瘟药的说法，他在民间也被认作瘟神或驱瘟之神。清代袁枚《续子不语·温元帅显灵》则给他加上了公正严明的光环：

> 阳湖令潘本智之太翁用夫开钱庄，忽失银千金，仁和令李公学礼亲为踏勘，于灰中查出六百金。李公以为诸伙计之事，欲押带赴县。太翁云："此辈皆老成力作之人，必不为此，带我家奴仆研讯可也。"众伙计云："非主人仁厚，我辈皆当受刑。虽然，我辈亦当赴元帅庙明心。"众始到庙门，内中一人忽闭目大叫："莫打！莫打！我说，我说。你可将瓮中四百金令汝兄手捧到庙。"诸人见此光景，同搜其家，四百金宛然在瓮，其兄遂头顶四百金送庙中。李令取其亲供，判云："此冥法也，非官法也，候其安静，带县发落。"未几，其人已投水死矣。[②]

此外，道教有"戊不朝真"的禁忌，即戊日不能动土、不能做宗教活动，原因众说纷纭，较为常见的说法是戊日阴阳五行变化，天门地户关闭，不受理人间之事。温都统戊日当值，且有"无拘霄汉"的特权，如果人间有急事进表，则须求助温都统用玉环叩开南天门。

（二）英烈王康都统

康都统位列十太保第七位，称"广灵昭惠使"，名字有康席、康应、康岱等说法，号"妙威"，亦为道教四大护法元帅之一（仁圣元帅）、三十六天将之一，有"无佞急报"之权。关于其身世，按《三教源流搜神大全》的记载：

> 康元帅，负龙马之精而生于黄河之界，父康衡，母金氏，毓时仁皇炎德九年，庚申年戊寅月庚辰日戊寅时生，帅生而慈惠，不伤胎，不折夭，不虐孤寡，不履生气，虽最顽蠢动，而虫蚁者不轻杀焉，食以残红、饮以醇浆，

---

① 潘恩德编：《全像民间信仰诸神谱》，巴蜀书社2001年版，第130页。
② 〔清〕袁枚：《白话全本子不语》，上海古籍出版社1995年版，第643页。

时有鹤雏为肇所得折翼而下卧，收而哺之，后鹤含长生草而报。公之邻里苍生之士，处以病者，四方谓之能，仁声闻于天，天帝亦以民之所称者称之曰：仁圣元帅以掌四方都社令焉，帅乃左执金斧右执瓜锤与王相周旋。[1]

按《连江县志》《尤溪县清岩宫志》《候官陈拾遗先生年谱》的说法，康都统为北宋名将康保裔。康保裔为河南洛阳人，其祖父康志忠、父亲康再遇追随赵匡胤东征西讨死于战阵。宋真宗年间，康保裔被封为彭国军节度使。契丹大举入侵时，康保裔赶赴河间战场，恰逢天将黑，与诸将约定次日晨联合作战。次日黎明时，契丹军将康保裔重重包围，部将劝他换甲衣、骑快马突围，康保裔慨然说："临难无苟免。"和敌人决战两日，尘土漫天，箭镞耗尽，援兵迟迟不到，最终战死。此时宋真宗的车驾停驻在大名，听闻康保裔殉国的消息，罢朝两日以示哀悼。[2]

图2-4　尤溪县竹峰村清岩泰山祖殿的康都统

《宋史·忠义传》记载了二百多位忠臣烈士，康保裔名列第一，被称为"宋朝第一忠义"，其英勇无畏的气概和视死如归的爱国情怀广受世人敬仰。随着后人的世代祀奉，康保裔逐渐由一名武将成为了神灵，并形成了"康王（康皇）"信仰，广东供奉尤多。龙虎山张继先天师保奏其到岳府，任东岳青雷使，节制天下城隍、土地。

在主祀温康二都统的泰山庙中，二都统"代主而行"，行使东岳大帝职权，被称为"温泰山""康泰山"，或"泰山温爷""泰山康爷"。在在所调查到的

①〔明〕佚名：《三教源流搜神大全》卷5，己酉春仲郎园校刊，第18页。

②《连江县志》编纂委员会：《连江县志》，连江县人民政府1989年印，第342页。

461座泰山庙中，温康并列为主神的有49座，约占11%，康都统单独为主神的有162座，另有4座康王世子庙，共约占36%。需要指出的是，笔者的调查以福州为主，而福州、三明、宁德的泰山庙大量主祀温康二都统，因此提高了他们的"供奉率"。

图2-5　连江县玉荷东路东岳泰山府的明代康都统大印，印文"宋室彭国军节度使　敕封泰山大都统累封英烈王之印"　　图2-6　福州市台江区斗池新村九案泰山府斗池堂的"清府"匾额

温都统暴烈严厉，加之有行瘟的职能，又是火神降世，容易招来火灾，因此罕有单独供奉。如福州市马尾区嘉登泰山庙碑志记载："据云温都统出巡会招来回禄（火灾），因而仅塑泥像坐镇宫内，而康都统则塑金脸软身神像定期巡游诸乡岛。"每次嘉登泰山庙游神时，金脸软身的康都统像接受万民朝拜，泥塑的温都统像只能寂寥地待在庙里，等着同僚巡游归来。为了防备温都统招来火灾，泰山青府匾额中的"青"常加"水"而成"清"，此外，旧时百姓往往有冤无处申，只得求告到神灵面前，"清"也有"清正廉明"的含义，寄托了百姓最后的希望。

信众更愿意亲近仁慈的康都统，如同佛教徒更愿意亲近慈悲的观音菩萨，尊称其为泰山公、泰山尊王，甚至直呼为泰山，不但广建庙宇，也在其他宫庙祠观"见缝插针"地供奉。在莆田市，最大的水系为木兰溪，然而古时候木兰溪雨多则涝、雨少则旱，且时有海水倒灌之灾。北宋治平年间，长乐女钱四娘募捐建陂，三年完工，却突遇山洪暴发，陂被冲毁，钱四娘悲痛之下投水自尽，年仅十九岁。后人继承其遗志，经过不懈努力，终于建成了木兰陂水利工程，一面挡住倒灌的海水，一面引流溪水灌溉田地。民众在陂头建庙供奉钱四娘，尊其为水神，称"钱夫人""钱氏圣妃"，同时也请泰山康王入庙共祀，共保一方平安，由于莆田方言中康、孔同音，误传为"泰山孔王"。木兰陂至今仍横流卧波、造福世人，成为福建古代水利工程史上一个划时代的里程碑，被评为全国重点文物保护单位、世界灌溉工程遗产。

　　在主祀东岳大帝的泰山庙中，配祀温康二都统的有70座，唯一的东岳娘娘宫也配祀温康二都统，共约占15%，另有7座只配祀康都统。正如闽侯县洲头村瀛洲泰山祖殿对联所说："忠且靖声威赫赫，英而烈气象岩岩。"温都统诞辰五月初五、面蓝，康都统诞辰九月初九、面赤，九五之尊、阴阳二色，两人共同烘托起了东岳天齐仁圣大帝的"天齐"地位。

图2-7　莆田市木兰陂钱四娘庙的泰山孔（康）王

第二节　驾前将军

　　各种信仰的典范模式是一种动态的层级结构体，随着社会文化的整体活动，也会不断地重新整合与变迁。如现实中的军队架构也体现在神系中，温康二都统之下也统辖着诸多的军马。

（一）六曹

　　黑白无常、牛头马面、单角双角统称为六功曹，简称六曹、六将，是东岳大帝统辖地府的重要助手，如明代福建人余象斗所著《南游记》中，六曹向东岳大帝禀报华光闯东岳庙寻亡母一事。福州市九案泰山府则加上了中军府、棋牌官，及西营一班（銮驾前护驾）、斗池二班（马炉前护驾）的皂班各两名，称九案泰山十二功曹。东岳六曹庙共发现3座：福州市鼓楼区朱紫坊岳宗六曹司，台江区安淡新村东岳六将厅、双洲桥道东岳六曹司公馆。

黑白无常，俗称七爷八爷。七爷姓谢，名必安，寓意酬谢神灵则必安，因为他个子高、一身白袍白帽，所以又称为长爷、高爷和白无常。八爷姓范，名无救，寓意犯法的人无救，因为他个子矮、一身黑袍黑帽，所以又称为短爷、矮爷和黑无常。白无常手持羽扇，高高的白帽上常写"一见生财""一见平安""一见吉祥""合境平安"，黑无常手持牌子，上写"赏善罚恶"。作为最著名的勾魂使者，他们是阴司神身边负责检举恶人、押解至阴司法庭的捕总。

传说黑白无常都是闽县人，自幼结义，情同手足。有一天，一起行走至仓山南台，天要下雨了，七爷让八爷在闽江桥下稍等，自己转回家拿伞。岂料七爷走后，大雨倾盆，河水暴涨，八爷不愿失约，紧抱着桥柱不放，竟因为身材矮小被水淹死。不久七爷取伞赶来看到这场景痛不欲生，吊死在桥栏上，所以七爷总是伸着长长的红舌头。这份"尾生抱柱"式的情义深得东岳大帝嘉许，封他们为阴司之神，专门勾人魂魄送至地府。

黑白无常也常被称作"大爷二爷""大哥二哥""大伯二伯"，新加坡歌手陈金水曾创作歌曲《拜请东岳大二爷》。白无常擅长医术，从而受到嘉奖、晋升。据莆田市秀屿区山星村的杨远志先生介绍，信众会向白无常问白事甚至红事，尊称其为"泰山阿大""泰山大爷"，泰山大爷庙在莆田随处可见。传说泰山大爷很好色，因此女性对其敬而远之。

图2-8　南平市延平区闽江支路泰山东岳宫的黑白无常

据传，民国年间，闽清县有一位老木匠，夜里睡得正香，突然听到有人敲门，老木匠隔着门问是谁，回答是湖头老八，鞋坏了请老木匠来修。老木匠奇怪鞋坏了不是应该找鞋匠吗？次日一早到湖头村打听老八这号人，不知不觉来到黄氏宗祠，此时是正月，湖头村泰山堂的神像皆供于祠内过年，竟然发现八爷的木鞋被老鼠咬坏了，老木匠恍然大悟，便精心修补了一下。

除了范谢外，黑白无常的姓氏还调查到张曹、金范、翁金、柳范、方徐、唐柳、杨柳、高张、柳郑、潘蔡、石邱、罗郑、柳周、京卢等几十种说法，本地村民常以自家姓氏或村中缺少的大姓加于其上，因此，黑白无常的姓氏数量是无法统计完全的。福州市马尾区东岐村岳宗庙根据不同的来历，索性塑了五对黑白无常像，分别是范谢、郑洪、陈欧、卢谢、丁柳，安放在庙里的不同位置。

图2-9　莆田市秀屿区莆禧村五福庙的泰山大爷

牛头马面，民间传说中的阴司神灵，在酆都鬼城、各类阴司庙中均有其形象。按照佛家的说法，牛头又叫阿傍，《五苦章句经》讲："狱卒名阿傍，牛头人手，两脚牛蹄，力壮排山，持钢铁叉。"[①]马面又叫马头罗刹，"罗刹"为恶鬼，故马头罗刹即马头鬼，《楞严经》称："亡者神识，见大铁城，火蛇火狗，虎狼狮子，牛头狱卒，马头罗刹，手持枪矛，驱入城内，向无间狱。"[②]

福州市仓山区厚峰村泰山青府的牛头、马面称为颜都督、柳都督。据启化聚兴堂王思腾介绍，传说有位女士路遇劫匪，对天呼喊颜都督，劫匪忽然倒地不起，从此村里人特别信奉颜都督，尊称之为"牛爷"，家家供奉，并且全村禁食牛肉。2018年底，厚峰村拆迁，村民们将家供的牛爷像集中到泰山青府暂存，有一百多尊，很是壮观。在漳州市北门外的小浦南、桃林、凤梧、路头等自然村，也供奉着漳州东岳庙请来的"牛爷"，定期往漳州东岳庙进香朝拜。

---

① 〔东晋〕竺昙无兰译：《五苦章句经》，藏经书院1902年印，1册页。

② 〔唐〕般刺密谛译：《楞严经》下册，大众文艺出版社2005年版，第332页。

单角双角，也称金角银角，因携带枷锁也称枷爷锁爷、铜枷铁锁。民间"经书"言："铜枷铁锁将他解到王庭，拷打罪孽，粉碎其尸，自有孽风吹起，依然复还原形。铁叉穿心，倒下而下，堕于狱中，熊熊猛火，喝饮溶铜灌口。

图2-10　罗源县盛头村东岳庙的牛头马面

三日一烤，五日一打，煮得罪人皮焦肉烂，每日九死一生，乃作恶人之报。"

东岳六曹有多组，分一巡院、二巡院等，俗称"一门、二门"，分管职能、所辖区域各有不同，如二门六曹驻守在福州市台江区茶亭一带。传说茶亭有位妇女下地干活前，焚香祈祷六曹帮忙照看孩子，回来后发现孩子被黑无常抱在怀里，民间传言黑无常喜欢小

图2-11　福州市仓山区厚峰村泰山青府的众多"牛爷"像

孩，会保佑小孩，后又被传成会带走小孩，因此二门六曹游神时，家里大人不让小孩出门。茶亭有位悍妇听到此传言，在游神时拿扁担暴打黑无常，黑无常神像被损毁，却总也修不好，此后游神时黑无常像都是歪的。后茶亭一带拆迁，二门六曹搬迁到了马尾区，即现在的马尾区魁岐村东岳泰山宫。

图2-12　龙海市河福村海澄东岳庙的单角双角

（二）御前部将

东岳大帝御前部将，最常见的为中军、旗牌、御林军、八将。

中军为中军统帅简称，旗牌则为传递令旗、令牌的官员。御林军作为东岳大帝的贴身护卫和仪仗队，或顶盔挂甲，或身着锦袍，手握各色旗帜、阵仗或兵器，其形象、名称各有不同，共同执掌着东岳大帝的威仪。

八将，东岳大帝手下兵将众多，八为虚指，用具象化的形象表现岳府神兵，类似戏台上"三五人能顶千军万马　六七步可走四海九州"。八将多为地方神灵担当，各地各有不同，常见的有金、欧、韩、毛、邱、苏、薛、庄、李、唐、王等姓。此外，另有龙、虎、鸟、蛇、七、八、头板八将，即龙、虎、鸟、蛇四季神将，七爷、

图2-13　闽侯县红新村东岳泰山宫的李旗牌

图2-14　福州市锦麟轩八将团

八爷和拿竹板的班头一对，全称东岱岳宗驾前内阁一班八将，统帅为岳宗瘟部尚书参政王金汉超。

　　与八将类似的还有阴将，代表着阴司系统的茫茫阴将阴兵。传说中有十大阴将：鬼王、日游、夜游、无常、牛头、马面、豹尾、鸟嘴、鱼鳃、黄蜂。另据漳州市民俗协会秘书长杨鸿先生介绍，在漳州地区的民间信仰中，地府有东岳五门，由不同的阴将把守：第一门王孙元帅（东晋名臣谢玄）携青狮、白象；第二门金刚二将；第三门牛头、马面；第四门铜蛇、铁狗；第五门判官、小鬼。

第三节　案下兵将

　　案下原意即麾下，而体现在泰山庙中，案下兵将是最广泛、职位最低的兵将，位置只能在东岳大帝的桌案之下。

（一）口将

"口将"实为"煞将"，关口含煞，口将把守关口可以挡煞。最常见口将为狗将（闽南称"狗舍"），因直呼为狗或犬似有不敬，便在前面加"龙"字尊称为"龙口大将军"，同时有把守关口的意思。福建最著名的口将有三：三田都元帅麾下何元帅、张圣真君麾下刘大将，另因"嶽"字带"犬"，泰山庙也必配口将。东岳大帝麾下共有十口将，分驻在不同的地区，如福州岳前的金黑二口将、赤屿的白安二口将等。

口将有时也会以头戴兽头盔的人物形象出现，这种情况也常出现在各类动物将军身上，如牛头可以是头戴牛头盔、手持钢叉的人。

随着信仰的普及和标准的泛化，口将演变成了把手关口的将军的统称，如龙口将、虎口将、五门墩（今闽江解放大桥）口将岳宗闽省都督陈亮。赌徒们认为虎口将能叼财宝，尊称之为"虎爷"，希望虎爷帮自己在赌场上交好运，今日赌博所用的老虎机，其名称盖源于此。

除了口将外，多处泰山庙也有各种动物类将军，如《聊斋志异·鹰虎神》

图2-15　厦门市同安区岳东路东岳行宫的狗舍

图2-16　头戴狗头盔的人物化口将

图2-17　厦门市思明区公园北路东岳庙的虎爷公

的东岳庙门口鹰虎神。福州市长乐区民间信仰中有动物神的传统，如鸡将军、鸭将军等等。调查中发现，福建泰山庙中的动物类将军也以长乐最多，究其原因，据传是因为长乐区岭南村人马驿做一日皇帝时，曾册封本乡的蟒仙为蟒天神王。这个故事被编成了闽剧《马驿一日君》：

　　明永乐年间，长乐有位叫马乐的，在科举中竟九考不中。有一年又逢科考，他听说福清石竹山祈梦预测很灵验，就备好香烛到石竹山去祈梦。一路跋山涉水，到了石竹山下宏路时，一个鱼贩挑着一担带鱼沿路叫卖。马乐见状，心想：假如今天不是去祈梦，一定吩咐侍童购买一些。马乐到了祈梦之所，竟连祈三天无梦，怂然之下在仙君楼的墙壁上题写一首打油诗："跋山涉水来求仙，三天三夜不见仙。有朝一日能出仕，定除石竹草鞋仙！"当晚，马乐即获一梦，仙君以诗诚之曰："千山万水来求仙，何念带鱼口味鲜？是汝心不虔，骂我草鞋仙。念汝一日君，不然打一鞭！"马乐醒来后百思不得其解，但他知道诗意诚谕之意甚明，于是心存疑窦赴京赶考，竟然"状元及第"，朝廷授他"翰林修撰"。因其名字要避讳永乐帝，遂由皇帝赐名"马驿"。当时正适春南郊祭祀，而此时永乐帝染病，状元及"天子门生"们就奉旨代皇帝祭天，所以马驿又被称作"一日君"。

　　另有说法是，在梦中提示马驿的为蟒仙。马驿高中后，堪舆先生警告永乐帝，马驿家宅风水超过皇家，将危及皇位，破解方法是让马驿做一日皇帝，应了这风水。马驿做皇帝这天，特意敕封蟒仙为蟒天神王。

　　蟒可为神为王，其他动物也纷纷成帅成将，于是长乐区泰山庙遍及龙虎狮豹猴鸟龟蛇等动物类将军，蔚为奇观。

图2-18　福州市长乐区京林村东岳庙的动物类将军

（二）五营兵马司

中国有五的概念，如五方、五行、五色，以及人的五体。五营兵马的信仰，根据台湾"国立"政治大学李丰楙教授的研究，最迟在汉晋以前已经形成，并且和祭祀土地神的"社"有关。所谓"五营"，就是以庙为中心，依五行、五方对应五色而设的"兵营"，分别是：

东营九夷军，九万九千兵，东为青龙，五行属木，木属青色，时节为春；

南营八蛮军，八万八千兵，南为朱雀，五行属火，火属红色，时节为夏；

西营六戎军，六万六千兵，西为白虎，五行属金，金属白色，时节为秋；

北营五狄军，五万五千兵，北为玄武，五行属水，水属黑色，时节为冬；

中营三秦军，三万三千兵，中为麒麟，五行属土，土属黄色，时节为季夏。

图2-19　福州市台江区太平社区九案泰山
府太平山堂的五营兵马牌位

这种用颜色概念与方位的配置，来自传统的五行观念，构成了循环关系的结构空间，象征宇宙运转的秩序系统。至于五营的番号为"东夷""南蛮""西戎""北狄""中秦"，则明显反映了汉人的汉本位主义，即中央在关中秦地，周围蛮夷戎狄与之形成互相支援的政治军事体系，维系天下稳定的大一统。这种五方秩序的军事思想被宗教借用，以庙宇为中心，依照"中央——四方"的布局，设立有形的"五营"神兵祭祀，形成了神庙护境兵将群的观念。①个别庙则加上"外营"而成"六营"，有的也设"女营"。

图2-20　惠安县螺城镇东岳大帝庙的五营兵马司

---

①　李丰楙：《五营信仰与中坛元帅》，高雄中山大学清代学术中心2012年印，第561页。

　　至于五营神将为何许神灵、何种姓氏，说法众多，以"东南西北中"为序，有"张萧刘连李""温康马赵李""康张赵马李""辛池蒋洪李"等说法，以中营中坛元帅李哪吒为首，而福建闾山派则认为居首的是东营张将军，即闾山派的张圣真君。

　　福建泰山庙中的五营兵马司通常是一面牌位，上书"五营兵马司"，有时守庙人会在牌位前放一碗米、一碗水、一捆草，代表粮草。每年福州市九案泰山府开堂时，五营兵马则为五个用符咒封起的罐子，将罐子打开，代表着五营兵马在温康二都统的率领下出发巡游。少数五营兵马司为五人塑像或壁画，也有以东方持国天王、西方广目天王、南方增长天王、北方多闻天王、中央大梵天王的符咒贴于四壁和中间大门，守卫庙之五方。

　　类似的还有五道将军。五道将军是东岳大帝的属神和重要助手，把守阴间地府东、南、西、北、中五口，《水浒传》中多次提到，如宋江装疯大叫："我是玉皇大帝的女婿，丈人教我领十万天兵来杀江州人。阎罗大王做先锋，五道将军做后合。"[1]五道将军具有监督阎王、判官，纠正其不公行为的权力，曾邀

图2-21　连江县凤尾村东岳庙的五道将军

① 〔明〕施耐庵：《水浒传》，中华书局2009年版，第596页。

请隋代名将韩擒虎入东岳阴司任职。但与阎王不同的是，他颇有正义感和同情心，留下许多的救助弱者、开释无辜、成全有情人的传说。

（三）杂役

在古代，宫廷里配备大量宦官、宫女处理宫中杂务，个别宦官因受皇帝赏识而成为近臣。衙门则配备书吏、衙役等，衙役分皂、壮、快三班，因此有三班衙役的俗称，皂为黑色染料，皂班因身着黑靴黑衣而得名，或分为内班、外班，形象则是手持板子、枷锁，腰挂表明身份的腰牌。受此影响，庙宇也常配备各类杂役，如清代采蘅子《虫鸣漫录·周锡纯》中，周锡纯入冥为东岳书吏。

图2-22　闽清县坂东村东岳泰山府的总管

图2-23　古田县溪头村东岳庙的宦官

图2-24　霞浦县台江村东岳庙的宫女

图2-25　石狮市石湖村东岳古寺的持印

图2-26　福清市玉塘村泰山宫的值符使者

图2-27　建瓯市白鹤山东岳庙的书吏

图2-28　平和县九峰镇东
岳宫的衙役

图2-29　福州市鼓楼区高
峰南巷泰山殿的
孩儿弟

图2-30　平潭区松柏岚村东岳泰山
寺的马夫与神马

图2-31　福州市长乐区琅峰
村泰山殿的李保长

图2-32　福州市台江区太平
社区九案泰山府总
堂的鼓神曾长发

图2-33　福州市台江区三通路
东岳整兴堂的柴客

泰山庙中有总管、总政主持岳府日常事务，最有名的总管为赵相公，另有持印、值符使者、马夫、孩儿弟等杂役。

自明代后期开始特别是清代，保甲制重新兴起，保长作为保甲组织负责人之俗称，是被官府正式认可的基层管理人员，作为直接面对广袤乡村、底层民众的"驻村代理人"，保长有着天然的行政便利，或许是出于此考虑，许多泰山庙也塑有保长像。由于清代长期实施保甲制，至今保长塑像仍带有明显的清代服饰特征。

调查中还发现一类特殊的杂役——自尽的凡人。

在福州市九案泰山府，鼓架上有一位双手托鼓的人的塑像，据洋柄同心堂堂主曾森霖先生介绍，此人名叫曾长发，洋柄村人，是他的曾叔祖。曾长发连续三年举办游神活动，耗尽了家产，一天吃过"粿"（音时，糯米制食品）后腹痛难忍，便在鼓架上缠绳自缢了。大家对他的死因感到诧异，更不理解身材较高的他能在低矮的鼓架上寻短见，纷纷传言是被温康二都统召去做鼓神了。在东岳四太子信仰中，也有一位自尽的凡人——柴客。福州柴帮奉东岳四太子为保护神，出资修建四太子行宫、复初庵等庙宇，需要大量的木料。四太子化身凡人沿闽江而上，找到一位贩卖杉木的商人，谈好了价格，将杉木捆扎沿江而下运到福州。商人回家打开钱袋，发现钱全变成了纸钱，一时想不开投水自尽了。四太子一方面感激他建庙有功，同时对他的遭遇心怀愧疚，就收他为部下。[①]

第四节　职能属官

主宰万物的超自然力量——神的至上权威，对民众来讲，简单体现在是否保佑，"有求必应"是最佳效应。因此，信仰带有强烈的功利性，反映在民间，集中表现在各种神灵的职能分工与百姓的日常生产生活均有着密切的关系。同时，神灵的职能很少是单一和固定不变的，一般来讲，每位神灵都有一种主要职能，同时兼掌其他职能，这样才能满足信徒的各种需求。神阶越高，职能越多，由此分化出了大量的职能属官。

（一）文武判官

南北朝时期，陶弘景作《真灵位业图》，称冥界主神的下属鬼神有七十五个官职，虽没有说明官职的具体名称，却开道经和东岳庙中冥界鬼神官职之先声。

判官一职为隋代使府始置，唐代使臣处理外派事务者也可自选官员充任判官，开始只是掌文书，渐渐到处理兵马钱粮。唐中期以后，判官作为地方长官的僚属佐理政事，近于副使。宋代一些地方长官亦有判官协助处理公务，地位

---

① 福州市台江区政协：《台江宗教》，福州市台江区政协2014年印，第151～152页。

略低于副使。宋代道经借用判官名称很普遍，如南宋《高上神霄玉清真王紫书大法》中的"辨祟大判官四员：耿元、孙真、李用、张江""左大判官林萼，右大判官段明"①。宋代以后的道经继续普遍借用判官名称，如明代《高上大洞文昌司禄紫阳宝箓》中的"文昌掌禄籍，判官主簿书"②。道经中的判官都是主神的助理，符合人间判官辅佐长官理政的职务身份。

现实社会中的判官一职也渐渐渗入了冥界，成为冥界主题叙

图2-34 罗源县丰余村泰山府的文武判官

事作品中的重要角色。这些冥界判官由人间死者继任，有名有姓，常多呼其姓称为"某判"，如《西游记》中的崔判、《聊斋志异》中的陆判。他们主掌地府生死簿录，裁夺阴间事务，成为地府主宰的得力助手。后来，判官掌管籍簿的职能越来越被强化，形象更加突出了判官笔和簿籍，而簿籍由生死簿延伸到了功名簿，身份也由单一的判官演变成了文武判官。

世俗百姓热切期望在死后世界也能得到神的庇佑，便将判官纳入庙宇加以崇祀，在其身上寄托某种希望。在百姓心中，判官代表着冥界的权势，掌控着凡人的福禄寿算。常人膜拜判官，充满期冀之心，由此一来，判官并不像其他阴司神灵那样令人畏惧，反而有不少人情味，给阴森的地府增添了一抹人性的色彩。

（二）辅佐各司

东岳庙有七十二司、七十五司、七十六司等说法，已知配司最多的为北京东岳庙，共七十六司。在福建，泉州市东岳行宫历史上曾有八十四司，现有配

---

① 朱越利：《道藏分类解题》，华夏出版社1996年版，第111页。
② 朱越利：《道藏分类解题》，华夏出版社1996年版，第206页。

图2-35　厦门市湖里区后坑社区资福院的二十四司

司最多的泰山庙为厦门市湖里区后坑社区资福院，共设二十四司：

库官司、功曹司、来禄司、掌善司、赏法司、瘟疫司、注福司、感应司、见禄司、记功司、保健司、事到司、监狱司、罚恶司、人丁司、刑法司、改原司、察过司、巡察司、速报司、阴阳司、功过司、功考司、警报司。

福建各地的泰山庙所设司也各有不同，共同的特点是实用，如记录许愿的良愿司、记录过错的过犯司、掌管财富的金库司银库司等。各司神灵来源杂而多端，如速报司神岳飞、催行司神崇祯皇帝，此外还有道教神仙和民间传说中的人物，如黄病司神许真君、毒药司神牛郎。明代李昌祺《剪灯余话·泰山御史传》中讲道：

惟是泰山一府，所统七十二司，三十六狱，台、省、部、院、监、局、署、曹，与夫庙、社、坛、墠、鬼、神，大而冢宰，则用忠臣、烈士、孝子、顺孙，其次则善人、循吏，其至小者，虽社公、土地，必择忠厚有阴德之民为之。①

————————————

① 乔力主编：《文言小说精华》，广西师范大学出版社1996年版，第709页。

明代丁耀亢《续金瓶梅》中："如今泰山酆都城添了速报司，阎君是岳武穆。"[1]然而速报司神除岳飞外，也有包公一说。金末元初词人元好问最为大家熟知的，是他那句千古一叹"问世间情是何物，直教生死相许"，他在《续夷坚志·包女得嫁》中记载，包公的孙女被乱兵掠夺，宁死不肯屈从主家淫威而备受折磨，女巫请东岳速报司包公降神，迫使主家将孙女嫁到良家：

> 世俗传包希文以正直主东岳速报司，山野小民，无不知者。庚子秋，泰安界南征兵掠一妇还，云是希文孙女，颇有姿色。娼家欲高价买之，妇宁死不行。主家利其财，捶楚备至，妇遂病，邻里嗟惜而不能救。里中一女巫私谓人云："我能脱此妇，令适良人。"即诣主家，闭目吁气，屈伸良久，作神降之态。少之，瞑目咄咤，呼主人者出，大骂之。主人具香火，俯伏请罪，问何所触尊神？巫又大骂云："我速报司也！汝何敢以我孙女为娼？限汝十日，不嫁之良家，吾灭汝门矣！"主家百拜谢过，不数日嫁之。[2]

此处将包公与泰山阴司联系到一起，这是包公从人到神、从人间到冥界的转折点。元代杂剧《包龙图智勘后庭花》曲词也唱道："怎瞒那掌东岳速报司，和这判南衙包待制。"[3]包公俨然已成为泰山地府主神之一。在福建泰山信仰中，信众称包公为包都督，并有专门的庙宇，为福州市晋安南路东岳督司府。

在福州市台江区金斗山（现洋中）一带，许多民众信仰岳宗银库司杨司官。后金斗山一带房屋拆迁，民众四散，如意显心堂郑悝先生从拆迁到异地的朋友处获得

图2-36　连江县蛤沙村东岳泰山府的包公

① 〔明〕丁耀亢：《续金瓶梅》，齐鲁书社2006年版，第467页。
② 〔元〕元好问：《续夷坚志》，中华书局1985年版，第2页。
③ 徐征等主编：《全元曲》第2卷，河北教育出版社2012年版，第1232页。

图2-37　郑悝先生收藏的岳宗银库司画像　　图2-38　福州市长乐区五里洋村泰山宫的五花邓
　　　　　　　　　　　　　　　　　　　　　　　　　　将军壁画

一幅岳宗银库司画像，珍藏在家。

　　福建独有的司神是血湖司主宰鲁主宰、副主宰五花邓将军。血湖又称血池，妇女死于产难要被浸入血池，俗称"游血湖"。五花邓将军一身兼多职，为三十六天将之一。在福建临水夫人陈靖姑信仰中，他是临水宫主宰，称保童金刚邓元帅，与金盆送子高元帅共同职掌着助产护胎、送子护婴的职能。

（三）日夜游神

　　日夜游神，是日游神与夜游神的合称，又叫日夜游巡，原是四处游荡的凶神，后来则演变成了阴间神灵，分"白班、夜班"监督人间的善恶，常被供奉于东岳庙、城隍庙中。

　　元代王晔杂剧《桃花女破法嫁周公》称：

　　　　今日他出门之时，正与日游神相触，便不至死，也要带伤上车。①

---

　　① 〔元〕王晔：《桃花女破法嫁周公》，商务印书馆1918年版，第8页。

清代李庆辰《醉茶志怪·夜游神》也有类似内容：

夜游神，往往为人所遇。以予所闻者言之，一在邑东关外崇宁宫前，有王某夜行，见墙阴一物如袄，俯视乃巨靴，长约三尺许。举头则眉际复一靴，大亦相等。仰望一巨人，坐檐际，高约数丈，迭腿而坐。踌躇间，忽有一人提灯笼而来，巨人抬其足，其人若未之见，匆匆遂过。王亦欲随之过，巨人仍以足挡之。相持数刻，始不见。归家后，不数日而亡。殆衰气所感，鬼神揶揄之也。又某宦寓河北客舍，好摴蒲。正月间，访友人赌戏，归店时已三鼓，月色微明。至北关浮桥，见钞关东有巨人坐屋上，高以丈计，其服制仿佛纱帽宽袍，气象雄阔。某骇，几不能步。视所提之灯，光小如豆，踯躅不前，俄而不见。某归后亦无恙。①

图2-39　惠安县螺城镇东岳大帝庙的日夜游神与雪神壁画

① 〔清〕李庆辰：《醉茶志怪》，河北人民出版社1988年版，第219页。

常与日夜游神同行的为眚神，即煞神。民间传说，人死后第七日晚由眚神带领回家一次，称回魂，又称回煞、回眚，此夜在民间俗称"回魂夜"。明代侯甸《西樵野记·眚神》记载：

> 乡人顾纲卒，煞回，值夜中，其妻设香楮牲馔于灵几，闿中障以彩绮，合门尽隐邻舍，独留一媪守家。媪见一物，其状如猿，大如犬，系纲从薨中而下，据案啖牲馔。见媪，连杖捶之，媪肆号呼，众入室，已失之矣。[①]

由于日夜游神和眚神的职能和气场，世人若看见他们，便觉得是不祥之兆。

（四）十殿冥王

佛教将中国早期"泰山治鬼"的思想移花接木到地狱概念后，道教也反过来利用佛教的内容，将中国化的十殿冥王统统纳入东岳大帝麾下，成为"泰山治鬼"的职能部门。阎罗王原型为印度教神灵阎摩，是地狱的主宰，而中国化的十殿冥王，几乎没有了印度的痕迹：

> 第一殿，秦广王蒋，专司人间夭寿生死，统管幽冥吉凶、善人寿终；
>
> 第二殿，楚江王历，司掌活大地狱；
>
> 第三殿，宋帝王余，司掌黑绳大地狱；
>
> 第四殿，五官王吕，司掌合大地狱；
>
> 第五殿，阎罗天子包，本居第一殿，因怜屈死，屡放还阳伸雪，降调此殿。司掌叫唤大地狱；
>
> 第六殿，卞城王毕，司掌大叫唤大地狱，及枉死城；
>
> 第七殿，泰山王董，司掌热恼地狱；
>
> 第八殿，都市王黄，司掌大热大恼大地狱；
>
> 第九殿，平等王陆，司掌丰都城铁网阿鼻地狱；

---

① 黄霖主编：《中国历代小说辞典·第二卷·宋、元、明》，云南人民出版社1993年版，第551页。

　　第十殿，转轮王薛，专司各殿解到鬼魂，分别善恶，核定等级，发四大部州投生。[①]

图2-40　长汀县南屏山东岳行宫的东岳大帝与十殿冥王

　　由于佛道及民间信仰的相互影响、交融，多套冥神体系互相渗透，显得庞杂而模糊，东岳大帝、泰山阴阳司、十殿冥王、地藏王和酆都大帝的来历与界限，也许并不容易理清。

第五节　地方神灵

　　和"大神"不同的是，许多神灵职级较低、神力有限，仅管辖一城一池，甚至只是一村、一巷、一角落，其庙宇通常较为简陋，属于神界的"基层干部"。

---

　　① 　徐华龙主编：《中国鬼文化大辞典》，广西民族出版社1994年版，第731页。

（一）城隍

城隍，"城"原指挖土筑的高墙，"隍"原指堑壕。东汉许慎《说文解字》曰："城，以盛民也。"又曰："隍，城池也，有水曰池，无水曰隍。"[1]古人造城是为了保护城内百姓的安全，所以修了高大的城墙、城楼、城门以及壕沟、护城河，如东汉班固《两都赋序》云："京师修宫室，浚城隍。"[2]古人认为与生活、生产安全密切相关的事物都有神在，于是城和隍被神化为城市的保护神。

随着城隍的普及，越来越多享誉本地的人物在去世以后被人们奉为城隍，或者一些生前拥有奇异能力或为国捐躯者也常被神化，成为护佑一方的城隍。在传统中国人的心目中，这一神灵与州县官员有着许多相似之处：两者都关系到辖区内百姓的福祉；一个由皇帝任命，另一个由上苍委派，甚至有州县官死后被人们奉为城隍神；州县官负责人力所及的事务，城隍则负责人力所不及的事务。

在发轫之初，城隍的主要功能是保境安民。出于民众的意愿，城隍惩恶扬善的属性不断被加强，当人们对官府、司法逐渐丧失信心时，往往就把城隍视为主持人间正义、维护司法公正的代表。人们希望城隍保佑风调雨顺，帮助百姓抵抗瘟疫，赐给五谷丰登，并能保护无辜，惩处邪恶，监督官府活动和官员德行。想要做到这些，城隍必须品德良好、学识丰富，这在《聊斋志异·考城隍》中有生动的体现。因此，城隍通常是有着大功业、大品德的人格神。郑丽生云："各郡县之城隍神，相传亦有迁调升格之说，此虽无稽之谈，然前人笔乘中，每实指其人，皆聪明正直之士，所谓神之'人格化'也。"[3]

一省的城隍为都城隍，都城隍之下有各府城隍，各府城隍之下有各县城隍，各县城隍又管辖本县的诸多土地神，类似于省公安厅、市公安局、县公安局、派出所。对于这种上下级关系，可参考《子不语·土地神告状》记载，都城隍派府城隍为土地神争回土地庙：

> 东边有土地庙，香火久废，私向寺僧买归，建造亭台，已年余矣。一日，其妻韩氏方梳头，忽仆于地，小婢扶之，亦与俱仆。少顷婢起，取大

---

[1]〔东汉〕许慎：《说文解字》，中华书局1963年版，第288、306页。

[2]钱仲联等主编：《中国文学大辞典》，上海辞书出版社1997年版，第1808页。

[3]郑丽生：《闽中广记》，海风出版社1995年版，第263页。

椅置堂上，扶韩氏南向坐，大言曰："我苏州城隍神也，奉都城隍神差委，来审汝家私买土地神庙事。"①

在福建，都城隍是西汉御史周苛，他曾被刘邦派往河南荥阳县，项羽破城后他宁死不屈，被施以烹刑，刘邦念其忠烈可嘉，诏命郡县立庙祭祀。南宋辛弃疾、清代纪晓岚到福建上任时，都曾到都城隍庙参拜。各府城隍则有陈瓒（莆田）、蔡襄（泉州）等。县城隍中，最有名的是平和县城隍——唐代诗人王维，其崇立者便是明代修筑平和县的大儒王阳明。道教《无上黄箓大斋立成仪》中，岳府第三十二司主管天下城隍，笔者调查中发现，平和县城隍庙中王维的牌位赫然写着"岳宫爵衔"，显然，在王阳明先生心目中，很看重城隍为东岳治下这一点。

图2-41　福州市鼓楼区鼓屏路的福建都城隍庙

对于福建的都城隍、府城隍和县城隍，清末美国传教士卢公明记载：

---

① 〔清〕袁枚：《白话全本子不语》，上海古籍出版社1995年版，第60页。

省主城隍就是这里地位最高的神灵。城隍庙是城内所有庙宇中规模最大的一座，坐落在布政司衙门附近。理论上，每一个省城、每一个府城以及每一个县城都要有一座城隍庙。福州的城隍庙里供三尊非常相似的神像，其中最大的一尊掌管全省范围的灵魂世界，其他两尊分管福州府下辖的闽县和侯官县。①

作为冥界的地方神，城隍要辅佐冥界主神东岳大帝，巡查屈死鬼魂，进行案件的审理、上报，这在清代小说中多有描述：

告曰："我非人，城隍司勾魂使也！"大惊，向之长跪乞哀。其人曰："此奉东岳行勾，虽城隍司弗能救，我何敢玩法？"（汪道鼎《坐花志果·救人延寿》）②

慨然相视（城隍委任状），阅之与己无殊，而所钤者乃东岳大帝之篆也。（长白浩歌子《萤窗异草·马元芳》）③

我乃城隍之鬼隶也，今将以公文投东岳。（蒲松龄《聊斋志异·鬼隶》）④

城隍若是判错案、拿错人会受到东岳大帝的处分，如《子不语·鬼幕宾》："骨肉未寒，犹可还阳。否则东岳行查檄至，城隍将受处分矣。"⑤现实中，福建都城隍确实因为东岳大帝之事而受过处分。清代施鸿保记载：

咸丰乙卯七月三日，东岳神像首因雷震坠，合城哗然。或谓省城必有大灾，神违天帝旨，救护之故，遂迎城隍及各社神像至庙谢罪，复迎至于山玉皇庙天帝处代求，并请福州府闽、侯两县代民祈祷，东岳庙所塑部从各像，皆加枷扭，汹汹弥月。⑥

---

① 〔美〕卢公明著，陈泽平译：《中国人的社会生活》，福建人民出版社2009年版，第136页。
② 〔清〕汪道鼎：《坐花果志》，光绪元年宏大业书局藏版。
③ 〔清〕长白浩歌子：《萤窗异草》，齐鲁书社1985年版，第423页。
④ 〔清〕蒲松龄：《聊斋志异》，光明日报出版社2009年版，第480页。
⑤ 〔清〕袁枚：《白话全本子不语》，上海古籍出版社1995年版，第271页。
⑥ 〔清〕施鸿保著，来新夏校点：《闽杂记》，福建人民出版社1985年版，第80页。

图2-42　平和县九峰镇平和城隍庙的"敕封显佑伯岳宫爵衔"城隍王维与夫人

旧时官场腐败，"衙门八字开，有理没钱莫进来"，作为一城之主的城隍就被民众当成最后的依靠，城隍庙前专设投状纸的"状箱"，游神时也会安排"状箱"随行。清康熙时，学者陈梦雷到福建都城隍庙"告阴状"，写下《告都城隍文》血泪控诉名臣李光地。传说城隍会把人叫到阴间对质，所以不到走投无路的地步，受冤者是不会采取告阴状的方式的。

或许每一座城市，都会有这样一位充满玄学意味的"城市守护者"，他们生长于一方水土，也护佑着一方水土。没有人知道这些所谓的"城市守护者"到底与一座城市的风调雨顺有着怎样直接而必然的联系，他们成了一种"都市传说"，或者是人们茶余饭后的谈资，或者在困境之时被人们提起，并伴以祈福消灾的请求。

（二）本境大王

在福建，存在着以共同信仰为特征的城乡基层区划单位"境"。每一境都有一定的地域范围，境内居民一般共同建造庙宇，俗称境庙，奉祀一个或若干个特定的本地神灵作为本境保护神（个别境庙会奉著名神灵为主神），称本境大王、本地大王、感应尊王、仁主尊王、守土尊王、五谷尊王、境主神、地主等，

图2-43　尤溪县光明村泰山宫的本境大王与夫人

通常还会配"夫人"在身边共享奉祀。《福州地方志简编》记载福州"每一街道，都有一庙，所祀的神是大王爷，为境内的主宰神。"[1]

　　本境大王的神阶很低，所谓境庙经常作为其他庙宇的附属，或在其他庙宇中开设一间侧殿。境庙大多是在正月、三月和年终募集资金，请道士来做法事，所做法事内容繁杂。在福州流传着关于"保境神大王爷"的民间故事，形象地反映了民众对本境大王职权的认识：

　　　　唐末福州大学者黄朴，有一天在书房看书，坐在座椅上入睡了。蒙眬中听见敲门声，他打开房门，见一人乃文官打扮，见了黄朴纳头便拜。黄学士慌了手脚，连忙扶起来访者，看茶入座，热情接待。原来此人是黄巷境的大王爷，今天拜见黄学士，是来讨钱花的。黄学士梦醒后，就给本境大王爷烧化了一批纸钱。不料才过了几天，黄朴在打盹的时候，大王爷又来打扰他，黄朴不好声腔地说："钱刚给不久，怎么又来了？真是贪得无厌。"大王爷辩解说："不是卑职贪财，实在是花费太大，前番你给的钱都

---

①　福州市政协文史资料工作组：《福州地方志简编》下册，福州市政协1979年印，第97页。

花光了。""花在什么事上会用的这么快？""城隍爷派下来的赋款我要按时交纳，每家每户的土地公夫妻的口粮我要供应，还有过境的众神灵迎送费用我要花，最难应付的是那些无主的孤魂野鬼，你不给他一点好处，他就在境内捣乱，搞得你鸡犬不宁，不是大人病就是小孩疼。黄老爷，这么多的花费，你不补库，我就无法应付了。"从那时候起，黄朴定期为本境大王烧纸钱补库。后来全城各境都仿照黄朴的做法，也定期做"大王补库"。①

由此可见，本境大王为一境之主，神阶介于城隍神和土地神之间，以协助城隍进行地方管理、稽查境内孤魂野鬼、保境安民为主要职责，此外还主管境内的日常生活和生产事宜，如生老病死、民众纠纷、收益丰歉等，事无巨细都在他的管辖之内。

就境庙活动而言，"合境平安"之所谓"境"，是庙宇影响所及的地区，一般即包括信众较集中聚居的范围，信众也是希望神灵保佑他们在这块土地上能够"合境平安"。"境"不一定拥有固定而明显的地理边界，其边界会随着信众的分布范围不断地扩大、缩小或改变。神灵在自身庙宇势

图2-44 宁德市蕉城区云淡村泰山温康元帅宫的补库

力或信仰影响力范围内游行，叫作"巡境"。反之，神灵出游"境外"的友好地区，和其他庙宇互相致意，则叫"绕境"。从信众的角度看，神灵的"境"也即是信众所认同的自己的生活范围。人们通过神灵"巡境""绕境"表达出对于本"境"的认知，把地区上的庙宇视为当地民众共同意识的载体，也承认属于他者的外"境"，可以说是通过神灵崇拜强化民众共同体。这样的情况，通用于解释各路神灵，也适合解说福建的本境大王信仰。

---

① 福州市民间文学集成编委会：《中国民间故事集成·福建卷福州市分卷》下册，福州市民间文学集成编委会1990年印，第182～183页。

（三）土地公

土地，民间常唤作土地公，是汉族民间信仰之一。土地源于古代的"社神"，即土地之主。人们祭祀土地有两个原因：一是土地广大无边，地力无穷，负载万物，有了土地才有了衣食，所以人们要感谢它；二是土地有时会发怒，闹"地牛转肩"（地震），使人畏惧。土地公代表着土地，因此人们对土地公十分敬畏。土地公管理一小块地面，是最底层、职责范围最小的神，故有"别拿土地公不当神仙"的俗语。

土地公又称福德正神，究其来历，传说土地公本名张福德，生前为官清廉、体恤百姓。张福德去世后，魏超接任其职，此人滥用权势，爱财如命，百姓更加怀念为官清正的张公。有一贫户无力建庙供奉张公，便用四块石头搭了一小间简陋的石室，一块做顶，三块做墙，中间供奉张公牌位，取其名为"福德正神"，另一贫户则用一个破缸做屋供奉张公牌位，朝夕顶礼膜拜。魏超闻知此

图2-45　永泰县秀岩村泰山堂的土地公

事，讥笑不已，贫者说："有钱有屋住大堂，无钱无屋居破缸。"神奇的是，虔诚信奉张福德的人不久就由贫转富，众人都认为是福德正神的神恩护佑，取其名作对联赞颂："福而有德千家敬　正则为神万世尊"。[①]

土地公在民间还被当作村落的保护神，认为他能保佑平安、土地丰收、管理一方及收容孤魂野鬼。道教《无上黄箓大斋立成仪》中，岳府第三十五司主管天下土地，如唐代道世《法苑珠林》中讲："巫师舒礼，晋永昌元年病死，土地神将送诣太山。"[②]清代

---

① 潘恩德主编：《民间信仰诸神谱全像》，巴蜀书社2001年版，第303页。
② 〔唐〕道世：《法苑珠林》，中国佛教协会1985年印，第1849页。

纪晓岚《阅微草堂笔记·姑妄听之三·狐女供养公婆》中，狐女赡养公婆，土地公报东岳大帝，东岳大帝特批狐女提前成仙。

土地公常与土地婆相配，塑像并祀，然而在福建土地公多为孤身一人，原因在于土地婆滥施钱财闯了祸，一气之下跑到了南洋：

古时候，乡下的老百姓都供奉土地公和土地婆。但后来却单独供奉土地公，不敬土地婆了，什么原因呢？其中还有一个传说。

有一天，土地公和土地婆一起出来游山玩水，见处处桃红李白、山水秀丽，土地婆觉得很开心。他们走着走着，碰见几个人在开荒地，挖得满头大汗。土地婆看着他们那辛苦的样子，发了慈悲心。对土地公说："他们挖得这样辛苦，真不容易，不如我们送些财宝给他们。"土地公连忙摆手说："不可不可，你不知道他们只配这样辛苦才挣得饭吃，才会吃得安稳。"土地婆以为丈夫小气，舍不得送财宝给人，就瞒着土地公偷偷将八缸银圆移到那伙人开荒的地方。

这伙人共八个，大家挖得正起劲，突然有一人的锄头"噗"地一声陷下去，用力一撬，出现了一个洞，洞口有一缸银圆。那伙人从来没见过这么多白花花的银圆，高兴地跳起来。他们又拼命往洞里挖，又挖出一缸银圆，挖出四缸后，隐隐约约还有四缸的影子。他们高兴地快发狂了，决定派四个人下山去挑好酒菜来，准备美美地喝一顿，打完牙祭再挑着银圆回家。

下山的四个人心肝狠毒，把砒霜放进酒菜中，想毒死山上的四个人，他们每人就可以得到两缸银圆。山上的四个人心肝也不善，商量着下毒手，打死四个下山的人，每个人就可以多得一份。

四个下山的人刚把酒菜放在地上，头还没抬起来，就被另外四个人用锄头砸死了。然后其余四人坐下来大吃大喝，欢欢喜喜地划拳行令。想不到吃饱喝足了，站起来想去挑银圆，突然一个个捧着肚子，哎呦哎呦地大叫，接着就痛得在地上打滚儿，一会儿七孔流血都被毒死了。他们吃剩的饭菜洒了满地，山上的鸟儿飞来吃也被毒死了很多。

土地公知道了十分生气，大骂土地婆："你不信我的话，现在死了这么多生灵，玉帝知道怎么交代？"土地婆也后悔不及，一气之下就带着金银财宝的钥匙跑到南洋去了。南洋一代很富，就是因为土地婆将中国的财宝带过去的缘故。

从此，老百姓就只敬奉土地公，不再敬土地婆了。[①]

各地土地公像大体一致，都是白须白发、慈眉善目的小老头，然而材质却大有不同。福州有句谚语"土地公流清汗，财多身弱"。因此土地公像尽可能泥塑，泥塑吸水性好，即使在雨季也不会"流清汗"，同时绝不可用木雕，因为木即柴，而柴在福州方言中意味着"柴鱼"（穷光蛋）。在闽南地区，由于石雕的盛行，土地公几乎全为石雕。

闽南民众从二月到十二月的初二、十六要祭拜土地公，称为"做牙"（吃犒劳），店主用祭拜土地公的祭品招待伙计、房东，称为"造福"。二月初二是一年的第一次"做牙"，称为"头牙"，十二月十六是一年的最后一次"做牙"，称为"尾牙"。"尾牙"这天，家家户户祭拜土地公，焚香点烛，烧金纸，放鞭炮。祭拜以后，家人就聚在一起"食尾牙"，猜拳喝酒，很是热闹。

作为与民众最息息相关、最接地气的神，土地公信仰寄托了大众祛邪、避灾、祈福的美好愿望，虽然只是配角，但却不可或缺，其神性与人性的共融，成为始终陪伴在广大民众身边并能够及时为民请命、救苦救难的角色。正统的宗教神灵在古代社会得以纳入"国封"，获得官方认证，而那些名不见经传的小小神灵们，却更加持久而亲密地在不经意间与乡村生活共生至今。

神灵是古人留给我们的一项充满争议的遗产。这些配神大部分是本地神灵或深受本地信仰生态影响，充满了本乡本土的创造，也许不完善，甚至略带幼稚。无论如何，我们仍要感激有那么多神灵千年来陪伴着人类一路同行，许多神灵至今仍有信众，慰藉着许多人的心灵。

---

① 中国民间文学集成全国编辑委员会：《中国民间故事集成·福建卷》，中国ISBN中心1998年版，第170～171页。

第三章

福建泰山信仰的旁祀神体系

福建是中国造神最多的省，按《福建民间信仰》的统计，福建的神达一千多种。[1]据2002年福建省政协民族宗教委员会的调研报告，全省十平方米以上的民间信仰活动场所共25102座，尚有难以计数的小庙和简陋神龛未在统计之列。[2]同年，福建省民宗厅的调研报告指出，在全省范围内，几乎村村皆有庙，无庙不成村。据不完全统计，全省共有34028座上规模的民间信仰宫庙。宫庙的规模相差悬殊，大者建筑面积可达几百平方米甚至几千平方米，小者仅为两三平方米。[3]

山与海严重阻碍了古代福建的对外联系，使福建在相当长的时间内处于和外界相对隔绝的状态，这种独特的自然环境使得福建民间信仰丰富而自成体系，并对传统文化在这里的保存和延续产生了重大影响。也正是这样的基础，福建泰山信仰即保留了原始的形态，也充满了各种各样的本地神灵。当然，其他庙中也会旁祀泰山神，你中有我，我中有你。浩瀚的大小神灵，数万计的宫庙祠观，重重叠叠的神诞日和节庆，多种多样的祭祀、打醮、普渡、游神、绕境巡游、唱戏酬神等宗教活动，以及万民参与的倾城狂欢，构成了"半城烟火半城仙"的信仰海洋。

---

① 林国平、彭文宇：《福建民间信仰》，福建人民出版社2001年版，第3页。

② 福建省政协民族宗教委员会课题组：《关于"加强我省民间信仰活动场所管理"的调研报告》，福建省民族与宗教事务厅文件，闽民宗办（2002）55号。

③ 福建省民族与宗教事务厅课题组：《福建民间信仰活动管理的调查与思考》，2002年8月20日稿。

第一节　自然类：万物有灵的崇拜

在人与自然对话的语境中，拜物是必不可少的文化因子，它始自原始时代而延续至今，是人类历史上流传时间最长的宗教形式之一。原始社会的人在生产生活中，觉得自然界的一些事物和现象很神奇、很有力量、很不可思议，于是就认为它们是有灵魂的，自己要对它们恭敬、崇拜，才能得到它们的理解、护佑和帮助，获得相应的利益，"万物有灵"观念就这样产生了。在万物有灵向自然崇拜过渡的叙事话语中，其叙述语言一方面接近了自然崇拜的所指和能指，另一方面又通过神话来体现民众的价值观。后世的自然哲学和宗教意识都源于当时人们的这种自然观，这种自然观也应标志着广义的哲学其实已经萌芽，成为各种宗教的母体。

（一）植物崇拜

福建是中国森林覆盖率最高的省份，这里有着世界同纬度带面积最大、保存最完整的亚热带森林生态系统，森林与民众的日常生产生活关系极为密切。乌丙安先生在《中国民间信仰》中说："在植物崇拜中，树崇拜为最古老的崇拜现象。把村边巨树、宅边大树视为村寨家宅保护神的信仰比较普遍。"[①]其中榕树盘根曲干、茂叶繁华，且树龄很长，给人以沧桑感、神秘感，人们常在榕树下设神龛、盖小庙，顶礼膜拜。

福建的榕树崇拜中，最突出的是省会福州。福州自古便是榕树广植的地区，别号"榕城"。唐希在《福州文化行旅》中介绍说：

> 福州城至今将神与大树联系在一起，较著名的就有省府路的"裴仙君"、茶亭的"照天君"、土山的"郭天尊"等十余处。所供奉的大多是本地的历史人物，他们共同的特点是生前为当地百姓做了大量的好事而得到

[①]　乌丙安：《中国民间信仰》，上海人民出版社1996年版，第77页。

人们的崇敬信赖。①

　　产生于福州市茶亭一带的"照天君"是榕树神的典型代表，其来历源自这样一个传说：在清代的茶亭街一带，闽江水尚未完全退去，夜里经常有人落水。据说某个月黑风高之夜，有人提心吊胆地走在路上，到老榕树下时，突然发现一团微弱的火光，将路面照得隐隐可见。人走到哪里，光就照到哪里。从此，夜夜有神照路，再也没人掉进水里。福州百姓说，那是榕树显灵，庇护众生。于是，大家就在榕树下搭个神龛，供奉一尊男性神像，取名"天君"，并以"照"为姓，这便是福州榕树神"照天君"的由来。还有另外一种说法，照天君名为照铁柱，唐中和元年（881）生于连江县，十六岁落发出家，闽王王审知建报国资圣禅院，礼请其为住持，信众呼为"照上人"。唐末战乱，照上人常端坐在榕树下为人指点迷津，张灯指引灾民脱离险境，逝世后，信众在榕树下祭祀，尊为"照天君"。②照天君也与道教护法灵官王天君产生了融合，称照天君为王天君水中照影。

图3-1　福州市台江区三通路东岳整兴堂的照天君

　　深究"树老成精"之说，源自崇拜老树的习俗。在灵魂不灭观念的支配下，闽越族人认为各种自然物也有不灭的灵魂，并将其当作某种力量加以崇拜。《子不语·福建试院树神》记载了纪晓岚在福建与树神的故事：

　　　　纪太史晓岚视学闽省，试院西斋有柏一株，干霄蔽日，幕中友人于深

---

　　① 唐希：《福州文化旅行》，海风出版社2002年版，第70～71页。
　　② 福州市台江区政协：《台江文史资料》第十辑，福州市台江区政协2005年印，第79～82页。

夜常见人来往其下，章服一如本朝制度，惟袍是大红。纪意树神为祟，乃扫室立主以祀，并作对句悬于楹间云："参天黛色常如此，点首朱衣或是公。"自是怪遂绝。[①]

　　榕树甚至可以代理东岳大帝。南宋灭亡后，皇族宗室赵时畴避居福州康山。他善医道，积极为民众治病，深得乡人的爱戴和尊敬。元代泰定（1324～1327）年间，赵时畴坐在康山榕树下逝世，该榕树成为他的化身被立庙祭祀，为康山灵树庙。灵树受东岳大帝敕封，在康山代理东岳大帝职权，称"东岳大帝灵树王"，清代林枫《榕城考古略·郊坰第三》记载："康山灵树庙，在易俗里，俗称泰山庙，神姓赵，名时畴，里有乔木甚著灵。"[②]同时，如《众太子》一节中所述，康山另有康山庙供奉"康山五大元帅"，何元帅被东岳大帝收为谊子，五大元帅一同纳入了东岳神系。两庙便合二为一，主祀东岳大帝、配祀五大元帅。

　　但是，并非人人都喜欢榕树，在闽西客家人心目中，榕树是不祥之树，一般不在村子附近种植。此外，福建也有石榴、茉莉、西瓜、水仙、荔枝、樟树、枸杞树、映山红、木芙蓉、日头王花（向日葵）等植物神灵。

图3-2　福州市晋安区康山路康山庙的"东岳大帝灵树王"

---

① 〔清〕袁枚：《白话全本子不语》，上海古籍出版社1995年版，第484页。

② 〔清〕黄仲昭：《八闽通志》（修订本）下册，福建人民出版社2017年版，第503页。

（二）动物崇拜

福建气候温暖、植被茂盛，是众多动物繁衍生息的乐园。动物神崇拜是福建民间信仰的重要组成部分，受崇拜的动物数目繁多，陆地上的虎、猫、猪、鼠、牛、驴、鹿、兔、猴、蛇、蜘蛛、蜈蚣、狐狸、山羊，水中的鱼、蛙、蛟、鳝、龟、龙、鼋、黿鼍、水獭、毛蟹，空中的乌鸦、八哥、白鹭、白鸡、鹧鸪、海鸥等。清末民初闽县人林纾说："淫祠南方为盛，猴犬猪狐，均有小庙，曰王，曰侯，曰圣母，曰仙姑，为类至夥。"[1]还衍生出了许多美丽的传说，如福安的《鸭娘皇后》、莆田的《鲤娘》，及流传甚广的螺洲镇《田螺姑娘》。动物崇拜还形成了一些信仰习俗，如闽西客家人的俗语"猪来穷，狗来富，猫来着抹布"。在五花八门的动物神中，以蛇、猴最为普及。

福建简称"闽"，即门里一条虫，说明福建自古以来是多蛇之地，东汉许慎《说文解字》即解释"闽"字为："闽，东南越，蛇种也。"[2]可见古代闽人以蛇为祖先或保护神，对蛇的崇拜是根深蒂固的，如蛇郎君、蛇郎奴、人死蛇蜕壳、人面蛇叶夔郎等传说。《闽都别记》中有这样一个故事：

> 道士刘遵礼，其妹被蟒蛇拽去，遵礼法术颇高，为救其妹一时心急，未封山先破其洞，蟒蛇已先拽其妹走去，寻访无踪。后遵礼到江西龙虎山张天师处学好法术回来，先作法封山后再杀入洞，斩蟒蛇王之一至八子。其妹抱三子出来，跪求饶恕无杀。遵礼问："所抱何人？"刘氏答："是被蛇精拽为夫妇，甚是恩爱，共生十一子，已被杀了八子，今只遗此九使、十使、十一使，看妹份上，同妹夫一并恕之，令其弃邪归正。"遵礼见妹哀求，遂恕之，请于天师，奏达玉帝，准其归正，以遵礼为殿前辅弼，妹刘氏为人间种痘夫人。[3]

自此，蟒蛇王受封正神"蟒天洞主"，为民惩邪罚恶，保一方平安，剩下

① 林纾：《林纾笔记及选评两种》，知识产权出版社2012年版，第60页。

② 〔东汉〕许慎著，〔清〕段玉裁注：《说文解字注》，上海古籍出版社1981年版，第673页。

③ 〔清〕里人何求：《闽都别记》上册，福建人民出版社1987年版，第429页。

的三个儿子也经常巡游于民间，发现山精水怪作祟便出手惩治。于是蛇便成了福建百姓的保护神，民间信仰中更是充满了蛇的元素，如首饰蛇簪、法器蛇鞭，即象征着蛇神的力量。

在南宋时期，顺昌县已经形成了以齐天大圣、通天大圣、弥天大圣、妹妹泗州圣母为代表的成熟的神猴崇拜。同样，在福建其他地区，神猴也是常见的动物崇拜之一，《夷坚志》记载了一篇猴王的故事，福州人活捉猴子，生生裹上泥土塑成猴王形象作为守护山林之神，猴子死后怨气极大，报复乡民，为了摆脱侵害，人们用尽

图3-3　明溪县小眉溪村东岳宫中带蛇鞭的张圣真君

各种办法祭祀，宗演法师为猴王念诵《大悲咒》，使其消业升天。

南宋以来，闽东地区渐渐形成了"丹霞大圣"信仰。民间广泛传说的"红毛猴神丹霞大圣"为雄性，常化成妖物奸淫民女。临水夫人陈靖姑将其降伏后，为防其再为害百姓，并考虑到与众女神混杂有诸多不便，便将其阉割。

丹霞大圣改过自新后，修得高深法力，常救人助人。民国郭则沄《洞灵小志·卷八·丹霞大圣》记载，丹霞大圣为人治病，并将偷盗丹药的妖狐镇压在福州屏山下。

随着《西游记》的普及，孙悟空的形象后来居上，《聊斋志异》中《齐天大圣》的故事就发生在福建，并形成了孙、黑、白三位大圣的崇拜体系，甚至出现孙悟空的姐姐"孙行姐"。孙悟空庙常祀观音，因为观音能镇住孙悟空，防止他捣乱。

图3-4　罗源县坑里村东岳庙的丹霞大圣

各地猴王庙纷纷按照孙悟空的形象改造了猴王的模样，许多泰山庙也旁祀孙悟空，甚至有养猪户供奉"孙大圣"，希望"孙大圣"能管住猪（八戒），使猪无病无灾顺利出栏。笔者调查中发现，2016年猴年春节期间，福州市长乐区古槐镇齐天大圣庙香客如潮，道路为之阻塞，许多香客聚集在大殿上高唱《敢问路在何方》。

（三）山水崇拜

中国古代祭祀山水的风俗，被称为山水崇拜。山水崇拜是古代中国最重要的自然神灵崇拜，是我们的祖先在农业生产过程中，为克服天旱地涝所产生的信仰，泰山信仰就是典型的山水崇拜代表。《中国国家地理·福建专辑》评价福建地貌"山要遮挡水要奔"[①]，福建多山多水，山水崇拜历史久远，并产生了一些相应的仪式来表达人们对山水的虔敬、需求和希望。

福建全境山峦起伏，河谷盆地穿插其间，丘陵山地约占总面积的90%。武夷山、仙霞岭和杉岭等山脉蜿蜒于闽浙赣边境，鹫峰山、戴云山和博平岭等横亘于福建中部，太姥山矗立在闽东沿海，东部沿海也多丘陵、山地。人们靠山而居，敬奉山神自然就成为重要的神灵崇拜。

相对于山，福建的水系更为复杂，以闽江为最重要的水道，多江并流，河网密布，海岸线漫长曲折，长达3300多千米，港湾众多，岛屿星罗棋布，因此水神崇拜更为兴盛。福建民众称水神为"水仙王"，每年农历十月十日举行祭祀活动，赛龙舟也必插水仙王旗。据清代地理学家郁永河《采硫日记》记载，行船遇险时有划水仙的仪式，众人皆拿筷子，虚作划船姿势，并同声作钟鼓之声，以此祈祷水仙王保佑脱离险境。

现存最早的水仙王记载是南宋莆田人刘克庄的《重修水仙庙疏》，认为水仙王是"嘉应惠利候父子"，但详细名籍已经无从考察，后出现"五水仙"之说。到清代时，五水仙在民间已有多种组合，最常见的为一帝、二王、二大夫，一帝指大禹，二王指羿王和项羽，二大夫则是伍子胥和屈原。在各种组合中，一帝、二大夫固定不变，此外羿王、项羽、伯益、鲁班、王勃、李白等则在不同组合里"占用"二王的"名额"。

---

① 《中国国家地理》杂志社：《中国国家地理·福建专辑》下册，2009年5月刊，封面。

图3-5　龙海市凤山岳庙的水仙王

历史人物被民众尊为水仙王，皆因其在世时和水的资源利用、灾难事件等有关：大禹治水；伯益参与了大禹治水，发明了凿井技术；幂王是夏代寒浞之子，一说因为他力大无穷，能陆地行舟，一说他发明了船只；伍子胥传说发明了水车，后来含冤而死，化为钱塘江潮神向吴王夫差示威；鲁班发明了水利工具；屈原汨罗投江；项羽乌江自刎；王勃行船溺水；李白传说酒后水中捞月溺水。因此，水仙王宫庙大都设于临水地区，以镇压水煞、防止水患和船难。

这种崇拜和宗教并不是迷信，而是当时人们对所居山水的一种观念的反映；也不是所谓麻痹人们意志的工具，而是在人们具有一定的想象力和推理能力下才会出现的情况。山水崇拜的观念虽然不像经验型知识那样直接推动社会生产力的发展，造出一些先进的生产工具和物质产品，但它却是原始科学的一部分，激励着人们在无尽的生产生活中不断探索生存环境，获得新的生产和科学的成功。

（四）天象崇拜

除了具体的动植物和山水，大自然的震撼力量在原始先民心中无疑刻上了最强烈、最普遍的印记，使得人在与自然对话的语境中，不得不产生拜物的文化因子。当人类刚刚从自然界中提升出来的时候，主体意识的难以确证往往使他们视自己为自然的附属物，并将意志置于自然力之下，对自然环境产生了精神上的适应，对风雨雷电、日月盈仄等自然现象产生了崇拜心理，进而产生了祭祀等早期民俗。

雷电作为民众最常见、最震撼的天象，有关的神话传说也是天象中最多的。

当烨烨闪电划破长空，隆隆雷声震撼大地之际，即使已经熟知雷电发生原理的现代人也会不由得心惊胆战，古人对雷电的畏惧就更甚于今人。纪晓岚在《阅微草堂笔记·滦阳消夏录五·雷神》中记载，他在福州任职时，仆人魏成不堪邪祟侵扰，大喝一声："吾主素与天师善，明日寄一札往，雷部立至矣。"在张天师和雷部的威名之下，邪祟"应声而寂"。①雷部归九天应元雷声普化天尊统辖，而在民国福建候官人郭则沄《洞灵续志·卷五·长仙》中，则求东岳大帝派地祇雷神镇蛇妖。

同时，天象异常还被赋予了警示意味和道德判断力，如忤逆不孝、作恶多端会被"天打雷劈"等说法。清

图3-6　福清市西坑村东岳泰山府的雷神

末宣鼎《夜雨秋灯录·雷神》中，雷神不但能击毙恶人，还能写字作画：

> 吾邻查氏宅，暑雨中，暴雷绕垣奋击，后视垣面一砖，去粉琢磨，朱书令字，径四寸余，秀健如赵文敏笔法。查氏抽换其砖，以治邪疟，砖到即瘥。吾邑有安国寺，夏月雷绕大殿，其左边柱作旋螺纹。伽蓝神后墙上，绘一鸟迹，四趾带爪，阔大盈尺，作鹰拿状，入砖三分。僧以石灰补之，数日复现。吾戚金氏，楼居。炎暑之际，以幼孩卧床上，已酣，其父母皆下楼去。大雨如注，霹雳一声，穿楼而过，在室之人，莫不惊悸丧神。其父母忆及幼孩在床，谅必惊毙矣。登楼视之，前后窗俱辟，帐亦高卷，不见幼孩。觅之，以席卷横置于床下，取出观之，儿睡犹未醒也。席面朱书一字，非篆非符，无识之者。又郑孝廉暑月赴乡，

---

① 〔清〕纪晓岚：《阅微草堂笔记》，上海古籍出版社1995年版，第136页。

遇雨，避于房檐下，雷声甚厉。忽见云中坠一火球，后有数十神将，体为云护，惟足着尖靴，相随电光疾下，大震一声，半里外田间击死一人，背有古篆，不知所云。①

　　除了我们这颗星球上的自然天象外，古人也把目光投向了浩瀚苍穹，对天体亦有信仰，如福建人称太阳为"太阳公爹""太阳公公"，称月亮为"月头公爹""月亮奶奶"。星辰崇拜观念激发古人在漆黑而漫长的夜晚关注星空的格局，他们从自身位置观察宇宙星空，不断总结零星的自然知识，逐渐掌握了一些规律。如果说古人对星辰的变化莫测产生的神秘感和靠幽幽星光度过漫漫长夜而产生的依赖感是原始星辰崇拜观念最初产生的心理根源的话，那么，人类对宇宙的认识，对星辰运动规律的初步探索和实际应用，使星辰成为生活中不可或缺之物，则是星祭得以盛行并历久不衰的根本原因。它丰富了原始崇拜的内容，同时借助宗教这一载体，保留、传承了先民的天文学知识，也使人类对自然的探索更加神圣化。

图3-7　莆田市涵江区哆中村东岳殿的太阳星君、太阴星君壁画

① 〔清〕宣鼎：《夜雨秋灯录》，黄山书社1986年版，第203～204页。

星辰崇拜中最鲜明的标志是，古人按照自己的理解将一颗颗星联系起来，组成一个个图案，借助想象加以命名，形成了独具特色的星象图谱，并将其与人间祸福、政权兴亡、战争胜负、个人福寿等结合在了一起。最具代表性的四象二十八星宿，是中国古代天文学家划分的四大星象二十八区：东方青龙（角、亢、氐、房、心、尾、箕），西方白虎（奎、娄、胃、昴、毕、觜、参），南方朱雀（井、鬼、柳、星、张、翼、轸），北方玄武（斗、牛、女、虚、危、室、壁）。

在二十八星宿中，古人尤其把斗（北斗）视为天道的重要表征。《史记·天官书》说："斗为帝车，运于中央，临制四乡。分阴阳，建四时，均五行，移节度，定诸纪，皆系于斗。"[①]这是古人将天上星辰和人间社会相比附，认为人间以帝王为中心的政治制度是效法天庭以北斗为中央的星宿系统。北宋张君房《云笈七签》认为"北斗九星，七见二隐"[②]，七颗可见的星为贪狼、巨门、禄存、文曲、廉贞、武曲、破军，两颗隐匿的星为左辅、右弼，北斗九星之母为

图3-8　福安市天马山东岳道观的斗姥元君、左辅、右弼、六十太岁星君

① 〔西汉〕司马迁：《史记》卷27，中华书局2014年版，第1542页。
② 何军等主编：《中华百科要览》，辽宁人民出版社1993年版，第549页。

斗姥元君。同时，中国古人创造了天干地支计时法，六十年一轮回，道教创造了六十位太岁星君与其相合，六十年一循环在人间当值，查人间善恶，司本命祸福，每个人都由自己的太岁星君护守本命，六十太岁星君也由斗姥元君统帅。

对星辰畏惧、崇敬、信仰的风俗源远流长，影响甚广。我国传统文化中，大量运用星辰的视觉符号来建构的宇宙观，成为星辰崇拜和"天人感应"说的有力载体。人们通过星辰视觉符号的形式，以无限的宇宙来衡量自己的力量，从而认识到了自身的无限性。

一切的自然崇拜，表面上看是人敬畏自然、依附自然，然而在中华文化中，人才是宇宙的中心。传统的天人合一思想，强调了天人之间的统一性，一方面，用人间之事附会天之规律，把人的行为归于天的意志，另一方面，往往把主体的伦常和情感灌注于自然，并将其人格化，使其成为想象中和人相似的"神"。以人为本，指人是考虑一切问题的根本，就是肯定在天地人之间以人为中心，在人与神之间以人为中心。中华文化很大程度上就是指人的教化，作为伦理类型的文化，它的主体是人，它的关系是人，它的目的也是人。

第二节　祖先类：慎终追远的纪念

祖先崇拜是普遍性的人类信仰文化现象，心理基础是群体的现有成员相信已故成员能够对生活带来影响，但对以家庭为本位的中国社会来说，"敬天法祖"观念早已为广大民众所接受，演变成极为重要的中华文化传统。由于社会关系的纵向传递和横向组合，中国民众的祖先崇拜也进一步扩大，比如崇拜一个地区的共同祖先，如黄帝。当然，祖先崇拜也不可避免地带有功利色彩，在民众心中，祖先虽然已经故去，但仍然能左右他们的命运，必须要不懈地感谢和祈祷，才能继续获得祖先保佑、免遭不幸、过更幸福的生活。

福建是中国南部聚族而居历史较久、较为典型的省份之一，宗族祭祖之风盛行，特别是对开基祖、开房祖和历史上贡献卓著的祖先，祭祀更加隆重热烈。法国启蒙思想家霍尔巴赫曾说："我们看见，在任何国家里，最初的勇士、最古代的英雄、技术发明者、祭师、立法者、宗教的奠基者、占卜者、魔术师，在生时都受到人们的盲目崇拜，从同时代人那里获得自然存在物的光荣，最后，在死后还成为神并因此成为生时曾受到他的现实的对象或想象的那些人民的尊敬甚至崇拜的对象。"[①]霍尔巴赫的这段话揭示了神灵产生的奥秘，也可用于解释福建祖先类神灵的产生。

（一）官员

在福建本土神灵中，有不少是从开疆抚垦、清正廉明的贵族、官员神化而来，时间最早的当属闽越王。闽越王是指西汉初期闽越国的首领，是汉高祖刘邦建国初期分封的一个异姓诸侯国王，统治今福建、浙南、赣东、粤东的闽越国地区。广义上的闽越王包括先秦时期闽地的首领、汉初的闽越王、东越王以及繇王等。据史料记载，历代闽越王皆为战国时期越王勾践的后裔，姓驺氏。经过多年的传承发展，至西汉初期，无诸成为闽越国第一位正式国王，也是福建历史上有文字记载的第一位统治者。[②]无诸与汉王朝保持着和睦关系，积极吸收中原先进文化技术，发展生产，其冶铁技术达到较高水平，社会生产力大大提高，人民安居乐业。由于他创建冶城（福州），开辟闽疆，因而成为闽越国的第一位卓著人物，被后人尊奉为"开闽始祖"。

无诸之后，其后裔继续治理闽

图3-9　闽侯县光明村东岳泰山府的汉闽越王

---

①　郝铁川：《灶王爷、土地爷、城隍爷：中国民间神研究》，上海古籍出版2003年版，第259页。

②　高炳康：《越王城、闽越王城、东越王城的研究》，载《闽江学院学报》2006年2月25日，第79页。

越（福州）。到闽越王郢时期（汉景帝刘启年间），郢王第三子驺寅为民除害，射杀鳝溪里为害一方的巨鳝，自己也被鳝尾拖到水中牺牲，时不及二十岁，被民众祭祀为"白马尊王"。据明代黄仲昭《八闽通志》记载：

> 善溪旧名鳝溪，在桑溪里鼓山之北，大乘之南山峡间。有二潭，下潭广六丈，深不可计，距上潭五里。相传越王郢时，溪有大鳝，长三丈。郢第三子号白马三郎，有勇力，射中之，鳝怒，缠以尾，三郎人马俱溺，邑人立庙祀之。①

此外，白马尊王也有一说为"开闽圣王"王审知。王审知为人状貌雄伟，常乘白马，军中号称"白马三郎"。②王审知在其长兄王潮死后继任福建观察使，后又受封闽王。他在位时实行保境安民政策，整顿吏治，用人唯贤，兴文教，振商业，发展农业生产，鼓励农民种茶，还撤除关卡，轻徭薄赋，人民安居乐业。百姓感念其治闽之功，在王审知死后建庙祭祀，称"白马尊王"。闽侯县超墘村温良先生说，白马尊王也是东岳属下，所以村庙叫"泰山白马庙"。

图3-10　福清市南郑村泰山宫的白马尊王

鬼神说法的功用，原本就是左右人们信仰，同时也影响人们的思维和价值取向。当先贤化身神灵，其精神人格提升为人们的信仰对象，较能集合相关的历史、神话、传说，来具体表达其代表的文化、价值观，也促使其表面的影响力内化为人们认可的神圣感。当

---

① 〔明〕黄仲昭修纂：《八闽通志》上册，福建人民出版社2006年版，第95页。
② 〔明〕王应山：《闽都记》，方志出版社2002年版，第2页。

人们在外开枝散叶、开疆拓土时，总是遇到各种挑战，常会感受到自身缺乏充足能力或资源去应付现实，对未来更感难以预测，于是常寄希望于神灵的庇佑，特别对同宗、同乡的神灵更有亲近感。祖先的故事天生有着超乎寻常的厚重感，使它有资格承载历史的重量。各地的香火无疑也承载着各地信众的生活愿望，当祖先的信仰传播四方，信仰的生命也就活在当地信众面临的各种情境当中。千百年之后，当我们再度凝视这些满蕴历史积淀的故事，仍然能从氤氲的香火中感受到岁月的沧桑。

（二）僧道

在福建，有两位神，分属佛道两教，却因相似的降妖经历而有了相似的黑色面孔，更因相似的功绩而被顶礼膜拜——佛教的清水祖师和道教的张圣真君。

清水祖师，又称"麻章上人"，闽南一带多称为"乌面祖师""清水祖师菩萨"。他俗姓陈，原名荣祖，北宋庆历四年（1044）正月初六诞生于永春县小姑乡。陈荣祖自幼在大云院出家，法名"普足"。后有小成，到高太山结茅筑庵，闭关静坐，经大静山明松禅师指点，参读佛典三年，终于悟道。明松禅师授他衣钵，并告诫他："我佛最大的功德就是行仁，是故要舍弃万缘，以利物济世为职责。"普足便在麻章一带施医济药、普救贫病，麻章人士尊称他为"麻章上人"。

图3-11　安溪县清水岩

　　北宋元丰六年（1083），清溪彭莱乡一带大旱，乡人请他去祈雨，立刻甘霖普降，因此被尊称为"清水祖师"。因为屡次求雨成功被视为神迹，清溪人士便在蓬莱山上筑一精舍，礼请麻章上人居住，称此为"清水岩"。相传祖师初到清水岩时，有畲鬼也穴居在内，于是相约斗法，谁胜了就是清水岩的主人。清水祖师居穴中不出，任由畲鬼在外火熏七昼夜，祖师出来后除了满面乌黑外，毫发未伤，畲鬼终于被祖师收服，成为祖师属下的张、黄、苏、李四大将军，从此清水祖师塑像便为黑面。

　　佛门认为"佛门弟子应广渡一切犹如桥梁"。闽南山水纵横、交通不便，于是在清水祖师眼中，"渡人"先是要修建现实的桥梁。清水祖师在永春县"劝造桥梁数十"，到了安溪县，又募捐劝造通泉桥、谷口桥、汰口桥等。另外，相传清水祖师是铁观音始祖，清水岩是安溪铁观音的发源地，清水祖师将茶与药结合在一起，为民驱逐病痛。不知从何时起，民众纷纷传说，住在清水岩的那位僧人真是菩萨心肠，修桥铺路，治病救人，而且分文不取，更神奇的是能呼风唤雨。民众赋予了清水祖师神秘的色彩，清水祖师去世后，更被当地百姓奉为神灵，加以崇拜。与清水祖师类似，北宋宣和六年（1124），河南僧人黄惠胜先后到永春县、安溪县修行，广行善事，祈雨灵验。南宋绍兴四年（1134），黄惠胜在安溪县大尖山坐化，百姓为旌表他的功德，尊称其为"显应祖师"，依山建寺称"泰山岩"。清康熙二十二年（1683），名臣李光地回乡重建泰山岩，并将大尖山改名为泰山。[1]

图3-12　龙海市凤山岳庙的清水祖师

　　张圣真君，号慈观，又称张

---

① 〔清〕庄成修：《安溪县志》第2版，厦门大学出版社2012年版，第396页。

圣公、张圣者、法主公，道教
闾山派道士，南宋绍兴九年
（1139）农历七月二十三出生在
永泰县月洲村。

　　据《月洲张氏世谱》记载，
张慈观是随王审知入闽始祖张
睦第13世玄孙。张慈观的童年
和少年都在苦难中度过，四岁丧
父，后随母改嫁到永泰县盘谷乡
连厝林里（今福坪村）的连姓人
家为继子。七八岁时，因家境贫
寒，继父让他去放牛，十二三岁
时，又去砍伐锄柄补贴家用，所
以当地人叫他张锄柄。十八岁那
年，他赴闾山学法，决心扶正祛
邪，济世救民。

图3-13　永泰县大汤村泰山庙的张圣真君

　　永春县九龙潭石牛洞有一条千年大蛇，能化成人形，每年需献活人祭祀，
不然就制造灾祸，为害一方。张圣真君为民除害，跃入潭中和大蛇搏斗，扼住
蛇头时，怪蛇向他喷出一道黑烟，熏黑了他的脸面。从此，张圣真君塑像也都
是黑面。南宋淳熙年间，漳州大旱，张圣君刻行法文祈雨，顿时大雨倾盆。淳
熙五年（1178），尤溪县瘟疫流行，张圣君寻找草药救治病民。因为他曾设计捉
住雷公，又称监雷法主。淳熙十年（1183），张圣真君云游到闽清县金沙镇，修
成正果，坐在九龙溪的巨石上羽化升天，享年四十五岁。

　　今天，他们就端坐在神龛之上，上千年间被福建人视为完美的道德典范，
世代顶礼膜拜，用无数神话传说为他们编织着光环。心香一瓣，遍香十方，传
奇虽然恬淡静默，却注定要流芳百世。这两尊黑面的神，其实是清澈的人。

（三）平民

　　除了具有美德传说的官员、带有宗教色彩的僧道，本地神灵的另一来源是
普通百姓。"他们有些是由于忠孝纯厚，急人之难；有些是由于轻财行善，为

地方的公益事业做出贡献。他们死后，受到百姓的崇敬和怀念，被神化。"①

我国各地都流传着神医的故事，如福州市仓山区城门村的医生林满、程伯，因救人无数，死后入东岳血池殿为医神，更有代表性的则是闽东地区的董奉、闽南地区的吴夲。

按东晋葛洪《神仙传》的记载，董奉字君异，三国时期侯官人，医术高超，宴请时如飞鸟般腾空来去，有少年在董奉四十余岁时见到他，五十余年后再次见到容颜依旧。在福州九案泰山信仰体系中，董奉被认为是温康二都统的医学师父，后世以"杏林春暖""誉满杏林"来称誉医术、医德俱佳的医生，即源于他：

> 后还豫章庐山下居，不种田，日为人治病，亦不取钱。重病愈者，使栽杏五株，轻者一株，如此数年，计得十万余株，郁然成林。乃使山中百禽群兽游戏其下，卒不生草，常如芸治也。后杏子大熟，于林中作一草仓，示时人曰："欲买杏者，不须报奉，但将谷一器置仓中，即自取一器杏去。"常有人置谷来少，而取杏去多者，林中群虎出吼逐之，大怖，急挈杏走，路旁倾覆，至家量杏，一如谷多少。或有人偷杏者，虎逐之到家，啮

图3-14　福州市台江区白马南路九案泰山府上河救生堂的董奉神医

---

① 颜章炮：《晚唐至宋福建地区的造神高潮》，载《世界宗教研究》1998年9月1日，第10页。

至死。家人知其偷杏，乃送还奉，叩头谢过，乃却使活。奉每年货杏得谷，旋以赈救贫乏，供给行旅不逮者，岁二万余斛。①

相比之下，闽南名医"保生大帝"吴夲被神化得更加彻底。吴夲，龙海市白礁村人，生于北宋太平兴国四年（979）农历三月十五。吴夲少年时勤奋好学、心地善良，尤其喜欢钻研医术，关心百姓疾苦，因此深受人们的尊敬，声名远播。吴夲不论贵贱贫富都能一视同仁，尽心竭力为他们治病施药，四方百姓经他救治的不计其数。相传吴夲曾奉召入京，为宋仁宗母亲治疗乳疾，治愈后不贪恋官位利禄，依然回乡履行他救死扶伤的职责。北宋景祐三年（1036）农历四月，吴夲到白礁村龙池岩攀崖采药，不幸跌伤，同年五月，终因伤势严重与世长辞，享年五十八岁。民众为了纪念他，广设祠庙祭祀，尊称其为"保生大帝"，俗称"大道公"。②

在闽南，有个很有意思的传说：妈祖和大道公升天后，常在海空上巡视，如果遇有风浪翻船或瘟疫流行便下来救人。大道公见妈祖貌美，竟然一见钟情。有一天，他们俩在巡行中相遇，大道公向妈祖求婚不成，反被斥责乱动凡心。大道公心中懊恼，常常俟机报复。农历三月二十三妈祖生日这一天，妈祖出巡，大道

图3-15　诏安县南诏镇东岳庙的保生大帝

① 〔明〕冯梦龙评纂，孙大鹏点校，《太平广记钞》第1册，崇文书局2019年版，第30～31页。

② 厦门市青礁慈济祖宫理事会编：《龙湫本草》第九辑，福建科学技术出版社2017年版，第218～219页。

公觉得机会来了，便施展法术，忽然倾盆大雨，把妈祖淋成了落汤鸡。妈祖心知是大道公捣鬼，翌年三月十五大道公生日这天，大道公出巡，妈祖施展法术刮起大风，把大道公的乌纱帽吹到地上去了。从此以后，大道公和妈祖的仇越结越深，据说至今仍未和好。因此，每逢妈祖生日必定下雨，而大道公生日这天又必定刮大风。这本是闽南的正常天气现象，却因这段传说而增加了趣味性，也衍生出了一句俗语"妈祖婆雨，大道公风"。

　　福建山林遍布，多虫蛇野兽，威胁着人们的安全，由此催生了猎神的信仰，闽北、闽东地区多祭祀猎神陈六公及其兄弟陈七公、陈八公。陈六公名叫陈文松，生于汉代，原籍河南，是屡立战功的勇将。由于他不趋炎附势，疾恶如仇，遭到奸臣陷害，被迫举家迁徙闽北建阳深山。该地虎豹出没，六公老母不幸身遭虎害。六公兄弟三人矢志除害，一路风餐露宿，追踪老虎至闽侯马岚山，经过一番殊死搏斗，终于将老虎击毙。六公在此地隐居，修炼成仙，玉帝授"盘古帝王印"，封"车山府"，王母娘娘赐"赶挡鞭"，鞭三十六节代表三十六道法[①]。

图3-16　闽侯县桃峰山泰山宫的陈六公三兄弟

---

　　① 王评章、杨榕主编：《福建艺术研究论集》，中国戏剧出版社2013年版，第305～306页。

除猎户之神外，还有屠户之神，称猪仔公或猪一使。关于猪一使的故事，《八闽通志》记载：

图3-17　郑性之故居——福州市鼓楼区吉庇路状元府

　　耆德魁辅坊，在急避巷口。宋郑性之居于其内，后以丞相致仕，时为立此坊。闽俗相传。谓腊月二十四日，灶君上天奏人间事，必祭而送之。性之贫时，尝以是日贷肉于巷口屠者之妻。屠者归问之，大怒，径入其舍，索其肉以归。性之乃画一马，题诗其上，焚以祀灶云：“一匹乌骓一只鞭，送君骑去上青天。玉皇若问人间事，为道文章不值钱。”后为江西安抚使，加宝章阁待制，请归里第。监司郡县迎侯烜赫，至巷口，屠者睨视之，曰：昔郑秀才乃至此耶！性之令人缚至庭下，数其罪而杀之。自是性之出入，老人皆奔走趋避，故名其巷曰“急避”。①

　　郑性之睚眦必报带来的影响是，民众每遇到郑性之就奔走躲避，这条巷子就被叫作“急避巷”，后改成谐音而吉利的“吉庇”。

　　猪一使的成神和神职，卢公明记载得更加民间化：

　　猪一使是猪神，其形象衣着普通，手里拿一根赶猪的竿子，站着，据说还耳背。关于这位神灵的来历，有各种传说。有人说他原先是城里的一个屠户，也有人说他原是牧猪人，由于他的猪都死光了，他也急死了。以下是关于他的故事：

　　他在城里摆了一个卖肉的摊子。有一天，一个秀才买了一小块肉，

---

①　〔明〕黄仲昭修纂：《八闽通志》（修订本）上册，福建人民出版社2006年版，第360页。

说是忘了带钱，要赊账。猪一使当时同意了，但秀才刚走，他就开始后悔，于是悄悄地到秀才家里，把已经放在锅里煮的那一块肉又偷回来了，这让秀才记恨在心。后来这个秀才科举一路顺利，当了朝廷的大官。有一次，这个官员因公事回到家乡，当他的轿子经过猪一使的卖肉摊子时，见猪一使正在眉飞色舞地跟周围的人说起当年秀才赊肉的故事，手中的屠刀正好指向这个官员的轿子，好像在威胁他。官员回

图3-18　福州市仓山区尚保村泰山宫的猪一使

朝后立即给皇帝如此这般地奏了一本，说这个屠夫在大庭广众之下威胁朝廷命官，请求批准把他斩首以儆效尤。皇帝批准了这个请求，于是猪一使给杀了头。猪一使死后不久就变成了乡人崇拜供奉的猪神。

养猪户给猪一使烧香上供并不是为了得到养猪方面的协助，而是请他帮助找回丢失的猪。谁家的猪丢了，就到猪一使的庙里烧香。由于猪一使耳朵聋，要先摸摸他的耳朵，拍拍他的背，引起他的注意，然后才大声说明情况，求他帮忙。如果丢失的猪后来真的找到了，就要回到庙里来上供谢神。①

这些平民之神，生前他们没有任何时空交汇，更没有做任何思想和灵魂上的交流，死后，他们同处一所共受香火，源源不断地给予人们以人格和精神的力量。一代代平民在世界上留下自己的痕迹，少数有功业、有品德、有机缘的

① 〔美〕卢公明著，陈泽平译：《中国人的社会生活》，福建人民出版社2009年版，第144～145页。

平民以神的形象与人的现实世界并行，有的信众较多，备受膜拜，有的香火清淡，甚至消亡。无论兴旺或消亡，他们一直秉持着谦逊和顺的美德，忠实地表现着人的现实世界。他们一次次进入人的世界，一次次谦卑地离开，回到静默的世界，等待下一次生命的照耀。

第三节　正神类：仙之人兮列如麻

正神的范畴很难界定，在宗教漫长的发展演变中，现实中的忠臣烈士被"封神"，许多民间祠神也被吸纳到"正神"的行列中来。勉强设置个范畴，最有名的则是南北朝名道陶弘景编撰的《真灵位业图》，这是中国道教史上第一部有完整体系的神仙谱系之作，具有重要地位和深远影响。此后，各朝各代对神仙谱系进行了不断的完善，最终形成了一套庞大的"正神"体系，其神灵故事在民间广为流传，这在泰山庙中也有充分地体现。

（一）三清三官与三星

传统文化中，"三"是个很特别的数字，最有名的莫过于《道德经》中的"道生一，一生二，二生三，三生万物"①。三由道而出，又产生了世间万物，三代表了"道"与"万物"，代表生、代表希望、代表事物的起源。因此神灵往往也有三之数的组合。

三清是道教最高尊神，分别为：玉清元始天尊、上清灵宝天尊、太清道德天尊（太上老君），代表宇宙的三个不同形态。就其文义的神学内涵来看，"清"是受中国古代文化传统影响，即"清气为天，浊气为地"而来，"清"在这里实指"天"。至于为什么用"三"来表述"清"，及三清尊神的形成，仔细分析主要原因，前面提到的道教首要经典《道德经》的"道生一，一生二，二生三，三生万物"，采用"三"的教理依据，三清就是我国哲学中"三一"的象

---

① 〔春秋〕老子著，邱岳注评：《道德经》，金盾出版社2009年版，第122页。

征。经过较为漫长而又复杂的历程，各派的进一步融合、协商，形成了三位一体的"三清尊神"。①

图3-19　闽侯县桃峰山泰山宫的三清壁画

三官大帝的信仰源于中国古代汉族先民对天、地、水的自然崇拜。在原始社会，天、地、水是人们生产、生活的必要条件，因此人们常怀敬畏之心，虔诚地顶礼膜拜，后面逐渐将其人格化为"三官"，具体指的是赐福天官、赦罪地官、解厄水官。钟肇鹏先生在《道教小辞典》中提到关于"三官"的几种说法："一说为金、木、水三官，具体化为守卫天门的唐、葛、周三将军。也有说三官为尧、舜、禹三帝，为元始天尊吐气化成。"②个别庙则加"火官"而成"天、地、水、火"四官。

明清以来，三官的知名度明显下降，但民间还是将天官视为福神。天官身穿大红龙袍，腰系玉带，手持如意，五绺长须，一派富贵之相，因此三官之中唯有赐福天官保留了影响力，而考校人间德行罪过的职责大部分转移给了灶王爷。同时，民间把赐福天官与文昌帝君、南极仙翁并称为福禄寿三星，天官为

① 石衍丰：《道教"三清"源流探微》，载《中国道教》1995年2月15日，第46页。

② 钟肇鹏：《道教小辞典》，上海辞书出版社2001年版，第77页。

图3-20　平和县九峰镇东岳宫的三官大帝

图3-21　龙海市河福村海澄东岳庙的福禄寿三星

图3-22　南靖县天口村下山庵的东岳大帝、东岳二帝、东岳三帝

福星，文昌帝君为禄星，南极仙翁则为寿星。[①]经过如此改造，天官已不再是三官大帝中的"上元一品九炁赐福天官紫微帝君"了。

受"三"数传统之影响，南靖县一带信众将东岳大帝分为了"东岳大帝、东岳二帝、东岳三帝"，分掌不同的职能。

（二）真武大帝

真武最初称为"玄武"。究其根源，"玄武"一词最早见于战国屈原《楚辞·远游》："时暧曃其曭莽兮，召玄武而奔属。"[②]东汉王逸对《楚辞·远游》的注解是"玄武，北方神名。"[③]《史记·天官书》和《汉书·天文志》中都有提到"北宫玄武"，所谓北宫，指的是中国古代天文"二十八宿"中的北方七宿，可知此时的玄武已经被人们当作星神加以奉祀了。到了宋代，玄武具

[①]　沈利华：《"福禄寿"三星与中国传统社会价值取向》，载《古典文学知识》2006年11月5日，第100～105页。

[②]　〔战国〕屈原等著，林家骊译注：《楚辞》，中华书局2009年版，第160页。

[③]　〔战国〕屈原等著，林家骊译注：《楚辞》，中华书局2009年版，第160页。

有了人格化的形象，被尊为"玄天上帝"。

同样，为了适应福建本土的信仰生态，玄天上帝信仰也产生了在地演变：

> 在闽南，传说玄天上帝是五代时的泉州人氏，姓张，以杀猪为业。他对母亲特别孝顺，因母亲爱吃猪腰，因此无论猪腰价格再昂贵，他也不卖，一定要留下孝敬母亲。母亲去世后，他悲痛欲绝。一日，他突然后悔杀生过多，感到罪孽深重，走到洛阳桥畔，拿起屠刀，剖开腹部，取出肠肚，投入江中以谢罪，结果立地成佛了。①

宋真宗时，奉赵玄朗为赵氏皇族的祖先，为避讳"玄"字，将"玄天上帝"改称"真武大帝"。到了明代，统治者不但倡导皇室成员及民间百姓奉祀真武大帝，而且将其纳入国家祀典之列，广建宫庙并不断加封以显神威。

真武大帝以龟蛇为其象征，披头散发，脚踏龟蛇，亦称披发祖师、荡魔天尊。古人奉龙、凤、麟、龟为"四灵"，蛇同样也是一种颇具神秘色彩的动物，

图3-23 泉州市丰泽区东岳前街东岳行宫的玄天上帝辇轿

图3-24 永泰县上苦竹村太山尊元庙的真武大帝

---

① 林国平：《闽台民间信仰源流》，福建人民出版社2003年版，第161页。

古代闽越人认为蛇具有超自然的力量，把蛇作为自己的祖先或保护神加以崇拜。因此，真武大帝信仰在福建有着天然的优势，如明代描写真武大帝的小说《北游记》即福建人余象斗所著。

（三）文昌帝君

《史记·天官书》记载："魁戴匡六星曰文昌宫，一曰上将，二曰次将，三曰贵相，四曰司命，五曰司中，六曰司禄。"[1]文昌六星各有专司，掌管文运禄籍。人格化的文昌帝君又称文昌梓潼帝君、文昌帝、济顺王、英显王、梓潼夫子、雷应帝君等，传说是晋代人，俗名张亚子，住四川梓潼文曲山。张亚子事母极孝，不幸战死，最初百姓将他作为雷神来崇拜，隋朝科举制度兴起，逐渐演化成了保护文运和考试的神灵，如清末李伯元在《官场现形记》中写道：

> 走进了祠堂门，有几个本家，都迎了出来。只有一个老汉，嘴上挂着两撇胡子，手里拿着一根长旱烟袋，坐在那里不动。赵温一见，认得他是族长，赶忙走过来叫了一声"大公公"。那老汉点点头儿，拿眼把他上下估量了一回，单让他一个坐下，同他讲道："大相公，恭喜你，现在做了皇帝家人了！不知道我们祖先积了些甚么阴功，今日都应在你一人身上。听老一辈子的讲，要中一个举，是很不容易呢：进去考的时候，祖宗三代都跟了进去，站在龙门老等，帮着你扛考篮。不然，那一百多斤的东西，怎么拿得动呢？还说文昌老爷是阴间里的主考。等到放榜的那一天，文昌老爷穿戴着纱帽圆领，坐在上面，底下围着多少判官，在那里写榜。阴间里中的是谁，阳间里的榜上也就中谁，那是一点不会错的。"[2]

在福建民间，祭拜文昌帝君的供品有：芹菜，代表勤劳；大蒜，代表计算；葱，代表聪明；菜头，代表好彩头；桂花，代表蟾宫折桂；发糕，代表高中；竹笋，代表顺利；包子粽子，代表包中；油瓶，代表加油。祭拜后，学子们一定要将祭品吃掉。民俗中还有一个禁忌，芹菜、葱、蒜煮时不能加丸子、蛋，

---

① 〔西汉〕司马迁：《史记》卷27，中华书局2014年版，第1544页。
② 〔清〕李伯元：《官场现形记》，上海古籍出版社2011年版，第5页。

免得"完蛋"。福州民间传说，1977
年恢复高考后，上杭路某学子连考两
次均名落孙山，眼看同班同学考取了
中山大学、厦门大学、福建师范大学
等，自己心灰意冷，决定不再参加高
考。新一年高考报名来临，学子晚上
梦见文昌帝君对他说："你父亲曾受
了不公正的待遇，你是忠良之后，又
德才兼备，所以今年必然考中，请好
自为之。"学子醒来似信非信，试着
报名参加高考，果然考上了江南的一
所大学。①

卢公明也记录了文昌帝君在福建
受崇拜的情形：

图3-25　福安市行洋村安泰宫的文昌帝君

> 所有的读书人都崇拜文学之神——文昌帝君。他能赋予崇拜者写诗作
> 文的能力，而且助人获得各级科举考试的成功。中国人认为有两颗星星掌
> 握着人间有关文字笔墨的事务，一颗是魁星，二十八宿的第十五颗星，就
> 是这个"文学之神"，他的神像是一个端坐的美男子。另一颗星的形象也
> 是一个男人，但面容丑陋，头上长着两个犄角，以金鸡独立的姿势踏在一
> 条大鱼的头上，一手拿着笔高举过头，另一手拿着一顶魁元帽。②

此处，卢公明将"美男子"文昌帝君误称作魁星，而将真正的魁星称作
"面容丑陋，头上长着两个犄角"的男人。魁星面目狰狞、通体蓝色、赤发环
眼，右手握朱笔，用笔点定中第人的名字，右脚金鸡独立，踩着海中一条大鳌
的头部，称"独占鳌头"，左脚摆出向后踢文斗的样子，称"魁星踢斗"。

在明代《后西游记》中，文明天王用孔子的春秋笔压住唐长老，文昌帝君

---

① 福州市台江区政协：《台江宗教》，福州市台江区政协2014年印，第161～162页。
② 〔美〕卢公明著，陈泽平译：《中国人的社会生活》，福建人民出版社2009年版，第143页。

派魁星取走春秋笔:

图3-26　闽侯县马坑村泰山府的魁星

（帝君）因分付天聋地哑，到斗柄上唤了魁星来。二人领命，不多时唤了魁星来。只见那魁星生得:

头不冠，乱堆着几撮赤毛；脚不履，直露出两条精腿。蓝面蓝身，似从靛缸内染过；黑筋黑骨，如在铁窑内烧成。走将来只是跳，全没些斯文体面；见了人不作揖，何曾有诗礼规模。两只空手忽上忽下，好似打拳；一张破斗踢来踢去，宛如卖米。今侥幸列之天上，假名号威威风风自矜曰星；倘失意降到人间，看皮相丑丑陋陋只好算鬼。……小行者道:"且慢!那支文笔既有来历，必要个有来历之人方才拿得。我看此兄嘴脸行状，也与小孙差不多，不象个文章之士。他若拿得动，我小孙早早拿去了。还是烦老帝君亲自走走吧。"帝君笑道:"凡人不可看貌相，海水不可用斗量，他乃天下第一文星，小圣不可轻觑。"①

这段除了提到文昌帝君和魁星外，也提到了文昌帝君身边的二童子"天聋、地哑"，一个捧文昌剑印，一个捧文人禄运簿册。文昌帝君掌管科举考试，保密问题很重要，一聋一哑，知者不能言，言者不能知。

还有一类特殊的文运之神:孔子、朱熹、状元等。

以孔子为例，身份经历了由父到圣、由圣到王的过程。周敬王四十一年（前479），孔子去世，鲁哀公亲诔孔子，尊称为"尼父"，虽然鲁哀公将孔子的宅第改修成孔庙，但此时的孔子只是一个受人尊敬的学者、老者形象。到战国时期，圣化孔子的痕迹就很明显了，例如孟子将孔子比作尧舜，"孟

____

① 〔明〕无名氏:《后西游记》，春风文艺出版社1981年版，第266页。

图3-27　石狮市石湖村东岳古寺的文昌帝君与天聋地哑

子的圣人观已经达到'将孔子置于尧舜之上'的位置，作为文化巨人的孔子，其圣化在孟子这里已可谓登峰造极，俨然成为神人"①。

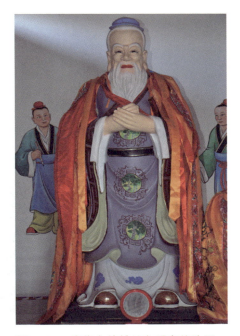

图3-28　龙海市仙姑岭东岳宫的孔子

整个两汉至唐宋的漫长时期中，加诸孔子身上的称号、封号日益增多，凸显出了孔子由圣化到王化的趋向。

但孔子的神化却是随着民间传说和神话进行的。笔者小时候，姥姥黄赵氏曾讲故事："孔圣人把砚台倒扣过来，天下的笔就不粘墨了。"孔子第七十七代后裔孔德懋女士也曾回忆，在其父衍圣公孔令贻的葬礼上，乡民争睹棺椁，因为"看到了衍圣公，

----

①　何平：《论圣人与圣王神话——古代政治神话论纲之二》，载《天津社会科学》1993年3月2日，第63页。

一辈子不害眼"①。"孔子的形象在民间传说中一再被塑造,渐渐使他也成了民间传说式的人物。有一些传说和神话附会在他的身上,将孔子塑造为一个形体禀赋俱异于人的人物,让他身上逐渐具有了某些神性,最后竟将他推上了仙人的宝座。"②

（四）财神

自从私有制产生以来,财富就成了支配人们社会生活的重要力量。求财,作为人类经济行为的必然表现,这一社会性的心理欲求是人的一种本能,至于追求的结果,我国历史上的人们大多都将其归于主宰财富的神灵——"财神"的意志。

财神分为文武两类,文财神是由古代的文官演化而来,像比干、范蠡,武财神是由古代的武将演化而来,如关羽、赵公明。这些人物身上寄托了民众对财神信仰的价值取向,也成为一种道德力量的化身,比干被纣王挖了心,做起

图3-29　明溪县小眉溪村东岳宫的文财神比干、南靖县靖城镇东岳庙的武财神关羽

---

① 孔德懋:《孔府内宅轶事:孔子后裔的回忆》,天津人民出版社1982年版,第52页。

② 袁珂:《孔子与神话及民间传说塑造的孔子形象》,载《文学遗产》1995年1月20日,第11页。

事来就再无偏私，范蠡弃官从商，三次致富又三次散财，代表了"乐善好施"，赵公明代表了"公正"，关羽则代表了"诚信"。

在福建，祭祀最广的财神是赵公明。赵公明最早出现在东晋干宝《搜神记》中，神职并不是财神而是瘟神，是天帝手下的三员大将之一，曾被天帝派往人间索取人命。在南北朝陶弘景《真诰》中，赵公明又变成"司土下冢中之事，掌五方之气的五方诸神之一"[①]。此后，赵公明开始逐渐摆脱令人恐惧的面目，在明代徐人瑞《历代神仙通鉴》中，张天师命其镇守玄坛，并封他为"正一玄坛元帅"，这就是赵公明又称作赵玄坛的来历。经过这一番脱胎换骨之后，赵公明由恶神转化成了善神，能够"驱雷役电，唤雨呼风，除瘟剪疟，保病禳灾。至如讼冤伸抑，公能使之解释公平。买卖求财，公能使之宜利和合。但有公平之事，可以对神祷，无不如意"[②]。至此正式变成了具有司财职能的财神。赵公明成为财神之初名声并不大，之所以家喻户晓、名声显赫，则是《封神演义》大肆渲染的结果。

图3-30　福清市后俸村东岳禅寺的五路财神壁画

① 〔南北朝〕陶弘景：《真诰》，商务印书馆1959年版，第246页。

② 〔明〕佚名：《三教源流搜神大全》卷3，己酉仲春郎园校勘，第19页。

在财神赵公明的基础上，又衍生出了五路财神，指的是赵公明及其四位义兄弟或部将。五路财神除了中路赵公明外，其余四路为东路财神招宝天尊萧升、西路财神纳珍天尊曹宝、南路财神招财使者陈九公、北路财神利市仙官姚少司。这可能是受到了五行观念的影响，认为天地广阔，财宝当然也要分区处理，拜五路财神，收五方之财。

（五）五显灵官华光大帝

五显灵官和华光大帝原本并非一体，五显是民间的一路神道，华光则是佛家的一位菩萨。

关于五显的来历，最常见的是古代五行之说，即五显是五行五气所化。在福建，五显灵官却成了小偷的保护神，传说他曾偷紫微大帝的金枪、金刀，将金刀炼成金砖，曾用锅顶住南天门推迟天亮，掩护小偷逃跑，而卢公明这样写道：

> 农历八月十七是小偷的保护神——五显公的神诞日。五显本身曾做过贼，他不仅是个聪明的盗贼，而且非常孝顺他的母亲。有一天在拂晓时分，心地善良的母亲见到五显偷了一个饭锅回家，就狠狠地骂了他一顿，说他不该偷人家做饭的用具。母亲声称，如果五显用卖这口锅的钱来买米，她决不粘口。母亲要五显马上把锅送还人家，五显觉得为难，说现在天已经大亮，如果去还锅，肯定会被人发现抓住，母亲说如果他去还锅，老天一定会保证他的安全。后来事情果然如此，当五显回到夜里偷锅的地方时，天突然暗下来，四周一片漆黑。五显抓住机会把锅放回原处，又飞快地跑回家向母亲复命。近十多年来，供奉五显公的信众与年剧增。在八月十七给五显公烧香上供的早已不限于盗贼，也有病人求康复、出门人求旅途平安、商人求生意兴隆，求发财的人最多。有的时候，人们在他的称号前再加上"半天"两个字，称他为"半天五显公"，人们相信他住在半空中。①

---

① 〔美〕卢公明著，陈泽平译：《中国人的社会生活》，福建人民出版社2009年版，第148页。

而"华光"一词则常见于佛典之中，本意为莲花光明，是佛教的祥瑞，一般是指佛教的一位菩萨。后秦鸠摩罗什译《妙法莲华经·譬喻品第三》记载："汝于未来世过无量无边不可思议劫，供养若干千万亿佛，奉持正法，具足菩萨所行之道，当得作佛，号曰华光如来。"①此时的华光如来，即证得佛果后的舍利弗。

《南游记》中，华光大帝身带金砖、火丹，用火降妖伏魔，所以民间又把他视作"火神"。又传说华光大帝名为马灵耀，额头上有第三只眼，所谓"不给你点厉害看看，不知道马王爷三只眼"。《水浒传》是古代小说中提到华

图3-31　宁化县灵丰山村东岳庙的华光大帝

光较多的一部作品，第三十七回张横唱的那首《湖州歌》："老爷生长在江边，不怕官司不怕天。昨夜华光来趁我，临行夺下一金砖。"②第九十九回里讲到田虎的部下马灵："素有妖术，脚踏风火二轮，日行千里，因此人称他做神驹子。又有金砖法打人，最是利害。凡上阵时，额上又现出一只妖眼。因此人又称他做小华光。"③这里的华光，已经完全是神将的形象了。

五显灵官与华光菩萨，一出于民间奉祀，一出于佛教，原本是风马牛不相及，但后世却混为一谈，如《西游记》第九十六回写道："华光菩萨是火焰五光佛的徒弟，因剿除毒火鬼王，降了职，化做五显灵官。"④在流传过程中，两者面目均发生了大的改变，并逐渐合流，形成了五显灵官华光大帝的形象。

① 〔后秦〕鸠摩罗什译：《妙法莲华经》，中州古籍出版社2010年版，第78页。
② 〔明〕施耐庵：《水浒传》，中华书局2009年版，第321页。
③ 〔明〕施耐庵：《水浒传》，中华书局2009年版，第769页。
④ 〔明〕吴承恩：《西游记》，华岳文艺出版社1988年版，第645页。

第四节　英烈类：神仙都是凡人做

在中国历史上，有一些形象特别突出、性格特别鲜明的人物，他们往往被赋予了强烈的符号学意义。胡适先生较早地注意到这类历史人物，将之命名为"箭垛式的人物"①。在中国民间信仰中，这类人物常被赋予神性或半神性，成为后人崇祀的对象，而最具有福建特色的当属乐神田元帅、镇海王陈文龙。

（一）乐神田元帅

田元帅又称田公、田相公、田公元帅、三田都元帅等，多指被誉为"忠烈乐官"的唐代宫廷乐师、福建莆田人（一说南安人）雷海青。清代杨静亭《都门纪略》考证："至于唐世，明皇癖好歌声，遂辟梨园之地为教坊，命李龟年、雷海青……诸辈掌之。"②清代周亮工也对雷海青做了相应的考证："习梨园者，共构相公庙，自闽人始。旧说为雷海清，而祀去雨存田，称田相公。"③《资治通鉴》记载，安史之乱期间：

> 禄山宴其群臣于凝碧池，盛奏众乐。梨园弟子往往嘘唏泣下，贼皆露刃睨之。乐工雷海青不胜悲愤，掷乐器于地，西向恸哭。禄山怒，缚于试马殿前，支解之。④

雷海青的忠义之举为他赢得了道义上的制高点，而著名诗人王维则屈从了安禄山的淫威。得知凝碧池的消息后，王维痛心赋诗："万户伤心生野烟，百官

---

① 胡适：《胡适学术文集·中国文学史》下册，中华书局1998年版，第1038页。
② 邓运佳编：《中国戏曲广记》，四川大学出版社2015年版，第1502页。
③ 〔清〕周亮工：《字触》，民主与建设出版社2017年版，第343页。
④ 〔北宋〕司马光：《资治通鉴》卷218，岳麓书社2016年版，第885页。

何日再朝天。秋槐落叶空宫里，凝碧池头奏管弦。"①安史之乱结束后，唐玄宗返回长安，追封雷海青为梨园总管，唐肃宗又追封雷海青为太常寺卿，宋高宗又封其为大元帅。《南安县志》则说雷海青在安史之乱中流落到了南安，不过此说流传有限：

> 田都元帅雷海青，唐玄宗时人。精通音律，擢为梨园班头，为玄宗宠臣。安史之乱中被作为误国魁首贬出京师，避难南来，隐居于罗东坑口，研修《易》理，善岐黄术，又设馆授徒，教授歌舞。死后其徒星散于闽南、潮州一带，各自组班传艺。后代闽潮戏班、梨园子弟尊其为戏神。②

雷海青的气节与不幸，使他在由人向神转化中更能得到社会的认可，他的故事经过流传和神化，也衍生出了许多的说法，如田元帅是天上的雷神，牌位上写着"九天风火院三田都元帅"，其中"火"字倒写寓意宫庙防（反）火。在琉球地区，田元帅则被尊为"琉球武神"。田元帅塑像额头上（或嘴角、腮上）都画着一只螃蟹，传说他幼时被家人弃于野外，螃蟹吐沫濡之，鸭母含食喂之，救了他一命，于是画蟹表恩，且供品中不能有蟹和鸭。或传说杨贵妃趁田元帅醉倒

图3-32　罗源县凤山镇后张泰山府的田元帅和孙悟空

① 〔唐〕王维：《菩提寺禁裴迪来相看说逆贼等凝碧池上作音乐供奉人等举声便一时泪下私成口号诵示裴迪》，载周啸天主编：《唐诗鉴赏辞典补编》，四川文艺出版社1990年版，第124页。
② 政协泉州市委员会编：《泉州与台湾关系文物史迹》，厦门大学出版社2005年版，第363页。

时，在他额头上画了一只螃蟹，醒来无论如何也洗不掉了，另有说法是他自己画螃蟹讽刺安禄山"看你横行到几时"。而按卢公明的记载，田元帅更成了玉皇大帝的儿子：

> 田元帅据说是玉皇大帝的第三个儿子，他是戏剧、拳术、音乐之神。艺人们都供奉田元帅，以期得到他的帮助，扮演好角色，获得演艺事业的成功。不论是为健身娱乐而练武的人，还是靠传授武术为生的职业拳师，也都供奉他，以保证在演练时不出现闪失，伤了自己或他人。在元帅庙里，通常还立了四个他的助手的塑像，一个弹琵琶，一个吹笛子，还有两个做着打拳的姿态。
>
> 据说元帅本人在文学和武艺上都很有成就。因此，他的神像造型有时像个读书人模样，穿着普通的平民装束，有的造型却是半文半武——半边身子是文人装束，另外半边却套着铠甲，头盔上有两根长长的雉鸡翎毛向后翘起。①

至于为何弃婴姓雷，传说田元帅被畲族人雷阿公的戏班收养，该戏班常在莆田、泉州一带活动，人称雷家班。而据马祖岛塘岐村信德堂田都元帅庙记载，田元帅被东岳大帝所化的"雷公伯"收养。既名雷海青，为何又被称为"三田都元帅"，传说雷海青助唐军收复长安，云遮"霝"字旗帜的"雨"头，只露出三个田字。郑丽生《元帅诞》云："会乐宗师最少年，打拳唱戏两精专。

图3-33　福州市鼓楼区元帅路元帅庙林则徐所题"恩威显赫"匾额

如何当日雷供奉，统领天下易姓田。"②

同时，田元帅的职能也越来越宽泛，林则徐青少年时期，曾在福州市元帅路元帅庙里读书、祈愿，中进士后于嘉庆十六年（1811）为该庙题写了"恩威显赫"匾额。

---

① 〔美〕卢公明著，陈泽平译：《中国人的社会生活》，福建人民出版社2009年版，第144页。
② 郑丽生：《福州风土诗》，福建人民出版社2012年版，第130页。

（二）镇海王陈文龙

陈文龙，福建兴化（今莆田）人，原名子龙，北宋名相陈俊卿五世从孙。陈文龙年幼时，跟随父亲陈粢迁居福建长乐。南宋宝祐四年（1256）入太学，咸淳四年（1268）中进士，同年十月，宋度宗殿策进士，廷对第一，宋度宗御笔改其名为"文龙"。

随着蒙古大军的入侵，南宋皇室一路南逃。景炎元年（1276），赵昰在福州称帝，陈文龙任参知政事、闽广宣抚使，在兴化开设衙门。他倾尽家财招募兵勇组成民军，厉兵秣马备战。在福州、泉州守将先后叛降后，陈文龙坚守孤城，四次斩杀前来劝降的蒙古使者，并在城头竖起"生为宋臣，死为宋鬼"的大旗表明心迹、激励士气。十二月，陈文龙派往福州打探敌情的部将林华、陈渊和降将王世强勾结，引蒙古军来到兴化城下，通判曹澄孙开城投降。蒙古军蜂拥而至，陈文龙寡不敌众，力尽被擒。他见蒙古军在城中放火烧杀，怒声呵斥："速杀我，无害百姓。"陈文龙被俘后，蒙古军劝说他投降，陈文龙道："屈于敌人者，非忠臣也！"蒙古军百般凌辱，陈文龙指着肚子说道："我的腹中，皆节义之文，岂可相逼，如果强行，死不足惜！"陈文龙清楚，大厦将倾一木难支，唯有以死报国，于是写诗《元兵俘至合沙，诗寄仲子》给儿子诀别：

> 斗垒孤危势不支，书生守志定难移。
> 自经沟渎非吾事，臣死封疆是此时。
> 须信累囚堪衅鼓，未闻烈士竖降旗。
> 一门百指沦胥尽，唯有丹衷天地知。[①]

蒙古军见劝降无望，将他押往杭州，陈文龙开始了绝食抗争。1277年农历四月二十五日，他要求拜谒岳飞庙，当他以孱弱之躯蹒跚进入岳飞庙时，不禁失声痛哭，哀恸气绝，年仅四十六岁。陈母黄氏被拘禁在福州一座尼姑庵中，身患重病却不愿服药、不进饮食，她对监守说："吾与吾儿同死，又何恨哉？"终绝食而亡，闻者无不黯然泪下，叹道："有斯母，宜有是儿。"陈文龙之叔陈瓒、弟陈用虎战死，弟媳朱氏自缢。宋端宗得知陈文龙殉国的噩耗，下诏赠太

---

① 缪钺：《宋诗鉴赏辞典》，上海辞书出版社2015年版，第1474页。

图3-34　福州市台江区浦西村九案泰山府浦西宫的陈文龙

师衔，谥号忠肃，后人尊称其为陈忠肃，与岳忠肃（岳飞）、于忠肃（于谦）合称"西湖三忠肃"。元代时，民众常以杨五郎代指陈文龙，悄悄奉祀。

明初，官方访求民间应祀神祇。永乐六年（1408），明朝廷册封陈文龙为"水部尚书"，护佑航运、渔民，授"镇海王"。明孝宗时封陈文龙为福州府城隍（有争议）、其叔陈瓒为兴化府（莆田）城隍。陈文龙抗蒙爱国事迹历来受到福建人民的尊崇，林则徐在清道光三十年（1850）为陈文龙题写对联："节镇守乡邦，纵景炎残局难支，一代忠贞垂史传；英灵昭海澨，与信国隆名并峙，十洲清晏仗神庥。"①

福建有"官船拜陈文龙，民船拜妈祖"之说。明清时期每三年科举后，皇帝都会委派新科状元率册封团赴琉球岛、台湾岛册封当地官员，册封团在海上行船，为祈求平安，将陈文龙塑像立于船中祭拜，郑丽生《迎尚书公》诗曰：

水部尚书作海神，忠贞千载入人心。
年年正月回湄去，赛罢龙潭又竹林。
注：有宋陈忠肃文龙公，官至参知政事，殉节于杭州太学。闽人奉之为海神，称曰"水部尚书公"，龙潭竹林两社各有供奉。相传十八日为神回湄之期，盖归省莆田原籍也。②

---

① 《林则徐全集》编辑委员会：《林则徐全集》第6册《诗词卷》，海峡文艺出版社2002年版，第352页。

② 郑丽生：《福州风土诗》，福建人民出版社2012年版，第34页。

同样，福建另一位民族英雄郑成功在清军入关后坚持抵抗，逝世后，福建人祀之为神，因为郑成功曾被赐国姓称"国姓爷"，为了避讳清廷而取"国姓王"谐音称为"郭圣王"。郑丽生《国姓王诞》诗曰：

力挽狂澜愿未偿，英雄无命亦堪伤。
乡人敬制下南餜，来飨孤忠国姓王。①

福建许多糕点、小吃都有郑成功的传说，为其祝寿时必供糍，因为方言中称闽南为"下南"，所以称糍为"下南餜"。当郑成功从台湾迁葬福建祖地南安时，作为敌人的康熙皇帝题写挽联："四镇多二心，两岛屯师，敢向东南争半壁；诸王无寸土，一隅抗志，方知海外有孤忠。"②

2010年浙江版电视剧《西游记》中有段台词，哪吒怒斥孙悟空："我们被封为天神，都是因为人的作为，或是救人无数，或是孝义无双，或是尽忠舍命，或是默化人心，你做过什么？"诚如斯言，有大功业、大品德的人，在民众心中，他们虽然身体化为灰土，但功业造福后世、精神代代传承，全天下都来怀念、祭祀他们，在他们身上寄托自己的愿望，这样的人就是神。雷海青如是，陈文龙如是，郑成功亦如是。

图3-35　福州市仓山区高湖村泰山宫的郑成功壁画

①　郑丽生：《福州风土诗》，福建人民出版社2012年版，第131页。
②　李寅生编著：《中国历代名联鉴赏》下册，光明日报出版社2019年版，第387页。

第五节　巫觋类：人神间的摆渡者

关于"巫觋"，《楚语》称："巫觋，见鬼者。"①《周礼·春官·祀神》称："男子阳有两名，曰巫曰觋；女子阴不变，直名巫，无觋称。"②巫觋信仰是灵魂观念发展的历史产物。先民们相信通过实行一定的方式，就能够接神通鬼，操纵某种超人的神秘力量，达到祈福禳灾或致害仇敌的某种具体目的。经常主持通神鬼仪式的人就形成了专职化的巫，一切与神有关的祈神、娱神、谢神、祭神等活动都由巫者掌管，即鲁迅所说的："中国本来信鬼神的，而鬼神与人乃是隔离的，因欲人与鬼神交通，于是乎就有巫出来。"③

福建地区有"好巫尚鬼"的传统，巫和巫术在民众生活中长期处于重要地位。秦汉之前，居住在福建境内的原住民称"闽越"，汉武帝推崇越巫，《史记》记载："是时既灭两越，越人勇之乃言'越人俗鬼，而其祠皆见鬼，数有效。昔东瓯王敬鬼，寿百六十岁。后世怠慢，故衰耗。'乃令越巫立越祝祠，安台无坛，亦祠天神上帝百鬼，而以鸡卜。上信之，越祠鸡卜始用。"④这一传统也为福建众多神灵的产生提供了土壤。

巫在古代曾享有崇高的社会地位，然而随着时间的推移，逐渐沦为了"巫婆""神汉"之流，社会地位不高，所从事的活动也常被诟病。因此，巫无论如何也无法承担旺盛的香火，由巫入神是必由之路。林国平认为，"去巫化"的主要途径有三条：（1）给神灵编造新的家世；（2）重新塑造神灵的形象；（3）披上道教佛教的外衣。"正统化"的基本策略也有三：（1）争取朝廷的封敕或赐额；（2）尽可能与帝王攀上关系；（3）显灵帮助官兵打胜仗靖国保民等。他认为，民

---

① 〔清〕永瑢、纪晓岚等纂修：《景印文渊阁四库全书》第406册，商务印书馆（台湾）1986年版，第158页。

② 〔清〕梁章钜著，王释非、许振轩点校：《称谓录》，福建人民出版社2003年版，第590页。

③ 鲁迅：《中国小说的历史的变迁》，载《鲁迅全集》第9卷，人民文学出版社2005年版，第317页。

④ 〔西汉〕司马迁：《史记》卷28，中华书局1959年版，第1399～1400页。

间信仰的"去巫化"和"正统化"是封建主义中央集权统治的必然产物，对于民间信仰的生存和发展至关重要，甚至决定着民间信仰的生死存亡。①

（一）妈祖

福建多数女神的原型是女巫。明代福建长乐人谢肇淛记载：

> 大凡吾郡人尚鬼而好巫，章醮无虚日，至于妇女祈嗣保胎，及子长成，祈赛以百数，其所祷诸神亦皆里妪村媒之属，而强附以姓名，尤大可笑也。②

妈祖林默娘在生前即是莆田湄洲岛的女巫，死后成为保护航海、救助海难的女神。南宋廖鹏飞说其"姓林氏，湄洲屿人。初，以巫祝为事，能预知人祸福，既殁，众为立庙于本屿"③。地方志书也持此说，《仙溪志》载："顺济庙，本湄州林氏女，为巫，能知人祸福，殁而人祠之，航海者有祷必应。"④

妈祖通过"披上道教佛教的外衣"完成了"去巫化"，信众称其母夜梦观音赠优昙钵罗花而有孕，少年时井中神仙传授法术。在清代，妈祖"显灵帮助官兵打胜仗"而受朝廷敕封，完成了"正统化"。民族英雄

图3-36　仙游县枫亭镇东岳庙的妈祖

---

① 林国平：《去巫化与正统化：民间信仰的生存和发展之路——以福建民间信仰为例》，载《世界宗教研究》2013年2月15日，第36～37页。

② 〔明〕谢肇淛：《五杂组》，上海书店出版社2001年版，第305页。

③ 蒋维锬：《妈祖文献资料》，福建人民出版社1990年版，第133页。

④ 〔南宋〕黄岩孙著，〔元〕黄真仲重订：《仙溪志》，海峡书局2019年版，第60页。

郑成功收复台湾，同时也将明王朝推崇备至的玄天上帝信仰带到了台湾。康熙二十一年（1682），以施琅为征讨大将军的清军开始对台湾郑氏政权发动了攻势。这位曾经的郑成功部将，深知要打败郑军，除了在军事上保证强大的优势外，还要从精神上彻底瓦解郑军的士气，郑军水师的船舰上都悬挂了玄天上帝的黑色令旗，施琅必须找一个神灵来摧毁郑军的精神支柱。为了展开心战攻势，施琅综合考虑了闽台信仰与海战特点，精心选择了妈祖作为保护神，并特意以妈祖的故乡莆田作为征讨总部，制造出了一系列妈祖显圣助战的故事，如"师泉"的"神迹"：

图3-37　莆田市秀屿区平海镇天后宫的师泉

"师泉井"位于莆田平海乡天妃宫大门外左侧，并后树一刻有"师泉"二字石碣，楷书，字约一尺见方。系清康熙时，水师提督施琅所书。石碣高二百厘米，宽六十厘米，井围呈正方形，用一百零八块青石砌叠而成。水清见底，大旱不竭。据施琅《靖海纪闻·师泉井记》载，康熙二十一年十一月，施琅统水军三万多，驻平海澳，发生水荒，遂求助于天妃，得荒废古井一口，经淘掘，泉涌不竭，以为神之所赐，乃立石井旁，名曰"师泉"。①

在《续子不语·天后》中，妈祖同族后裔林远峰讲述了海上遇险时怎样祭祀呼唤妈祖，也提到妈祖显灵助清军攻台：

　　林远峰曰：天后圣母，余二十八世姑祖母也，未字而化，灵显最著，

---

①　中国民间文学集成全国编辑委员会：《中国民间故事集成·福建卷》，中国ISBN中心1998年版，第195～196页。

海洋舟中，必虔奉之。遇风涛不测，呼之立应。有甲马三，一画冕旒秉圭，一画常服，一画披发跣足仗剑而立。每遇危急，焚冕旒者辄应，焚常服者则无不应，若焚至披发仗剑之幅而犹不应，则舟不可救矣。或风浪晦冥，莫知所向，虔祷呼之，辄有红灯隐现水上，随灯而行，无不获济。

或见后立云际，挥剑分风，风分南北。船中神座前必设一棍，每见群龙浮海上，则风涛将作，焚字纸羊毛等物，不能下，便令舟中称棍师者焚香请棍，向水面舞一周，龙辄戢尾而下，无敢违者。若炉中香灰无故自起若线，向空而散，则船必不保。

余族人之父某，言其幼时逢漳郡官兵征台湾，祭纛教场中，某随父往视，见后端坐纛上，貌丰而身甚短。急呼父视之，已不见。[1]

清军如愿以偿地攻陷了台湾，玄天上帝信仰因郑军的失利受到一定程度的削弱，妈祖则在康熙二十三年（1684）由"天妃"被敕封为"天后"，并列入了国家祀典。受封之后的妈祖在救险助难时也有了新的禁忌：倘若呼喊"妈祖"，妈祖就会不施脂粉、立刻现身救人；可如果呼喊"天后"，妈祖要着天后服饰，带全套仪仗，自然要多费时间。

（二）陈靖姑

福建的另一位重要女神——临水夫人陈靖姑，也是"由巫为神"的。陈靖姑和东岳大帝的西宫娘娘三娘同为福州市仓山区下渡人，明代万历年间《古田县志·卷七·秩祀志·庙祠》记载了陈靖姑出身巫觋，死于难产，死后为神，斩白蛇、祛瘟疫、扶胎助产的故事：

地名临水，神姓陈，家世巫觋，祖玉，父昌，母葛氏，生于唐大历二年（767），神异通幻，嫁刘杞，孕数月，会大旱，脱胎，往祈雨，果如注，因秘泄，遂以产终，诀云："吾死后，不救世人产难，不神也。"卒年二十有四，自后灵迹显著。

临水有白蛇洞，吐气为疾疫，一日有朱衣人执剑索蛇斩之，乡人诘其

---

① 〔清〕袁枚：《白话全本子不语》，上海古籍出版社1995年版，第588页。

姓名，曰："我江南下渡陈昌女也。"忽不见。巫往下渡询之，乃知其为神，遂立庙祀焉。

建宁陈清叟子妇怀孕十七月不产，梦神为之疗治，即产蛇，孕妇获安。诸凡祷雨旸、驱疫疾、求嗣续，莫不响应。宋淳祐间（1241～1252），封崇福慈济夫人，赐额"顺懿"，学士张以宁有记，见艺文志，庙旧有田，以供祀典。[1]

陈靖姑通过"披上道教佛教的外衣"完成的"去巫化"，信众为她编造了新的家世，添加了许多美德。按《闽都别记》的说法，吕洞宾将一根白发掷于闽江，不想化为白蛇为害一方，观音菩萨咬指滴血投胎为陈靖姑，向闾山派法主许逊真君学艺，代替观音嫁给了有前缘的古田县刘杞，祈雨、斩蛇、除鬼、掌百花，宋代赐额"顺懿"，称"观音化身百花主宰顺懿元君"。又因为她能扶胎助产、护婴保赤，民间尊称为"陈夫人""陈大奶""陈太后"。

图3-38　上杭县马鞍山泰山圣母庙的陈婧姑三夫人与临水舅公

---

① 福建省文史研究馆：《万历福州府属县志》，方志出版社2007年版，第121页。

　　"去巫化"还突出表现在信众通过神灵的群组化，将神灵纳入本地神灵系统，实现本地民众的认可。如妈祖与招宝娘娘、青惠娘娘结拜为姐妹，陈靖姑与林淑靖（又称林九娘）、李三靖（又称李三娘）结拜为姐妹。此外，陈靖姑有一位堂兄陈守元，向陈靖姑学了一些法术，人称"临水舅公"。陈靖姑下山时，许真君交代一路不可回头，而她却在走到二十四步时忍不住回望师父，许真君只好叮嘱她二十四岁那年不可动用法术，或可躲过一劫。逢闽地大旱，临水舅公做法祈雨不成，不得不让二十四岁怀有身孕的陈靖姑现身祈雨。

　　陈靖姑将胎体寄在娘家，将鸡画成虎、草绳画成蛇守门护胎，自己到闽江龙潭角水面上施法祈雨，她的脚下由一张草席托着。长坑山的"长坑鬼"和矮拔山的"矮拔鬼"想害陈靖姑，勾结白蛇潜赴陈靖姑的娘家，向陈母高价收破烂，陈母贪图小便宜，拿走了鸡、草绳，将其迎到了家中。他们毁去了陈靖姑的胎体，然后来到闽江，在水下拖草席。危急时刻，陈靖姑咬指抛血向师父求救，许真君派王杨二太保前往救助，二太保掷草鞋于水中化为四只鸭，它们冲

图3-39　福州市仓山区尚保村泰山宫的四只鸭救陈靖姑、林九娘发丝擒长坑鬼壁画

上去各咬住草席的一角往上拉，才避免了悲剧的发生。为了纪念这次脱险，陈靖姑从闽江底升起一块河洲，命名为"鸭母洲"。鬼怪见状落荒而逃，陈靖姑忍痛紧追，斩杀矮拔鬼，在古田县临水洞肉身坐蛇首羽化，可惜长坑鬼潜入水中逃走了。为了给陈靖姑报仇，姐妹林九娘在百花桥上用发丝擒获长坑鬼，将其挫骨扬灰打入地狱，使其万劫不得超生。

　　陈靖姑的牺牲形成了风俗三忌：一是姑娘十八岁时不出嫁，二十四岁时不生育。这是因为陈靖姑十八岁出嫁，二十四岁时胎毁身亡；二是由于四只鸭救了陈靖姑，所以祭祀时不能用鸭，妇女坐月子也不吃鸭；三是临水宫中轿不点灯，香灰常扫。相传陈靖姑坐化成神后，蛇妖阴魂不散，苦苦哀求："小妖何时出头？"陈靖姑下咒说："除非临水宫中铁轿开花，天地炉香灰龛满。"有新庙祝不知内情，没有打扫香灰，昼梦白蛇带锁链和陈靖姑搏斗，惊醒后见神像大汗淋漓，赶紧刺蛇像双目，神像才恢复平和。

　　传说陈靖姑在闾山派学艺时尚待字闺中，少女心性，不好意思学扶胎助产之法。成神之后，为兑现"救世人产难"的承诺，补学扶胎助产、护婴保赤等法术。闽东地区信众认为，陈靖姑将胎气凝结成一男童，取名"刘聪"，并收了两位谊子包打听、白感生，分别称灵勇、黑、白三舍人，或将白感生、刘聪称为金、银二舍人。而在闽西，信众会在庙中塑一对双胞胎，称"招娣阿哥"，说这就是陈靖姑在人间未出生的孩子，升天以后，降生成了神，能下凡护佑儿童的健康、学业等。

　　2008年，陈靖姑信俗被评为国家非物质文化遗产，2009年，妈祖信俗被评为世界非物质文化遗产。传说妈祖、陈靖姑也结拜为姐妹，且妈祖为长，对于其中的朝代矛盾，解释是"按升天时的年纪算，妈祖二十七岁，陈靖姑二十四岁"。地方性的女巫能千余年流传而不衰，并能发扬光大，在于她们的事迹同闽地、闽人、闽事

图3-40　平潭区屿头岛东金村泰山宫的刘聪

紧密结合。一传一播，其间虽有移花接木和杂以虚幻离奇的情节，使传奇事件枝叉分疏，但有时因为有地方背景，更有本地人熟悉的地名、山川、胜迹，以及构成地方文化传统的民俗、方言等，所以她们的传奇终能不胫而走，那重命运、善造神的地方民众正是这些信仰传播的载体。

第六节　厉神类：由厉鬼走上神坛

程章灿曾论："从屈原那个时代开始，南方民俗就以信鬼好祀著称。"[1]唐代诗人刘禹锡论福建："闽有负海之饶，其民悍而俗鬼。"[2]在福建民间，充满了义鬼、山石鬼、鬼报恩、鬼太守、水鬼朋友、鬼升城隍、有胆能叫鬼挑担之类的故事。

在纷繁芜杂的"鬼"中，有一种特殊形态——厉鬼瘟神信仰。所谓"厉"，即厉鬼或恶鬼。《左传》曰："匹夫匹妇强死，其魂魄犹能依凭于人，以为淫厉。""有所归，乃不为厉。"[3]即根据辞世状况（"善终"或"凶死"）和子女状况（"有后"或"无后"）来划分，鬼魂可以分为"善鬼"和"厉鬼"。按照"鬼有所归，乃不为厉"的古老说法，信众们相信厉鬼是由"凶死"者和"死而无后"者组成的，这些鬼魂无所归依，所以在人世间散瘟为厉。

民间认为，正常死亡者的精气已经耗尽，死后的鬼魂都比较安分守己，对于这类鬼魂，当然也就不必加以特殊防范。而凶死者的鬼魂则不同，由于精气正旺，死亡时往往又郁结着某种冤屈不平之气，所以鬼魂就会发泄或报复，给生人造成伤害。如福建有句谚语"水鬼拖后替"，意思是溺水的人死后会变成水鬼，等待时机再去害人入水做他的替身，自己才能超脱。为了避免这些飞来

---

①　程章灿：《鬼话连篇》，广西师范大学出版社2011年版，第41页。

②　〔唐〕刘禹锡：《唐故福建等州都团练观察处置使福州刺史兼御史中丞赠左散骑常侍薛公神道碑》，载《刘禹锡集笺证》，上海古籍出版社1989年版，第71页。

③　〔清〕阮元：《十三经注疏》，中华书局1980年版，第2053页。

横祸，信仰者便通过建祠祭祀、供奉香火来化解冤气，让厉鬼"有所归"，甚至能转为神道，化害为利。无须讳言，"厉鬼害人"是古人鬼观念中相当重要的一个方面，民众造阴庙、拜厉鬼，表现出的主要还是恐惧心理，恐惧之余，还夹杂着一丝悲悯和祈福。福建民间供奉的神灵，很大一部分就是这种横死之鬼。

（一）闽东五灵公

闽东地区最有名的厉鬼成神为五灵公，又称五帝，分别为显灵公张元伯、应灵公钟士秀（仕贵）、宣灵公刘元达、扬灵公史文业、振灵公赵公明。《中华全国风俗志》记载：

> 俗称瘟鬼曰大帝，设像五，皆狰狞可畏。过其前者，屏息不敢谛视。又传五月初五为神生日，前后月余，演剧各庙，无虚日。或疫气流染，则社民争出金钱，延巫祈祷。康熙三十九年，知府迟维城毁其庙，民再祀者罪之。卒未逾时，而庙貌巍然，且增至十余处。[①]

而关于五帝的来历，大致有两种说法：

其一认为五帝来自五通，也称五显。《闽都别记》中说，宋元之际，闽江有水猴、水鸟、蛤蚌、鲈鱼、水蛙五怪传播瘟疫，后变为"五通神"，脸分黄、绿、红、黑、白五色，衣亦穿五色，皆戴金冠，时常出游于江面，曾被陈靖姑的谊子包打听拿弹弓打得不敢露头。民间歌谣唱道："面分五色绿青黄，降毒凡间大老爷。我讲分明下邪鬼，谢天剥直猪头鹅。"《洞灵续志·卷八·五显》记载，福州乌石山东文学堂的三位学子亚西、梁、黄，到学堂旁废寺鞭挞五帝像，犯病发狂，亚西祖母愿以身赎罪，和梁、黄相继去世。福州恶语中的"黄病打、五帝拿""五帝拦门捉"即诅咒某人得瘟疫而死，赌咒发誓中也有"若食言者，五帝殛之"等语；

其二为"五秀才"之说，去掉了恶神的色彩，将五帝描写成舍生取义的英雄。民国郭白阳《竹间续话》记载：

---

① 胡朴安：《中华全国风俗志》上编，河北人民出版社1986年版，第129页。

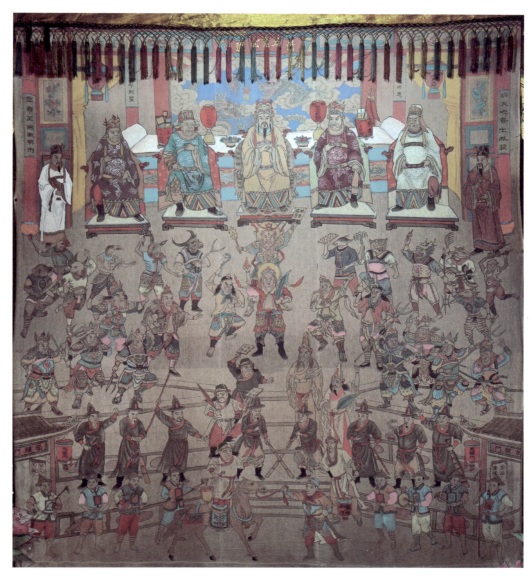

图3-41　福州市长乐区龙门村泰山宫的五灵公清醮图

　　五帝之姓为张、钟、刘、史、赵，又号显、应、宣、扬、振五灵公。相传五帝皆里中秀才，省试时，夜同至一处，见有群鬼在一井下药，相谓曰："此足死城中一半人矣。"五人叱之，不见。共议守井，勿令人汲，然汲者皆以为妄也。五人不能自明，有张姓者曰："吾等当舍身救人。"乃汲水共饮，果中毒死。合城感之，塑像以祀云。然五帝像貌，备极丑恶，狰狞可畏。[①]

──────────

① 郭白阳：《竹间续话》，海风出版社2001年版，第40页。

"五秀才"的传说将施放病疫的瘟神转化成了"收瘟"的善神。因为五灵公的面色特征和服饰各不相同，五色分别代表五个方位，因此人们认为有五位大帝把守五方，天下就不会发生瘟疫，这也是他们成为"五方瘟神"的由来，于是城市乡村纷纷建庙祭祀。

五帝庙常与关羽联系在一起，个中缘由，按卢公明的记载：

> 供奉五帝的庙宇表面上都是为武圣关帝建造的。在庙门口或门外立一个刻着关帝名号的牌位。据说是这么回事：十几年前，一个高级官员乘轿子经过城里的大街时正遇上迎五帝的游行队伍。游行者非但没有给官员的轿子让路，反而要求官员的轿子后退，或先避到路边让五帝神轿通过。这个官员勃然大怒，命令卫兵把为首的香头抓起来鞭打，驱散游行队伍。在讯问之后，官员发现五帝是没有得到过官方批准的邪神，于是下令禁止，要求百姓自行捣毁所有五帝神像。在这种情况下，五帝的信众们赶紧采取应对措施，在五帝庙门口竖起关帝的牌位，同时把关帝神像请入庙中，改称为关帝庙作为伪装。清朝廷崇尚战神关帝，没有哪位官员敢对关帝庙横加干涉。[①]

在古代，许多民间信仰的神灵不在官方祀典之中，对其进行妄滥的、不合礼制的祭祀被称为淫祀，靡费民财民力，故常被官方作为打击对象，五灵公庙的遭遇即典型例子。据福州市马尾区闽安村的唐家灿先生讲述，清乾隆年间，长乐有一知县上任，拜祭完长乐城隍后，回衙途中见当地百姓正月游神者众多，穷苦人家砸锅卖铁筹集游神钱财，甚是可怜。县令遂请高道法师赴各乡验证乡神之真假，不敌法师者则拆毁庙宇、禁止祭祀。法师一路破庙，乡神们因斗不过法师而纷纷逃亡，法师追赶至闽江，刚要登上马尾琅岐岛，只见东岳大帝浮现于云端，手持令旗一挥，法师被驱至九霄云外，方知琅岐岛有真神驻跸，不敢得罪，便去其他地方除神。法师行至福湖时，衙役询问村民附近可有庙宇，村民置之不理，衙役打伤村民后来到华光庙，只见庙中飞出金砖打伤法师众人，隐隐传出声音："此乃惩戒汝等打伤我境内村民应有之惩罚。"法师等

---

① 〔美〕卢公明著，陈泽平译：《中国人的社会生活》，福建人民出版社2009年版，第150页。

图3-42　福州市金鸡山双溪庵的关羽与五灵公

人只得匆匆离开，前往下一乡。

　　和卢公明记载中的五灵公庙伪装成关帝庙类似，福州市长乐区瑞云庵、永瑞堂的五灵公称属东岳管辖，仓山区水云庵的五灵公也冠以"岳宗"之名，反映在神话中，则成了东岳大帝、华光大帝等正神保护乡神、驱除法师的故事。

（二）闽南五府王爷

　　和闽东地区的"五灵公"类似，闽南地区有"五府王爷"的传说，也称"五府千岁"。

　　五府王爷的由来说法众多，有数十种姓氏，最常见的是王爷来自投井救民的五名进士。传说唐代时李大亮、池梦彪、吴孝宽、范承业、朱叔裕五名进士投宿驿站时，蒙眬间听到几个瘟神要在五口大井中撒下瘟毒，他们为拯救当地一场瘟灾，投井淹死，人民因看井中有尸体不敢饮用，避免了灾难。五进士灵魂升天后，被玉帝封为王爷，命其代天巡狩。[①]

　　五府王爷中，以池府王爷最受推崇，其传说大多也跟阻止瘟疫有关。传说池

---

①　李剑平主编：《中国神话人物辞典》，陕西人民出版社1998年版，第93页。

图3-43　厦门市思明区公园北路东岳庙的池府王爷

府王爷是漳州人，姓徐名春生，字梦彪，任职知县时，遇见一位天庭派来的瘟神，要将瘟药投入龙井池惩罚作恶的县民。池王爷心中不忍，用计将瘟药骗得手一口吞到肚里。这时的池王爷脸色发黑、眉毛直竖、两眼突出、痛苦难当，这也是池府王爷神像面貌的由来。瘟神只得返回天庭禀报玉帝，玉帝非但没有惩罚池王爷，反而鉴于池王爷的慈悲情怀，封他为代天巡狩，指"龙井池"之"池"为姓，令其永镇凡间，巡狩善恶，护国佑民。

另来，为了给五府王爷编造更好的出身，后人更是臆造出三百六十位进士或儒生的不同传说，根据朱天顺《闽台两地的王爷崇拜》的记载，大致可分为以下几类：

1. 秦代，始皇焚书坑儒活埋了三百六十名儒生，儒生死后被玉帝封为王爷，接受人间祭拜；

2. 唐玄宗为试张天师法力，命新科进士藏匿地窖奏乐，玄宗假说是妖魔歌声，逼张天师作法消灭妖魔。张天师无奈只得从命，挥剑一指地下，三百六十名进士无一生存（也有说法唐玄宗受奸臣蒙蔽，将进士关入地牢放水淹死）。三百六十名进士死后，玄宗怕其冤魂作祟，通令全国供奉；

3. 明初，闽粤地区三百六十名进士赴京参加殿试，在福建海面发生船难，其阴魂徘徊人间，皇帝知道后赐封号通令全国立祠祭祀；

4. 明末最后一批三百六十名进士，因不愿降清自杀，死后灵魂升天，玉帝嘉其忠贞，命其"代天巡狩"，稽查人间，赏善罚恶，因此王爷庙也称"代天府"。[①]

———————————

① 朱天顺：《闽台两地的王爷崇拜》，载《台湾研究集刊》1993年10月1日，第82～91页。

三百六十位进士或儒生中，有李、池、吴、朱、范五位王爷，成神后英灵显赫，经常巡狩四海，除暴安良，护国佑民，成为儒生或进士的代表性人物，被尊为"五府王爷"。厦门市莲鸿宫陈府王爷为明代清官、苏州府吴县县令陈文瑞，抗战期间，其后人、爱国华侨领袖陈嘉庚先生曾至莲鸿宫祭拜，陈府王爷与东岳大帝私交甚笃，每次出巡必到厦门市东岳行宫拜访。

（三）闽西三太保

闽西民间普遍祭祀的"太保公""太保侯王"，同样是为保民服毒而死的厉神，据《中国民间故事集成·福建卷》记载：

相传太保公原来是做豆腐的。有一天，天刚蒙蒙亮，太保公就起来挑水、磨浆、做豆腐。他正抡起斧头劈柴，突然发现水井边有五个人影晃动，仔细一看，原来是坏蛋在投毒。太保公立刻挥着斧头与那五个坏蛋搏斗。斗了几个回合，坏蛋被砍死三人，剩二人跑走了。他正要去追，又一想：

图3-44 福州市台江区光明社区瀛洲泰山府的三太保

"井水被放了毒，天快亮了，我一走，人家来挑水怎么办？"就把一口井的水都喝掉，然后又提着斧头去追。没走多久，药性大发，通脸发黑，两眼凸出，倒地而死。当地人非常崇敬这位舍身救人的英雄，特地建庙塑像纪念他，尊称为太保公。[①]

据说太保公姓蔡，也有三兄弟之说，分别姓张、雷、蔡。

（四）闽北护国拿公

南宋末年，闽北邵武县瘟疫流行，染病者无数。拿口镇乡民卜福披衣在乡间踱步，看到一人立于井边，要往井中投放物品，卜福急上前夺取，怒问那人。那人倒实话实说，原来他是瘟神派来的，要往井内投放散布瘟疫的药丸，袋中共有二百丸瘟药，一井投一丸。卜福趁那人不注意，把二百丸瘟药尽数吞入腹

图3-45　福州市仓山区下董村泰山宫的护国拿公

中，牺牲在井旁。其妻裘氏抚尸痛哭，也被毒气熏杀。乡民感其恩德，纷纷建庙供奉卜福夫妇，尊为井神，称拿公、拿婆。

明初，朱元璋手下大将汤和率军攻打福州五虎门，久攻不克，极为恼怒，发榜文求破城之策，榜文中声称："俟破城，不留一人。"拿公化作渔翁前来献策。汤和大喜："有何良策，说出来我有重赏。"拿公说："渔人不敢受赏，只要让我改换榜文中一字，便感恩戴德了。"汤和问："换何字？"拿公说："先别问哪个字，我把要改换的字写下包好，将军您把它贴上封条，仍由我保存，攻下福州后，我将纸条送给将军当面拆看。"

---

①　中国民间文学集成全国编辑委员会：《中国民间故事集成·福建卷》，中国ISBN中心1998年版，第408页。

汤和答应了。于是拿公避开旁人将字条写好包严，交给汤和。汤和用红笔写了封条，盖上大印，将字条封好后交给拿公。拿公驾小舟引领众战船悄悄从后路飞速向福州进发，海口防兵竟毫无察觉。战船直达大桥边靠岸，明兵蜂拥上岸，围困省城，元朝参政海牙开城出降。进城后，汤和正要下令屠城，拿公突然出现，取出字条一看，上面把"留"字改成"杀"字。汤和说："我的号令如果改了，如何令行禁止？"拿公说："将军号令虽严，如果没有渔人引领，必然损兵折将。况且一言既出，驷马难追，你想反悔当小人吗？"汤和只得传令不许妄杀一人。因为拿公改一字救万民，从此也被称为"护国拿公"。①

曾国藩《讨粤匪檄》言："自古生有功德，没则为神，王道治明，神道治幽。"②这些厉神有共同的特点，首先都是普通的人，其次是舍生取义而遭横死，其本质在于超脱功利性，这是他们感天动地、为民敬仰的力量所在。舍生取义是超自然、超伦理、超法律、超理性的个人承担，他们横绝于利害、生命之上，虽千万人，吾往矣！

福建泰山庙中，旁祀神灵众多，如八仙、月老、七仙女、灶神，由于宗教的融合，许多泰山庙也旁祀三世佛、观音、弥勒、地藏、韦陀等，难以一一列举，仅举最常见、最有福建特色的例子。当然，此种多神共祀的现象不只存在于泰山庙，也不只存在于福建，如清初西周生《醒世姻缘传》中："薛素姐下面叫屈申冤，只叫：'南无观音菩萨！本县城隍！泰山圣

图3-46　上杭县嫩洋村罗樟喜老先生家中的香位：昊天金阙玉皇大帝、西天佛祖、观音佛母、张天祖师、泰山圣母、王母娘娘、三位夫人（陈靖姑三姐妹）

---

① 王兆祥：《中国神仙传》，山西古籍出版社1995年版，第302～303页。

② 陈瑛、许启贤主编：《中国伦理大辞典》，辽宁人民出版社1989年版，第207页。

母！别要屈了好人！'"①短短一句，即包含了多教多神。

有外国学者就中国民众在不同宗教甚至互相对立的教义中随意择取、善男信女见庙就烧香的现象大惑不解，美国人 H. 史密斯曾说："人们不可能想象一个西方人同时既是基督徒，又是穆斯林，又是犹太教徒。然而人们常说每个中国人都头戴儒冠，身着道袍，足蹬僧履。"②这一论述形象地说明了中国的多神崇拜特性。但如果他们抛开表面的那些形式，抛开神灵的装束和扮相，就会发现中国民众信仰的真正内涵是"仁义道德"，这种"以德治天下"的文化心态，恰恰是中国民众对不同宗教往往不加区分地接受的内在原因。

---

① 〔清〕西周生：《醒世姻缘传》，齐鲁书社1980年版，第1161页。
② 〔美〕H. 史密斯：《从世界的观点透视中国的宗教》，载《国外社会科学》1989年9月28日，第6页。

第四章
福建泰山庙概况

  城镇、村落是由不同的家庭及家族基于共同的地缘关系结合而成，其内部的日常信仰生活是以来自不同家庭和家族的人们共同参与集体祭祀活动为表征。这种信仰空间是城镇、村落内部用来举行集体祭祀的地方，被赋予了神圣含义，最重要的体现为庙宇。此外，也包括临时搭建的神棚、法坛，当地民众信奉的某些器物如水井、树木、洞穴等，这些都是信仰空间的扩展。

第一节　祖庙与分香

  在信众心中，人生因神恩而找到依赖、得到安慰，这时神不再仅仅是附属于社会观念形态或文化形态的内容，而是这个社会总的理论和包罗万象的纲领，是神圣的特权和威严的法律。因此，礼仪与献祭是必须的道德和通行的义务，于是促使了庙宇的出现。最先出现的为祖庙，其他则为分香的子庙，随着庙宇的不断增多，庙宇形式也不断得到补充完善，影响之深远超过所谓的"雅文化"。那些古老村落的信徒和工匠们，将自己的名字刻在庙宇的石碑上，默默无闻了千年，也许还将默默无闻千年，在这里，他们生于斯、养于斯，最终还要将默默无闻的生命和名字留于斯。透过他们留下的这些古老痕迹，曲径通幽，可以努力尝试理清这千百年来的信仰脉络。

（一）祖庙

福建是泰山信仰的重镇，就闽东地区来讲，传播力、影响力最广的当属福州市晋安区岳峰镇东岳祖庙（由于历史原因，现一分为三：东岳庙、东岳祖殿、东岳血池殿）。早在五代时期闽王国建立伊始，便在东华宫中建立东岳行宫，《榕城考古略·郊坰第三》记载："东岳庙，在易俗里，即五代闽所建东华宫之泰山庙。"①《闽国史事编年》则说，后唐长兴四年（933），闽王王审知的儿子王延钧称帝，以福建为"闽国"，立国号"大闽"，又立五庙，封高盖山为西岳，霍童山为东岳。王延钧既为皇帝，便煞有介事地学着秦始皇"封禅"的故事，要到霍童山封禅，并在霍童山的所在地立宁德县（宁德立县之始）。由于路途较远，不久改封福州的长乐山为东岳，并建"泰山庙"以便于封禅。

图4-1　福州市晋安区岳峰镇东岳祖殿

据福州市晋安区岳峰镇东岳庙碑文记载：

福州东岳，建庙在易俗里，会典为群祀，后唐长兴（920～933）中，王

---

① 〔清〕黄仲昭：《八闽通志》（修订本）下册，福建人民出版社2017年版，第503页。

审知父子为闽王之时所创建，称为"东华宫"，即《三山志》所谓"东岳行宫"。宋代淳化四年（993）时，裴询著有《福州东华宫泰山庙记》一书，其首云"四时代谢，东方立生杀之权；五岳辨方，泰山掌死生之籍"。就是指本宫之庙。五代十国吴越钱氏掌权之时，庙祀始盛，《记》中有云"斯庙也，玉宇宏廓，金殿峥嵘。乞福人多，纸钱飞雪。祭神客重，竹叶成池。"可见其庙宇必然极其宏伟宽敞，而且金碧辉煌，于是四方求神灵的人特别多，所焚烧的纸钱像雪花也似的飞舞，到庙里祈福祭神之香客亦众多，庙中香火极其兴盛。其旁殿竹叶成池，其中所塑之神像"阴司之部从齐会、地府之曹僚必备"，俗称为"血池殿"。宋大中祥符（1008～1016）间，"寖广其制"，更扩建庙宇，并以东华宫为天庆观，就独辟东岳宫为行宫。南宋诗人陆游《渭南文集》中有载《福州城隍昭利东岳庙之祈雨文》。明崇祯（1628～1644）年间，闽将军新柱营建后，停五十一年又重修。

经过历代的重修、扩建，福州东岳祖庙日益宏伟，清代琉球政治运动家、诗人蔡大鼎有诗云："巍巍庙貌等天庭，彰瘅无私立渺冥。莫谓神灵奚事祷，不闻不见仰威灵。"

此后，泰山信仰"祈建愈多，房屋浸广"，庙宇在福建各州县相继创建。南宋陈淳强烈反对福建祭祀泰山，然而在他的家乡漳州，清代漳州七县龙溪、海澄、诏安、南靖、漳浦、平和、长泰均有东岳庙，且数量日增，称"漳州东岳九十九殿"。传说漳州东岳庙满一百会出皇帝，因此每当建到一百座就会有火灾，据说这是朱熹布下的地理局，为了使后世漳州不会出现大的叛乱。正如冯玉祥所说："从前人们的心目中，凡是一山一水，甚至一草一木，必定都有神人在主持。像这样伟大的泰山，当然有一位神通广大的神主宰着了。所以我们可以看见在全国的每一个县里，都有一个泰山行宫，这种势力之大，也就可想而知。"[①]

（二）分香

神灵香火不一定永久固定一处，可能是一再迁徙或分支。随着泰山信仰的

---

① 韩尚义：《来自泰山的报告》，山东画报出版社2008年版，第312页。

扎根、传播，各地的信徒前来分香，即割取香火到其他地方建庙奉祀，众多泰山庙如大珠小珠般洒落在福建这方玉盘上。

在神灵塑像赋予灵性的分香活动中，充满了神灵和庙宇产生的民间故事，甚至成了一种潜规则。新建庙宇的神灵在开光前一般要到著名庙宇"分香"，而这往往不被同意，因为会分散信众资源，影响到自己庙宇的香火。神灵的体系化、庙宇的合法化、分香故事的神秘化，背后都有一条运行规则：适应性生存。在这些适应性中，有迫于时代变迁的适应，有迫于政治需要的适应，也有村际关系的适应。于是庙宇产生的类型就出现了：（1）某人（一般为渔民）在打鱼或发洪水时，捞起来一块木头（或神像、香炉），或其他庙宇沿水发放的神灵王船飘荡到此处；（2）神灵显灵，乡民在劳作（或做梦）时遇到了神迹，或神灵附身某人表达意愿；（3）官方到泰山或其他地区的泰山庙分香。这些故事非常流行，它既增加了神灵的神秘性，吸引了信众，又可避免不必要的纠纷。

1. 从洪水中捞起某样物品。以闽侯县南屿镇福垆寺为例，即从洪水中捞起了神像而从南屿镇福田泰山祖殿分香。福垆寺的宣传栏讲了这样一个故事：

> 说泰山堂的历史故事，不能不谈到张尔修和刘端英两人，他们俩是由妈祖宫扩建成泰山堂的关键人物，其中极具戏剧性，听听回味无穷，下面就是他们的故事。
>
> 话说在明的中叶，南屿只有妈祖宫，未有泰山堂。凡信仰泰山的人，须到"坎头"泰山庙拜谒。如此南屿至坎头须涉过锦溪，沿旗山第一峰，经旗顶尾绕山坳弯弯曲曲前行五里。这且不说，最让人忧心的是挑着三牲礼仪，赶不上泰山筵摆宴的位置。这一年住在垆峰山下的一对挚友，张尔修和刘端英一清早挑了全套礼仪往坎头进发，两人气喘吁吁赶到庙宇之前，只见当地信徒已经把案桌前及大厅至走廊天井，甚至庙大门密密麻麻摆满了大大小小的礼宴，情出无奈只得将挑来的礼仪摆在朝向庙大门的旷地上，他俩心中懊恼之极，一边焚香一边奉侍，年年迎巡，礼完各自回家。刘张两家只是一般乡民，并无田产店业雄厚的经济实力。无巧不成书，过了两年，春夏之交，南屿连日大雨山洪暴涨，锦溪两岸淹成泽国。坎头泰山庙在旗山脚下，首当洪水之冲，不但庙宇倒塌，连木雕的神像也随洪水漂流而下，悠荡悠荡漂到垆峰山下锦水边，随即被发现。人们诚惶诚恐不知所

措，其中有位年长的"三伯"说，得探询神的意思，方可定夺，立即叫人取来竹竿，顺水流将它推出，若仍旋回来，可再推一次，经两次推出后见它仍转弯回来，"三伯"喝住，"事不过三"说明神要在这里得道，再推就是抗神招祸，于是叫四个悉水性的年青人，下到水里虔诚地清除了神像身上的泥污，平稳地抬上来，先在妈祖宫里安置下，焚香告慰，待灾后再做道理。

再说家住山下的刘端英，父亲早死，家贫没有固定的正当营生，母子俩相依为命，母亲靠女红帮闲生活。端英人穷却志不短，他为人豪爽，谁家有困难他都主动相帮，因此人缘甚好。为了生计日夜操劳，因南屿水网密布，这年水丰鱼旺，刘母需日夜梳麻、搓线、织网不辍。一天夜里来个又白又胖的伲仔，身挂肚兜光身露臀地跑来帮老婆婆搓线，刘母不胜欢喜，问他家住何处，名叫什么。答：就在你附近。老婆婆只觉得他可爱，乐得他作伴解闷。如此每夜都来帮手，到丑时便佯装瞌睡的样子离座而去。刘母甚感不安，又担心他父母牵挂，又怕他不来，又担心遭人家怨责。端英帮工归来时，刘母说明此事，端英细问情景后甚感奇异，细思一番后嘱母亲悄悄将麻线结在伲仔肚兜带上，就不难找到他的家。当夜刘母依计行事。第二天晨曦，端英不声不响从容地顺藤摸瓜找至庐峰山侧上一个山谷中，在线头消失处掘开土表，从而发现了四缸白银计万两之巨。刘端英见了自然欢喜异常，须臾冷静思想，天下没有凭空得到的白银，何况没有听说祖宗有什么积大德的事，自己年纪轻轻也未曾做过惊天动地的好事，岂敢"无功受禄"，焉能独得天赐之财！

他心想必须求证其中玄机。他找了好友张尔修，坦率地告知真相并表明自己心迹，说：我想应该将此银用在有益乡亲的公益之事上。俩人心志本相通，自然一拍即合。尔修肚里有文化，又懂得一些因果报应的道理，联系在神前许愿，神像又随水漂来，现在又得了白银，难道这都是无缘无故空穴来风不成，而后说：玄机可能就在"山"字上。你想，庐峰山藏有财富，泰山又自动跑来，信仰泰山的我俩又说了大话，又是住在这山下，这不是因"山"而串到一起了吧。看来这钱是泰山的，通过伲仔托付给你。泰山知道我们是君子不是小人，然而君子无财也难成事。端英此刻心思豁亮，觉得前因后果就是这样。何况建造大庙宇，安置泰山是全乡当务之急的大善举。想着说着，越加坚定地感到起泰山堂与南屿乡运的兴旺、乡民的平安息息相关。俩人越说越兴奋，一致认为这是一举三得的好事，许诺的誓愿得以兑现，泰山有了自己的家，泰山坐南屿可保全乡安宁，我们也不用贪早争时地赶到坎头焚香化礼仪。接着他们急忙拿了香烛到神像前诉说问卜，求得谶证，果其所解。后来经过乡贤长老周密的筹划，张家出地，刘家出银，大兴土木，建成了名曰"福垆寺"俗称泰山堂的巍峨辉煌的庙宇。从康熙六年迄今三百四十余年，历代乡绅与信众维修保护，方有今日的"光鲜古迹在，香烟续氤氲"，也留下了丰富多彩的民俗文化。

图4-2　闽侯县南屿镇福垆寺的戏台，被列入《中国音乐文物大系·福建卷》

同样，福州市马尾区东岐村岳宗庙也是这样建立的，其碑志记载，相传始于宋仁宗后徽宗前，当时村子坐落在兜岐山，周围都是水域，村里有江姓渔民在牛眠埕晒网时，无意中打捞起了东岳庙仁圣大帝石香炉，即以此立庙祭祀，而后明清两代均有续修，并向亭江、英屿、琅岐分香（而据马尾区亭江镇泰山都统府碑志记载，琅岐泰山庙系由亭江分香）。

2. 神迹分香。这种方式带着浓厚的神话色彩，如平潭区东光村东岳泰山府据传是"泰山公与金面三眼闻太师商议南迁驾云而来"：

　　清朝康熙二十三年（1684）九月初九重阳佳节，此日天高气爽、风和日丽、万里晴空。东岳泰山公在山东省全神打坐，突然心血来潮，觉得今日良辰美景，迁都南下是相应天意，切不可误失良机。但与金面三眼闻太师商议南迁决策，马上达成协议，两位大人坐上神骑踏白云直奔江南，一路经过鲁、苏、浙、闽，不觉来到海坛上空，突然发现有一卧海麒麟身上有一道紫气冲贯云霄。住驾一看，此地美不胜收、妙不可言。该地前有一横案山，山上具有文房四宝，后有七星坠地，东是碧海波涛，西有白虎雄踞（小雄山），中间有一片空地，寺址刚好坐落在青龙山脉之上，确系千载难逢的洞天福地。

图4-3　平潭区东光村东岳泰山府的泰山公与闻太师

　　分香中出现的争端，通常也由神迹来决断，如福州市马尾区嘉登泰山庙的神像被请到亭头供奉，亭头不愿归还，最后以摔碗的方式占卜，摔了十次碗仍不破，神像才得以返回嘉登。而在宁德市蕉城区梅鹤村，东岳宫中康元帅像则是直接由外地东岳庙"背来"，村中林星星女士介绍说：

　　　　元末，梅鹤村一先祖林公到外地做生意，见当地东岳庙中康元帅非常灵验，便行了三拜九叩大礼，请示康元帅愿不愿意到梅鹤村。林公四次问杯，得三善一阳，获得了康元帅的同意，背起神像便走。乡人发现神像丢失，在后面追赶，林公蹚过一条河后，河水突然暴涨，乡人无法过河，只好眼睁睁看着林公远去。林公回到梅鹤村后，先将神像供奉在祠堂中，继而号召信众筹资立庙，即今梅鹤村东岳宫。

确定某地为新庙地址，往往也伴随着神迹。如尤溪县竹峰村清岩泰山祖殿，将香炉移到此处后无法移动，便在此立庙：

> 清岩泰山祖殿又名"清岩宫"，主祀泰山康公尊王。宋淳祐二年（1242），因为康公常显灵异，由此便有信众在演溪水尾康公化身坪岩上修建一座四柱之阁，立一小香炉，以作为奉祀康公之所。宋咸淳五年（1269），有樵子、牧童将小香炉迎至水尾隔面"两牛斗力"处后，便无法搬动，信众们认为这是康公自选之地，因而商议在此修建宫宇，并装塑康公尊王宝像。

3. 官方分香建庙。除从福建泰山庙分香外，官方也到泰山或其他地区分香，而此类分香则十分顺利。如闽侯县青岐村岐山泰山祖殿是直接到泰山岱庙请香，闽侯县马坑村泰山府则由江西龙虎山分香：

> 马坑玉封泰山府玉堂境主泰山公系商朝大元帅黄飞虎。黄元帅鼎助文王创建周朝后，由姜子牙背封神榜，玉封南天门泰山，从其后，泰山公常住江西龙虎山。事由在明朝永乐帝年间，吾祖先林道得中状元，皇封西岐、广东两省御史按察司，回乡为林母陈氏造墓，路过江西龙虎山，闻见泰山公名扬中土，护佑百姓，将其带回我乡建造大庙供奉香火保尔子孙。

参与建庙的人群来源广泛，古代主要是僧道和官方部门。当代除了少数重点文物保护单位由政府组织维护外，大多是民间募资，如"信士""居士""善士""乡士""有缘人"等等。由于在福建"三"与"生"谐音，很多人捐款时往往也取"三"数，如30元、300元、330元。庙宇的名称通常是泰山庙、泰山堂、

图4-4 安溪县凤山东岳寺

泰山殿、泰山宫、泰山府、东岳庙、东岳宫、东岳泰山府、东岳大帝庙、岳庙等等。管理者除少部分为正式宗教人员外，大部分为民间人士自主管理，如村委会、老人会等。

另外，也有根据地名命名，如闽侯县茂峰寺、罗源县七境堂，莆田市秀屿区正顺庙则因"山正水顺"而得名。有的因僧人入住而被改成佛化名称，如福州市长乐区云顶寺、文京寺。有的则取吉祥名字，如古田县攀龙堂、尤溪县福寿宫。像永泰县凤羽宫、兴云堂，名字的来历当地村民也不知其所以然，仍习惯性地称之为泰山庙。

子庙常举行"刈香"仪式，即往香火来源地之母庙上香，这一"朝圣"活动也是让"分身"返回"家"中与"金身"相合，让神灵加强灵力。子庙之间往往也有良好的关系，常一同前往香火来源地相会，称为"会香"，也允许其他庙宇参与，以壮声势。莆田市江口镇东岳观是港澳台许多庙宇的祖庙，经政府批准，2019年10月21日至23日，大陆与港澳台的各宫庙来此举行"谒祖会香·同祝国庆"大会香仪式，除泰山信仰体系外，参与的神灵还有地母至尊、瑶池金母、玄天上帝、二郎神杨戬、闽王、广泽尊王、九仙真君、城隍、临水夫人、妈祖、济公、关羽等，声势浩大。

本地神灵可以外出游山玩水，拜访其他神灵，称为"游境"，神灵入庙参访道友，称作"参香"。仪式结束后，人们将神灵抬回他自己的地界，依次经

图4-5　莆田市涵江区江口镇东岳观的"谒祖会香·同祝国庆"大会香仪式

过自己"辖地"，也意味着进行了一次"勘界"。与此同时，子庙也继续分香，成为新庙的祖庙，逐渐形成了一个个地区网络。如闽侯县南屿镇福垆寺每年都要抬神像回到福田泰山祖殿，从而产生了一项民间文化活动"南屿迎泰山"，即每年农历三月十六日，福垆寺神像同周边村落的地方神灵汇聚在福田泰山祖殿，烧香朝拜，祈求消灾解厄、国泰民安、赐福降吉祥。

当然，分香并不一定建庙，也可请到家中供奉，这在宗教氛围浓厚的福建随处可见。还有一类特殊的分香——疍民船。以前乌龙江沿岸所有疍民归闽侯县原闽江乡管理，在广建堤坝前，各水系互通，疍民船可直达闽侯县南通镇洲头村瀛洲泰山祖殿前，疍民们便分得瀛洲泰山祖殿温康二都统香火供奉在船上。如十二月《讨鱼歌》中唱道：

> 二月一来春草青，小埕驶上迎泰山。
> 有的亲戚朋友到，行头搬起成堆山。
> 五月一来五同同，围缯驶转爬龙船。
> 洋岐初三就有戏，林家全爬泰山船。①

歌中"林家"为林氏疍民，民国时期推行保甲制，林氏分成了"上甲林""下甲林"。新中国政府号召疍民在陆地生活，疍民便将供奉的香火请上岸，建起了一座座新的"瀛洲泰山府"，共同奉洲头村瀛洲泰山祖殿为祖庙。直到现在，福州市仓山区洲尾村、闽侯县江中村疍民后裔的龙舟仍沿袭着传承多代

---

① 李联明等主编：《中国民间歌曲集成·福建卷》上册，《中国民间歌曲集成·福建卷》编委会1982年印，第271页。

的习俗——请香炉。每年农历五月初一，龙舟划到南通镇，众人上岸，从码头前往庙里的路上，令旗开道，锣、香炉、头段两把桨依次随行。到达瀛洲泰山祖殿后，将香炉放在神案上，然后上香行礼。每年此时节，庙里都有许多信众来请香火袋和平安牌，开过光后带回家，于是，带去请香的香炉中便插满了信众上的香，这对龙舟是大吉之兆。请香后，香炉便乘龙舟返回各村的泰山府。接下来每天竞渡时，这只香炉都会被从府中请到龙舟上，护佑龙舟平安得胜。其他散居各地的疍民为了延续信仰、维系情谊，便将一条龙舟寄存在瀛洲泰山祖殿，每年农历五月

图4-6　上甲林"瀛洲泰山府"船桨

初一时，大家从各地划渔船回到南通镇码头，上岸步行至瀛洲泰山祖殿，众人抬龙舟下水，用江水煮菜，在龙舟上办龙舟饭，之后抬龙舟上岸请回祖殿，各自划渔船散去。

　　某种信仰的扎根及弘扬，必须经过当地反复举行的崇祀活动、济助信众或积累新神话，以分香的形式吸收一代又一代新信众对信仰的向心力。这份向心力以原乡血缘关系或地缘关系在当地聚族、联宗、强调乡亲情谊、声张血脉连枝，成为同盟者互相亲近与克尽义务的理由，以神灵之力见证盟约、凝聚信心，以联合力量维护大家水陆平安，又使得信仰成了世俗社会的必要。

　　（三）神像

　　庙宇建成后，接下来的主要事务是画、塑神像，开光供奉。我国传统宗教艺术体现了中国人独有的审美观，除了表达对神灵的崇敬外，更多表达的是对生命的体悟，呈现出的是超越现实的意境和东方的神韵。

　　但在缺少大师级艺术家的民间庙宇，神像往往流于俗套：在帝王庙里，无论玉皇大帝、东岳大帝还是汉闽越王，一样的身着龙袍、头戴冠冕；在女神庙里，无论后土娘娘、碧霞元君还是妈祖，一样的凤冠霞帔、丰面慈颜；在文官庙里，无论诸葛亮、文天祥还是海瑞，一样的三缕长髯、手持玉笏；在武将庙

里，无论张飞、尉迟敬德还是钟馗，一样的黑面虬髯、手持武器。

这种现象造成的后果是千神一面，甚至曾酿成悲剧，纪晓岚在《阅微草堂笔记·滦阳续录三·书痴》中记载，清军进攻时，他的两位曾伯祖忙于和邻居争论画的门神是尉迟敬德、秦琼还是神荼、郁垒，忘记了逃跑，惨遭屠戮。

图4-7　连江县连登村的神像工厂

福建有俗语"一字二画三土四木"，即写字的牌位最优，画像次之，泥塑像再次之，木雕像则居于末流，或将三土四木合并称为"一字二画三金身"。究其原因，文字表达一目了然，最能明确神灵身份、尽到崇拜者心意，画像图文并茂，表达力尚可，而塑像不可能多么准确完美，远不如文字直接明了。此外，塑像颇费资财，写牌位则经济方便，在民间使用更广，如贫户要供奉黑白无常，常选一高一矮两块木头，红纸上写"七爷""八爷"，分别贴于其上。有鉴于此，庙宇即使塑像也多配有横幅、牌位、匾额等以说明神灵身份。

神像的数量，须依次数"生旺死绝"，循环往复，对应在"生""旺"上则为吉，如1尊、5尊、13尊对应"生"，2尊、6尊、14尊对应"旺"，神像便选择这些数量。

图4-8　诏安县南诏镇东岳庙的东岳大帝牌位

　　神像不能直接供奉，要先举行开光仪式。开光是指通过特定的仪式，使神像"通真达灵"，能够代表神（或作为神的分身）接受祭祀和膜拜。开光主要有请香火、安腹、开眼三部分：

　　请香火即把旧香炉的香火接到新香炉中，象征着灵力的传播；

　　神像在进入开光仪式之前，是用红布覆盖着的。打开红布"安腹"，即把装有红色粉末、谷物等的囊袋放到神像"腹部"，红色粉末代表血液，是生命的象征，而谷物则象征着五脏六腑；

　　安腹后的神像可以进入开光仪式中最重要的程序——开眼。开眼前需要用"甘露水"拂去神像上的尘埃，甘露水实际上是露水，被认为至洁至净。然后才是开眼仪式，需要用到镜子和毛笔。毛笔蘸了白鸡的鸡冠血和朱砂，传说雄鸡报晓，能每天清晨吸收旭日精华，且白鸡养三年便有神通，因此法事中常有用到，闽南忌白而用黑鸡。主持人持笔分别在神像的眼、耳、鼻、口、四肢等部位象征性地比画，拿着镜子为神像映照，并不断念诵着咒语，同时一起高呼"好啊"。咒语较长，且各地各有不同，故只录常见咒语中最为关键的一段：

白色金鸡最有灵，五更三点报天明。借出朱冠红一点，点开神眼显威灵。

神笔洋洋，万古流芳。蒙恬所创，功存千秋。

神墨洋洋，万古流芳。松君较识，普扫不祥。

神经洋洋，万古流芳。洞明朗照，通真达灵。

开顶上光，顶上祥放玉毫光。

（1）红布覆盖的神像

（3）毛笔蘸鸡冠血

（2）上表

（4）开眼

图4-9　连江县飞红村泰山府的开光仪式

开左（右）眼光化太阳（阴），吉，两眼毫光千里眼。

开左（右）耳光化太阳（阴），吉，耳听人间祝瓒音。

开左（右）鼻光，鼻闻炉内七宝香。

开口中光，善言善语口中说。

开左（右）手光化太阳（阴），吉，开左（右）脚光化太阳（阴），吉，脚踏祥云游四方。

开身前光身后光，身中三百六十五骨节光，五脏六腑光，八万四千毛孔放毫光。

一笔点开龙凤眼，神灵显应亿万年。

开光事毕！

神像是信仰中最具体、最直接的表现。人们既感念神灵的保佑，哪怕是想象中的，亦感念这些引导他们活着的理由与信念。这种感念，有的化成了偶像，有的凝结成文字，有的成了行为记录，融入了最为淳朴的民间信仰秩序。

第二节　毁灭与重生

百年来，在社会环境和国家力量的引导下，各界开始了文化的现代性建构。理性科学的迅速普及、权利意识的强烈声张、文化主体意识的增强、开放性的日益明显，对传统信仰造成了巨大冲击，作为信仰实体的庙宇更是首当其冲。传统文化现代性建构的百年历程表明，现代性文化是传统与现代的矛盾统一，是传统与现代因素在一个文化体相互激荡、相互交织、相互吸收、共同形塑的文化样式。

（一）毁灭

庙宇建筑是人们智慧的结晶和实践活动的产物，承载着十分丰富的历史、艺术、科学方面的信息，是信仰生活的见证，是宝贵的物质文化遗产。但庙宇也不是永固的，自然的侵蚀、人为的破坏都是庙宇的天敌。就笔者调查来看，明确记载遭受过的破坏大致分四类：（1）自然营力；（2）人为破坏；（3）被征用占用；（4）城镇化建设中被拆毁。

1. 自然营力。自然营力是不可避免的破坏因素，加之福建典型的亚热带湿润季风气候，温度较高，雨水充沛，也给古建筑尤其是木质建筑的保存带来了很大的难度。大田县广前村东岳庙，是三明市文物古迹名录在册的重点庙宇。2019年1月，笔者到此调查时发现仅存破败的山门。据村民王宗移介绍，仅剩的一堵墙已于2018年夏天倒塌，"再晚来连这个庙门也没了"，但至今仍有人在门前上香，甚至有沙县、漳平县的信众赶远路来此摆供桌祭拜。

相比长期而缓慢的自然侵袭，灾害的破坏则简单直接。笔者在2016年9月调查时发现，闽清县省璜

图4-10　大田县广前村东岳庙的山门

图4-11　在台风"莫兰蒂"中倒塌半壁的闽清县省璜村东岳泰山府

村东岳泰山府在台风"莫兰蒂"中倒塌半壁，现场正在重建。

2. 人为破坏。特殊年代的人为破坏，是泰山庙及所有宗教建筑遭遇的最大灾难，各庙也纷纷记载着桩桩件件不堪回首的过往：

泉州市丰泽区东岳行宫："1926年北伐战争开始，各地反封建思潮澎湃。1929年农历十一月二十八日上午，两队学生从中山公园集合出发，浩浩荡荡地开往东岳庙。他们或拿木棍、锄头，或带绳子，一到东岳即行打砸。"

闽侯县甘蔗镇五显泰山庙："不图1944年，日寇侵略中华，到处烧杀，庙宇又遭火劫，巍峨庙貌化为焦土，众咸痛焉。"

莆田市涵江区东蔡村东岳观："原江口东岳观，观内大批文物遭难，本村贤达吴富本夜赴江口，将部分珍贵文物移至顺中堂，1984年兴建东蔡东岳观。"

上杭县马鞍山泰山圣母庙："马鞍山庙被城南农村拆去，架造集仓库，并以山村拆盖山厂等，现毁无踪，地盆长成茅草，杂木成林。己未后至1966年大破无踪。"

平潭区东光村东岳泰山府："寺院拆为平地，唯留空大门和安装在门楣上的一块双龙抱珠玉东岱岳宗青石匾。"

图4-12　莆田市涵江区东蔡村东岳观的元代五岳大帝牌位、明代东岳大帝像

此种现象非常普遍，难以尽数。

3. 征用占用。在一定时期，庙宇往往被征用为机关办公点、学校或公社，对寺内文物也是灭顶之灾，但从另一个角度来看，这种实用主义倾向在一定程度上使建筑相对安然地保存了下来：

南安市诗山镇东岳庙："民国期间一度被占为兵营。1958年，又被诗山粮站借用改建为副食品厂。"

闽侯县马坑村泰山府："原马坑泰山府，1956年因建铁路被征用，移建于郭朱湾，后又被部队征用。"

惠安县螺城镇东岳大帝庙："1952年城关粮站动用作仓库，并欲拆除神像，幸被仓管员郑赤狗请泥水工用土坯封存，东岳大帝和随行泥雕神尊方得到保护。"

4. 城镇化建设。在当前城镇化建设的大背景下，庙宇也失去了它的神秘，成为一堆堆瓦砾。加之另一个更直接的动因——土地，使得众多庙宇面临极具时代特点的难题。

福州市九案泰山府中的上河救生堂是拆迁中让人欣慰的范例。上河救生堂旧址位于南门兜外的洗马河南岸，存有清末徐中军、逢都督、金仙童等十位法将的壁画。2007年底，福州市政府建设仁德路，在白马南路的白马河边重辟一块地址重建上河救生堂，并将壁画完整切割下来，按原位置重新镶嵌在新堂墙壁上。然而，并不是所有的庙宇都能如上河救生堂这般幸运，尤其是无"资质"的民间庙宇，往往直接被拆除。另外，庙宇中的许多文物也勾起了部分人的贪欲，不断驱动着盗贼在漆黑的夜晚鬼鬼祟祟出没其中，甚至传言"偷来的神像特别灵"，笔者在调查中就被多次当成踩点的"盗贼"。

但是，和建筑破坏、文物盗窃不同的是，城镇化进程中本地居民被打散、传统体系崩溃、信仰内容消失，对信仰生态更是釜底抽薪。这不是一个村、一个镇的问题，而是城镇化过程中的普遍性问题。庙宇因各种原因无法原拆原迁的，只好异地安置，开发商规划出一块地来"集中安置"拆迁村落的众多庙宇，形成一片庙群，被戏称为"菩萨的拆迁房"。村中老人们将像请到新庙时，叩头说着请求谅解的话，并嘱托后代"要记得那座是我们村的庙"。但实际上，庙宇远离住地，沿袭民俗活动多有不便，住上楼房的新一代更是缺乏热情，老记忆正日益模糊。此外，随着城镇化的加速，没有拆迁的村落也居民四散、日益荒废，甚至会影响到村民婚嫁，因为老观念中大村欺负小村、大姓欺负小姓，人丁不旺会被欺负，于是这些荒废村落便成为四邻八乡口中乡运不济的"败村"。每当笔者看到苍凉的老宅、老树、老井、老庙时，常想："这是谁记忆中的故乡？"

图4-13　古田县溪头村居民流失后的老东岳庙

传统社会的庙宇建造源于一定的社会组织，这种组织以神灵为象征物，并以此象征物开展节庆活动，促进特定区域的社会认同。城镇化过程中，规划者无视同城人的文化认同，忽略传统意义上的象征物建设，打碎原有的社会组织，将弱化乃至丧失民间信仰的精神根基，甚至造成文化安全危机。英国玄学派诗人约翰·多恩说："没有人是与世隔绝的孤岛，每个人都是大地的一部分。如果海流冲走一团泥土，大陆就失去了一块，如同失去一个海岬，如同朋友或自己失去家园。任何人的离去都让我受损，因为我与人类息息相关。因此，别去打听丧钟为谁而鸣，它为你而鸣。"①

（二）重生

为了维系信仰，信众们采取了各式各样的应对措施，或躲或埋，或另寻隐秘处供奉，如：平潭区东光村东岳泰山府"泰山公和闻太师金身埋在老鼠刺沙堆里，到台湾彰化县避难八年"、永泰县岭路乡岭路泰山府"在岭路林家后山建立小庙暂时安置香火"。福州市九案泰山府现存最早的一对黑白无常像，至今已有一百九十多年历史，称为周七爷、谢八爷，任职九案泰山驾前二班按察司兼理血池主事。"文革"中，两尊神像被装在棺材中做成假墓，墓碑上刻"周某某、谢某某"，宗教政策恢复后才挖出。

20世纪80年代以来，许多庙宇得到了修缮和重建，宫殿式建筑成为村落区

①　朱黎航：《生命与信仰的叩问——评约翰·多恩的〈丧钟为谁而鸣：生死边缘的沉思录〉》，载《外国文学研究》2011年8月25日，第169页。

别于民居的一道景观。有"能力"的庙宇获得了地方政府的审批、登记、管理，被称为"宗教场所"，没有"能力"的则被称为"民间场所"，民间信仰在转型期的境遇和演变深深地烙上了时代的印记。庙宇的建设大致分为四类：（1）原址恢复，多为被征用的庙宇，其主体建筑基本得到了保留；（2）重建，多为在文化浩劫或自然灾害中被彻底破坏的庙宇；（3）早已不存，因发现遗迹而重建；（4）完全新建的。

1. 原址恢复。以福州东岳祖庙为代表，1946年林森师范学校进入东岳庙办学，1954年8月福州市第十中学由福州南门学院前5号迁至东岳庙办学，其他建筑都被工厂、粮站、供销社、居民所占用，多座重要建筑被拆毁，血池被填埋，珍贵文物散失。"文革"期间，信众将东岳庙注寿司神像埋在太平山洋中亭。"文革"后，信众在残存殿堂上恢复了东岳庙，此次复庙将祖庙分为了三座：东岳庙、东岳祖殿和东岳血池殿，面积却已不及原二十分之一。

2. 重建。以九案泰山府洋柄同心堂、连江县玉荷东路东岳泰山府为例，洋柄同心堂靠近闽江北岸，水灾频繁，俗称"十八洋路"，屡毁屡建，经历了"文革"的拆毁后，村民筹资于1995年复建，次年在城市建设中再次被拆毁，2009年，曾森霖先生出资，与郑永华等村民勠力重建，现为台江区非物质文化遗产单位、对台文化交流服务中心定点单位；连江县玉荷东路东岳泰山府经历过倭寇的破坏、学校的占用，仅存南宋石鼓、明代石印、清代石碑与奈何桥石，民国庙祝之子吴本针老先生将石印藏在家中砖瓦里五十余年，2002年交给了重建泰山府理事会，四年后，吴老先生去世，享年九十三岁。刘金榕先生四处奔走呼吁、筹资募款，付出了巨大的心血，在众乡贤的大力协助下，从2003年至2018年重建了泰山殿、演武厅与东岳大帝殿。

在修复与重建中，各庙尽可能地寻找残存的原

图4-14　漳州市芗城区岳口小学校门，原明正德年间东岳庙石坊

件，并在新建庙宇中充分利用。平潭区东光村东岳泰山府被破坏后，信众将残碑精心保存了下来，重建时将"东岱岳宗"青石碑镶嵌在殿顶作为匾额。清末，漳州市东岳庙改建为小学，后在附近择扯重建，原东岳庙明正德年间石坊则改作岳口小学校门，将历史与今天和谐地统一在了一起。

3. 原泰山庙早已荒废无人知晓，因施工时挖出残碑，记载此处原有泰山庙，便以此集资重建。如连江县飞红村，因发现清道光六年（1826）泰山府碑而重建泰山府，同样，连江县坑园镇泰山府也因发现清嘉庆二十四年（1819）泰山府碑而重建。乡村庙宇的碑文往往半文半白、词意不畅，而坑园镇泰山府碑记相对却文采出众，较为难得，故录全文如下：

东山巉崒，飞瀑流泉，泰山宫襟溪控海、气象尊严。神门一开，大坪并三屿缀连，立阙四望，祥云共白鹭齐飞。建宫详由无可考，但得宫中残碑半截，文章尚存，字迹未湮，载嘉庆乙卯年间，三乡绅重修殿宇、立庙东山，八闽信众，春秋宗荣，香火绵延，神歆其芳，雨我农桑，御灾捍患，威棱远儋，天地清和，吉祥止止。

斗换星移，岁次乙丑，乡贤鸠议尊其旧址而广大其规模、壮丽其仪制，恳亲会乡情雀跃、好义者辐辏麟集，四月仲吕择吉而作，甫兴工而众悦，未阅岁而告成，宏构聿新，殿宇焕然矣。

余尝闻天虽高而听甚下，天与人合一也，神虽渺而诚可通，神与凡应感也，故曰知人之生于天地间，渺若飘风一叶，微如沧海一粟，或当有所敬畏者。思之至、信之深，达和民事神之义，得诚至祀祭之福，况人心原具神灵，惺然不昧者，其昭和风甘雨之渗漉也，故仲尼慎祭而常若神在，有以参天地之化、系盛衰之关也。时维十月，序属应钟，云淡天高，金风和畅。巍巍者斯宫，峨峨者斯庙，棣棣威仪，煌煌以阅。乡人嘱余作文铭勒斯石，以记盛举、以聚族群，以期风教之衍曼也。

共和国六十年坑园邑人陈鸿毅撰

4. 完全新建的。除了原址重建外，本无泰山庙的地方，新建的泰山庙也一座座出现。新建庙宇传导的是一种一脉相承、热爱生命、向上向善的力量，在老庙新庙的传统文化的接续当中，能够找到一种心灵的归属感，同时找到一种

图4-15 尤溪县西华村新建的泰山宫

亲切温馨的家园感。

庙宇是供奉神灵之所，要留住神灵，必先留住庙宇。在物质世界的跄跄中，所幸总有一群人试图安顿一方精神的守望之地，总有一缕香火在顽强地坚持、重生。但需要注意的是，经历了破坏与重建后的庙宇，历经沧桑变迁，专业人士星散，常由一般庙祝及三姑六婆把持，缺乏专业指导和前人印证，只能放弃传承，沦为简单的求神许愿之地。另外，民间社会在应对城镇化的过程中，就民间信仰的保护和发展出现了信仰心理偏向、投机扭曲适应等问题，如挂靠佛协道协，申请成为对台宫观等，这些问题目前尚未得到合理、科学的引领，处于"莽撞"状态。

第三节 五岳大帝并祀

根据东汉经学家许慎的说法，所谓"岳"，是指"王者之所以巡狩所至"。因此，五岳也和九州、华夏等概念一样，成了中原王朝地理疆域的一种观念标

识。这一套完整的地德体系，合称
"镇海岳渎"，渎与海分别是大江大
海，镇和岳则是名山系统。天下有
名的九大山岳被分为两组，先按五
方挑选出岳，作为一等名山，余下
的则是镇，是二等名山，"五岳四
镇"，合起来九座山，又与九州相
对应。

图4-16 清流县杨坊村东岳庙的姜子牙封黄飞虎
壁画

不过，除泰山外其他四岳的具
体方位长期不能确定，以至于秦始
皇在统一天下后的五次巡游里，只
有在泰山封禅一次。五岳的具体位
置直到西汉才第一次确定：神爵元
年（前61），汉宣帝颁布诏书，以东
岳泰山、中岳嵩山、南岳天柱山、西岳华山和北岳恒山为五岳。隋唐时，将衡
山改称"南岳"。特别值得一提的是北岳，自汉唐始，一直以河北曲阳的恒山
为"北岳"，清顺治年间，将山西浑源的恒山改称"北岳"，而原先的北岳则
被改称"大茂山"，延续至今。

古人认为五岳乃群仙修真之都会，高道理命之灵室，其中各有尊神。具体
的五岳人格化，流传最广、最为人津津乐道的则是《封神演义·第九十九回·姜
子牙归国封神》中敕封的"五岳正神"：

　　　子牙命柏鉴引五岳正神上台听封。少时清福神引黄飞虎等齐至台下，
　　跪听读敕命。子牙曰："今奉太上元始敕命，尔黄飞虎遭暴主之惨恶，致
　　逃亡于他国。流离迁徙，方切骨肉之悲，奋志酬知，突遇渑池之劫。遂罹
　　于凶祸，情实可悲！崇黑虎有志济民，时逢劫运。闻聘等三人，金兰气重，
　　方期协力同心，忠义志坚，欲教股肱之愿，岂意阳运告终，赍志而没。尔
　　五人同一孤忠，功有深浅，特赐荣封，以是差等。乃敕封尔黄飞虎为五岳
　　之首，仍加敕一道，执掌幽冥地府一十八重地狱；凡一应生死转化人神仙
　　鬼，俱从东岳勘对，方许施行。特敕封尔为东岳泰山天齐仁圣大帝之职，

图4-17　晋江市埔边村南岳禅寺

总管人间吉凶祸福，尔其钦哉，毋渝厥典！"黄飞虎在台下，先叩首谢恩。子牙方读四敕曰："特敕封尔崇黑虎为南岳衡山司天昭圣大帝；敕封尔闻聘为中岳嵩山中天崇圣大帝；敕封尔崔英为北岳恒山安天玄圣大帝；敕封尔蒋雄为西岳华山金天顺圣大帝，尔其钦哉！"崇黑虎等俱叩首谢恩毕，同黄飞虎出坛而去。[①]

由于五岳成为中原王朝地理疆域的地标，又与古代帝王最高等级的封禅活动紧密相关，追求王朝正统性的朝代均会认真对待五岳的问题。五岳在地方政权的"异化"尤为明显，当一座城市被建造起来后，成了当地的行政中心，同时也被认为是帝国、宇宙的缩影，于是"官庙"就构成了城市规划的核心方面。特别是许多领土和势力范围有限的小政权，无论怎样设置首都，也不可能符合传统五岳的地理要求，只能在自家境内重新设置五岳。就福建来讲，无论是古闽越国还是某个城市，都选定了五个地点象征五岳，如后唐长兴四年（933），闽王王延钧以福建为"闽国"，设置"五岳"；明代天启七年（1627），泉州设东岳凤山、西岳龙山、南岳溜石山、北岳狮山、中岳云山为泉州五岳。[②]因此，除东岳庙外，调查中另发现数座西岳庙、南岳庙、北岳庙，却未发现中岳庙。

---

① 〔明〕许仲琳：《封神演义》，中华书局2009年版，第700页。

② 陈凯峰：《泉州城居文化释码——建筑文化学应用研究之二》，天津大学出版社2012年版，第188～189页。

泰山地处东方，各城市建东岳庙时，通常建在城东。传说黄飞虎阵亡于城东，故在城东立庙，其实在《封神演义》中，黄飞虎阵亡于渑池县，却未提及方位，此说应为民间流传中衍生。由于泰山"五岳独尊"的地位，其他四岳大帝少有单独立庙，多是在东岳庙并祀。调查中

图4-18　莆田市涵江区江口镇东岳观的民国政府主席林森所题"五岳独尊"匾额

发现，福建东岳庙中配祀其他四岳大帝的有9座：福州市长乐区大宏村泰山府、山边刘村湖山堂，泉州市丰泽区东岳前街东岳行宫，莆田市涵江区江口镇东岳观、东蔡村东岳观，福清市西坑村东岳泰山府，龙海市凤山岳庙，漳浦县绥东村东岳庙，仙游县金井村东岳庙。

泉州市东岳行宫开创于南宋，绍兴年间金紫光禄大夫张汝锡、泉州通判韩习倡建，著名学者韩元吉撰写《东岳庙碑》。中央大殿奉祀五岳大帝像，中尊东岳天齐仁圣大帝，左侧南岳司天昭圣大帝、北岳安天立圣大帝，右侧中岳中天崇圣大帝、西岳金天顺圣大帝。五岳大帝像均为泥塑雕座，每尊一丈多高，全部冕旒戴顶，帝王之相。

虽为五岳大帝并祀，但古代泉州官方仅在春秋两季举行"东岳泰山之祭"，祭文曰：

图4-19　泉州市丰泽区东岳前街东岳行宫的五岳大帝

　　圣朝御宇怀柔百神。维神灵应锡福全闽。位居东岱，惟岳之尊，德隆下土，泽配上穹。出云降雨，物阜时丰。康慈兆姓，食报宜宗。（春秋）仲享祀，万福攸同。灵其陟降，格此菲封。尚飨。[①]

　　福州市长乐区青桥村龙云古迹按照五方五行的理念，将泰山神分为五圣泰山，分别是：东华天帝李益、南极天帝元龙、西灵天帝张子明、北真天帝刘左慈和中央扶桑天帝王君平。根据民间流行的天、地、水三界之说，天界统治者为云府高真，如三清、玉皇大帝，地界统治者为岳渎真光，如泰山、黄河，下届水府主宰则为扶桑丹霖大帝。显然，龙云古迹是将水界主宰扶桑大帝混淆到地界主宰中了。

图4-20　福州市长乐区青桥村龙云古迹的五圣泰山

　　并祀现象不仅出现在五岳之间，扩建中的庙宇可以容纳更多神灵，出现了多神同祀的情况。以连江县贵安村圣堂宫为例，便是玄天上帝和东岳大帝并祀。

---

　　① 王铭铭：《刺桐城：滨海中国的地方与世界》，生活·读书·新知三联书店2017年版，第213页。

按圣堂宫张新和先生的介绍：

> 贵安主村境最初仅有圣堂宫一座，本来祭祀玄天上帝、玄坛真君、无敌尊王、金大爷、柳二爷和邻水夫人等神灵，还没有东岳大帝，后因闽都泰山庙真神队伍路经贵安境，看中贵安的山水美景，便有意显灵，表示要在这块圣地安营入坐。贵安村的乡绅为满足东岳大帝的美好夙愿，适应境内众多信士祈祀需求，决定增设泰山府神位，故组织发动境民，踊跃捐资献款，增建宫殿。将圣堂宫内的众神分局入座，即形成如今这样：圣堂宫、临水官、大王宫，"一境三宫"的局面。圣堂宫大门对联"贵地尊玄天佑民有赫　安澜仰仁圣惠我无疆"，说的就是玄天上帝和东岳仁圣大帝在宫中平起平坐、共享香火。

跟圣堂宫东岳大帝入座并祀相反，连江县蛤沙村东岳泰山府的东岳大帝原是在佛寺中旁祀，后村民捐款建庙，从佛寺中分离出来，形成了单独的泰山府。按蛤沙村东岳泰山府碑志记载：

图4-21　连江县贵安村圣堂宫

相传明末吉岁，是晚电闪雷鸣，天降甘霖通夜，飞来香炉一鼎，上覆草排半扇，侧依溪旁树杈。经高贤卜解，乃神灵显灵。故腾宝积寺东厅，塑神像寄其中，曰"泰山府"。从此，吴境便有神佛共处、荤素合供之特俗。

沧桑轮回，时序更迭。宝积寺始建于宋嘉祐二年（1057），已历千载，曾四度修葺，存续有幸，是以神佛之灵，前辈热心乡贤之奇功。

仓廪实而知礼节，世人愧于荤素合供之状，数议寺庙分建，供奉神佛于清净，已多年矣。适村内溪流铺设，溪旁开发一宗土地。于是乎，乡中有识之士，有共声焉。乃于乙未年（2015）初，推举理事成员，商议建府之策，全乡上下一心，德邻齐心协力。经始于乙未年初夏，择溪旁莲花宝地，辟崖固坡，扩址平基，立府耗资五百万，建筑规模丈成亩，至申猴年（2016）仲冬悬榜告竣，历二载春秋矣。

神灵之间的分分合合，显示了信仰的传承和变异，构建着村落的历史和现状。村落文化因传承而延续，因变异而重构。民间信仰以其相对稳定的文化特点，调适于社会生活的变迁，也成了观测村落传统传承变迁的测量器。神灵总

图4-22　连江县蛤沙村东岳泰山府

是作为人的对应而生成和存在着，神灵崇拜和村落往往构成镜像关系，神和人处于互动之中，反映村落群体的生活诉求，神灵的延续和变迁也反映着村落生活方式的延续和变迁。

第四节　两座碧霞元君庙

女神崇拜几乎是世界各民族都有的一种文化现象。清康熙五十一年（1712），康熙帝到北京西顶庙祭拜碧霞元君，言"乾大生，坤广生。则是生物之功，天始之而地更广之。盖坤者母道也。母道主慈，其于生物为尤近焉"①。也许正是这种人类对慈爱母性的依赖造就了对女神的崇拜心理。同时，人们惊叹于女性生殖的伟大，构建起了以生殖繁衍为核心的女神崇拜，正如英国人类学家马林诺夫斯基所说："原始宗教中的一大部分，是关于人类生活上重要危机的神圣化。受孕、出生、青春、结婚，以及刚才所提到的人生最大的危机——死亡，都引起了神圣化的宗教举动。"②

远在五千多年前，我国就已存在女神崇拜的现象。对于中国传统社会的女性而言，生命的价值和意义在于婚育，与此相关的各种宗教信仰和仪式无不寄托着女性的愿望。碧霞元君即典型的女性神，然而笔者在调查中发现，福建泰山庙众多，主祀碧霞元君的庙宇却仅找到2座——诏安县东沈村泰山妈庙、上杭县马鞍山泰山圣母庙。

诏安县东沈村泰山妈庙又称碧霞元君庙、双屏泰山庙、东沈泰山宫，始建于明崇祯八年（1635）。这座庙宇坐北朝南，背靠双屏山，面对钟鼓山。新国道自东向西从庙前经过，使得原本坐落东沈村一隅的泰山妈庙，交通徒然便捷了起来。

---

① 〔清〕于敏中主编，瞿宣颖、左笑鸿、于杰点校：《日下旧闻》第5册，北京出版社2018年版，第1640页。

② 〔英〕马凌诺斯基著，费孝通译：《文化论》，华夏出版社2002年版，第85页。

图4-23　诏安县东沈村泰山妈庙

在诏安县这个闽粤交界、热衷于神灵崇拜的地方，甚至连闽南地区普遍信奉的广泽尊王和广东潮汕信众极多的宋大峰祖师等信仰都分别止步于东山县和饶平县，未能进入诏安。而碧霞元君作为北方的女神，能在南国一隅拥有一座庙，这源自明代诏安县人氏沈起津的一段经历。

据《诏安县志》载："邑人沈起津有岱宗役宿殿，神授以梦，愿分祀于闽之南诏，乃请殿中小铜像以归。明崇祯八年建庙兹地，旧有沈起津碑记。"①据泰山妈庙内的《泰山娘娘碑记》记载，碧霞元君是山东人氏，姓施名碧霞，抚育明万历皇帝有功，被敕封为"泰山娘娘"，立庙赐匾"碧霞元君"。明天启年间，沈起津赴京参加科举，途径泰山许愿，愿望达成后回乡立庙祭祀：

　　泰山娘娘，原山东人氏，姓施名碧霞。明皇隆庆帝驾崩，命宰辅张居正抱幼主万历三岁登基，太后垂帘听政。帝日夜啼哭，朝廷挂榜招贤，抚育幼主。娘娘揭皇榜入朝，年仅一十八岁，性情柔和，尽心抚育，中年时

----

① 《风韵诏安》编委会：《风韵诏安》，海峡文艺出版社2009年版，第171页。

病故。万历帝感怀其功，厚葬于泰山，敕封泰山娘娘，建立庙宇"碧霞元君"。天启帝乙酉年，沈起津往京赴试，路经泰山时，突然身患疾病，到庙宇祈求泰山娘娘，许愿有三件：第一，早日康复；第二，赶赴科期中榜；第三，重修泰山宫，并请泰山娘娘到家乡建立庙宇，雕塑圣像，虔诚奉拜。娘娘英灵庇佑，沈起津得中进士回归后，选得宝地，背靠双屏山，面对钟鼓山，建置泰山宫。

明亡后，沈起津激于民族义愤，试图反清复明，并加入天地会，参与组建香花僧宗派，后"退居山林以老"。沈起津也是一位很影响力的书画家，人称"书画入神品"，名录《中国美术家人名辞典》，其书法题刻《双屏泰山庙记》碑被誉为"碑林瑰宝"。

图4-24　泰山妈庙中的碧霞元君

上杭县马鞍山泰山圣母庙，原是供奉神农的"先农庙"。根据庙中碑志和民间"经书"《马鞍山根源忏》的记载，清道光十八年（1838），上杭县嫩洋村罗氏祖先在马鞍山建先农庙，供奉神农，称"五谷真仙"，后先农庙荒废。光绪八年（1882），上杭县城西人士廖南山重建此庙，将主神改为碧霞元君，供奉

图4-25　上杭县马鞍山泰山圣母庙

碧霞元君三姐妹碧霞、云霄、琼宵及其结拜的财神福祖四姐妹共七位女神。

　　1958年，由于社会环境的变化，嫩洋村少数信士将神像扛回村里，藏在一座荒舍中，庙则被城南农村占用做仓库。1966年，庙被彻底拆毁，神像也被迫火化。1990年农历四月十一日，嫩洋村村民罗樟喜到马鞍山扒草寻踪找到庙址并立即倡议重建，同年正堂建成，农历十一月二十七日安奉碧霞元君、送子娘娘、眼光娘娘和观音菩萨像。

　　2018年，上杭县有女巫自称观音菩萨托梦，新增四尊女神像称七姊仙娘。且增像时间选在四月十八日碧霞元君诞辰，并举行了一系列仪式，将庙称为"七姊仙娘庙"。

　　此举遭到了上杭县碧霞元君信众的强烈反对。老年信士吴天雄崇祀碧霞元君，曾至泰山碧霞祠参拜，并搜集了许多碧霞元君信仰的资料。在此次事件中，吴老先生购买了打印机打印告示四处呼吁，并同庙祝罗樟喜、信士丁荫波等与各方商谈。最后的结果是，庙名定为"泰山圣母庙"，"泰山圣母"牌位保留，并张贴了赞颂碧霞元君的对联，但新塑的四尊女神像也要保留，在庙中共享香火。由于庙中原就奉祀碧霞元君三姐妹、财神福祖四姐妹共七位女神，所以七尊女神像的情况也可以被碧霞元君信众接受。

图4-26 泰山圣母庙中的碧霞元君、送子娘娘、眼光娘娘和观音菩萨

图4-27 新增四尊女神像后的"七姊仙娘"

从上杭县马鞍山泰山圣母庙的主神变化可以看出，民间信仰是一种动态的结构体，随着社会文化的整体活动，也会不断地重新整合和变迁，显示了民间信仰的松散性、随意性。但它却在广大民众中有极强的生命力，任凭朝代更迭、风云变幻，它对基层民众的影响从来不曾消亡过，它持续地影响着人们的人生观、价值观乃至生活的方方面面，从而对我们这个社会起着重要的作用。

附：为何碧霞元君信仰在福建未传开

女性神灵不仅是民间信仰谱系中的重要组成部分，而且还随着历史的发展日渐增多，以致接受中国民众虔诚祭拜的女神数不胜数，各有各的奇妙之处。"泰"字在《易经·泰卦》中表示"天地交而万物生"之意，因而碧霞元君被视为滋生万物、主管生育的神灵，能福佑众生，特别是保护妇女儿童。

在北方，碧霞元君信仰非常旺盛。以北京为例，更习惯将碧霞元君称作泰山娘娘，妙峰山娘娘庙更是京津冀地区的民间信仰中心，1925年，顾颉刚等人在妙峰山考察庙会民俗活动，开启了我国民俗学有组织的田野调查之先河。北京电视台《这里是北京》栏目中《北京寻五顶之置顶的主题》讲道"北京的娘娘庙最多时达288座"，代表性的有东、南、西、北、中五顶（因泰山娘娘道场在泰山玉皇顶，所以北京的娘娘庙也叫顶），北京的南顶村、西顶路等地名便因此而来。2014年北京电视台元宵晚会的相声《对春联》中有一联"逛天坛游

图4-28　在北顶娘娘庙中望鸟巢

地坛出月坛进日坛　拜东顶去西顶出南顶奔北顶"，其中鼎鼎大名的当属北顶娘娘庙。北顶娘娘庙位于北京中轴线北延长线，北临水立方、东临鸟巢，奥运场馆建设规划中本在拆除之列，后为了保护这一重要文物，原本设计与鸟巢对应的水立方北移100米。

此举受到了广泛赞誉，但按原计划拆除北顶娘娘庙时的一个意外事件却让这一举动蒙上了神秘色彩。据主持人张绍刚的节目《大话奥运第五期——奥运与风水有关，你信吗？》报道：2004年8月27日下午3点，拆除北顶娘娘庙时，几个工人刚刚拆掉两扇庙门，鸟巢附近就刮来了一阵怪异的大风，旋转的黑色风柱席卷了整个水立方工地，旋风卷着尘沙将工地围栏的铁皮卷起十几米高，把刚刚建好可抗7级风力的临时建筑物几乎全部摧毁，整个建设工地夷为平地，44名工人受伤，2人死亡（后奇迹般复活）。从现场的录像中可以看到，黑色风柱将工地的铁皮围像纸片一样卷到高空，几十米高的不锈钢旗杆折断，一幢办公楼也被刮得整体倾斜。专家称该风不是龙卷风而是"尘卷风"，但北京此前并无"尘卷风"的记录，一时间议论纷起。

虽然这种被好事者称为"神迹"的自然现象只是巧合，但碧霞元君的神迹故事却在北方民间广为传唱，如碧霞元君总管天下狐仙，在《子不语》中有多篇记录：

图4-29　《奥运特刊》书照"娘娘庙：水立方，因我也要退避100米"

　　绍兴陈圣涛与一狐女成夫妇。每月朔，妇告假七日，云："往泰山娘娘处听差。"（《陈圣涛遇狐》）[1]

　　有狐生员向赵大将军之子曰："群狐蒙泰山娘娘考试，每岁一次，取其

―――――――――――

① 〔清〕袁枚：《白话全本子不语》，上海古籍出版社1995年版，第88页。

文理精通者为生员，劣者为野狐。生员可以修仙，野狐不许修仙。"（《狐生员劝人修仙》）①

云有妖狐阴惑民女，一日来向女泣曰："我与卿缘尽矣，昨泰山娘娘知我蛊惑妇人，罚砌进香御路，永不许出境。"（《斧断狐尾》）②

此类记载在清代其他著述中也很常见：

雍山洞内那个狐姬，他修炼了一千多年，也尽成了气候，泰山元君部下，他也第四五个有名的了。（西周生《醒世姻缘传·第三回·老学究两番托梦大官人一意投亲》）

仆乃瀍水狐也，托姓袁，名复，奉泰山娘娘命，调征黄河水母而还。（管世灏《影谈·卷四·洛神》）

图4-30　北京丫髻山娘娘庙的胡（狐）仙女

（狐女）又启曰："今隶碧霞元君为女官，当往泰山，请共往。"（纪晓岚《阅微草堂笔记·姑妄听之三·狐女供养公婆》）

大约在1997年，笔者小时候在山东农村的家中，有走街串巷的盲艺人来村里说书，夜晚街上纳凉的乡亲渐渐聚集，在人较少的时候，盲艺人无法讲长篇，但为了不冷落先到的乡亲，便先讲几个小段暖场。有个讲泰山老奶奶评断人间恩怨是非的《白狗段》，虽然画面历历在目、说唱音犹在耳，但时隔二十余年，只记得大概：

①〔清〕袁枚：《白话全本子不语》，上海古籍出版社1995年版，第12页。

②〔清〕袁枚：《白话全本子不语》，上海古籍出版社1995年版，第106页。

考场某书生答卷，注定当状元，这时一只白狗阴魂不散，弄翻砚台、脏了答卷，书生仰天长叹："是谁弄脏了我的卷品啊！"

老奶奶："哗楞楞把那白狗来锁！"

白狗哭诉："上辈子借了他家三吊钱，本想着做生意赚了把钱还，谁知道做生意赔了本，三吊钱利滚利……"

这辈子变狗看门来还债："又怕前门失了火，又怕后门进了贼，又怕……又怕孩子湾里灌，前后看门整十年，三吊钱连本带利全还完。"

控诉主人家的不仁不义："嫌我年老干不了活，还把我杀了解解馋。"

老奶奶判：送白狗投胎转世，该书生下辈子再当状元。

全文用山东方言说唱，对仗押韵，朗朗上口，很遗憾当时没有录音录像的条件和意识，也不知这纯朴原始的职业、浓郁香醇的老段，可还在哪个乡间传承？

然而，在福建民间信仰中，女神数量之多、地位之高实属罕见，《洞灵续志·卷四·奶娘之祀》记载："闽中多祀奶娘，谓能保婴，亦恒著灵验。有梅柳奶、汤边奶、欧奶、虎婆奶、蓝田奶诸庙，而龙山境所祀者为龙山奶。"[①] 此外还有太姥、螺女、紫姑、梅妃、后浦奶、鸡婆奶、石婆奶、水仙姑、马仙姑、廖益姑、鄞天妃、七姑子、蝉娘娘、孚应女神、顺应夫人、惠利夫人、百花公主、玉花公主、白鹤娘娘、南海娘娘、七星娘妈、尚干义姑、麒麟仙妈、吴圣天妃、钱刘李三皇元君、屏山一百零八仙姑等等，甚至以是否裹脚而设女神"缠脚奶"

图4-31　泰山上的"压枝（子）"习俗

---

① 郭则沄著，栾保群点校：《洞灵小志·续志·补志》，东方出版社2010年版，第260页。

图4-32　长汀县南屏山东岳行宫的花公花婆

林婉黛、"平脚奶"刘芳，拉拉杂杂，难以尽数。

民众上泰山进香求子时，常将小石子系上红绳抛在树枝上，称为"拴枝（子）"，或将石头压在树枝上，称为"压枝（子）"。

在福建，姻缘和子嗣同样也与树有关，但这棵树是妇女自身的花树，由花公花婆管理，花公是晋代诗人陶渊明，花婆是春秋战国时期楚国息侯夫人（也被称为"桃花夫人"），两人升天后受玉帝敕封为神，分别掌管赐男赐女之职。花公花婆每天细心呵护着花树，树上的每朵花苞都代表一个未出生的小孩，红花苞代表女孩，白花苞代表男孩。《屏南县志》记载民间有"问花"仪式，旧时老妇人欲知新娶媳妇能添养几胎男女，即请仙娘（女巫）问花，仙娘闭眼口中念念有词，说"花树上有几朵白花（生男）几朵红花（生女），或无花（无子）"，若全是红花或无花，则是新媳妇受虐待的开始。[1]在闽西，老人过世时，未成年的亲属不能送殡，而是"折纸花"代替，女童折红花，男童折白花，由亲属用托盘端着同去。

在泰山碧霞祠，庙祝在神座前摆放着许多金色泥娃娃，供人抱取，如果求生男孩就抡一个金男娃，求生女孩就抡一个金女娃，自己再塑一个娃娃放到原处。和到泰山求子"请娃娃"类似，福建求子时要"请花"回家，在神像脚下求一朵花（纸扎的）带回家，如果生子，要新做一朵去"谢花"。卢公明记载：

在未知世界中每个妇女都有一棵花树作代表，这棵树上有没有花，有几

---

[1]　屏南县地方志编撰委员会：《屏南县志》，方志出版社1999年版，第752页。

朵花，什么颜色的花，就指示
该妇女能不能生孩子，能生几
男几女，红花代表女孩，白花
代表男孩。如果树上的花朵有
红又有白，她将又有男孩又有
女孩。如果一棵树不开花，那
就表示这可怜的妇女将没有任
何孩子。但就像在这个世界
上，人们可以在一棵树上嫁接
另一棵树的枝条，从而收获到
期望中的果子一样，中国人想
出了这种便利的方法，通过领
养这种奇妙的嫁接手段，让本
来不开花的树上也能开花。

图4-33　平潭区屿头岛东金村泰山宫的送花婆奶

　　如果一个妇女婚后对自
己的生育前景非常担忧，就会去请一个巫婆，到彼岸世界看代表自己的那
棵花树是什么情况：长得茂盛吗？是否有毛病？有些什么花？将来是红花
先开还是白花先开？许多聪明也很有身份的女性也相信这个，心甘情愿地
为这些信息付报酬。

　　请了花一回到家中就戴到头上，或插在家中娘奶神龛前的花瓶里。请
花回家不用日常上供，如果应验了，在孩子出生后，就要到曾经请过花的
娘奶庙上供谢神。如果没有应验，那就不用谢。①

　　在福建，临水夫人陈靖姑是最典型的母亲神灵，其职责是救护妇女生产和
保婴护赤。孕妇生产时，要请陈靖姑香炉到产房中，寓意陈靖姑亲临：

　　　　三哥先去了镇上的庙里拜临水陈太后，从那里请回了一个燃着香火的

①　〔美〕卢公明著，陈泽平译：《中国人的社会生活》，福建人民出版社2009年版，第
58～59页。

香炉。回家的路上，三哥撑起雨伞保护香炉，因为据信陈太后的灵魂就住在其中。回到家中，他将香炉放在母亲的卧室，产婆已经在那里等候了。陈太后的香炉一到，新生儿就来到了人世并开始啼哭。[①]

出于对生育过程越来越清晰的认识，民众在生育过程的每个阶段都创造了专门的女神，女神的数量越来越多，分工越来越细，从而构建了一个庞大的生育神体系。碧霞元君属下有八姐妹，而陈靖姑属下竟细分至教笑婆奶（南安县武媚娘）、夹尿婆奶（光泽县刘娇娘）、拍仔婆奶（浦城县伍七娘）等"三十六婆"。如果孕妇想知道胎儿的性别，就将自己出生的年、月、日、时数相加，依次数三十六婆画像，婆奶多半会抱着一个小孩，最后数到的那一位手中的孩子性别和她腹中胎儿相同，如果该婆奶怀中没有孩子，可能是神灵不愿意事先透露信息，或者更糟，意味着难产甚至死胎。那些残疾、夭折的儿童，民间认为是非正神的野婆奶抱来的，称之为"野婆奶抱"。

图4-34　福清市友谊村文石泰山府的三十六婆壁画

---

① 林耀华著，庄孔韶、方静文译：《金翼——一个中国家族的史记》，生活书店出版有限公司2015年版，第21～22页。

在北方，碧霞元君属下有位“痘疹夫人”，在福建也有位“种痘夫人”，由陈靖姑的谊子白感生帮助管理痘田。另外，陈靖姑属下有位虎婆奶，是旗山的母老虎成神，也专治婴儿痘疹，徐天胎讲：“虎为猛兽，省内各地间有，以言幻成人形的传说，如福州之例，有一雌虎，初幻成人形时，性仍凶猛，为害民间甚剧，嗣为临水夫人所收伏，作为门徒，并成为保护婴孩的专‘神’，称虎婆奶。”[①]《闽都别记》中有这样一情节：

> 虎婆奶随将自己鬓发扯下数十条，纳入口中嚼碎，喷去，化作千万只小虎腾空而起。是时，人家挨门挨户之孩童俱出火痘毒，症烂真不堪，无不坐而待毙，此症不独一方，即外郡皆然。同日皆见有猫儿大之老虎子，舌向孩童身上舐舔，立刻痘毒尽消，皆成顺症。[②]

图4-35　北京白云观的痘疹夫人，福州市长乐区峰陈村泰山宫的虎婆奶

---

① 福建省政协文史资料委员会：《福建文史资料选编》第2册，福建人民出版社2001年版，第197页。

② 〔清〕里人何求：《闽都别记》上册，福建人民出版社1987年版，第431页。

还有男性治疗痘疹的神灵，如福州市麻王庙的麻王爷、南安市凤山寺的广泽尊王、连城县城隍庙的麻公痘公。1910年，六岁的林徽因出水痘，其父林长民来到福州朱紫坊福涧麻王庙为女儿祈福，林徽因病愈后的1911年农历五月，林长民敬献香炉谢神。在福涧麻王庙潘兴泰、郭陈辉先生的引领下，笔者看到，百余年后的今天，炉身所刻"辛亥蒲月林长民立"依然清晰可见。这段经历，林徽因曾在《一片阳光》中回忆生水痘的感受：

> 这里要说到我最初认识的一片阳光。那年我六岁，记得是刚刚出了水珠以后——水珠即寻常水痘，不过我家乡的话叫它做水珠。当时我很喜欢那美丽的名字，忘却它是一种病，因而也觉到一种神秘的骄傲。只要人过我窗口问出"水珠"么？我就感到一种荣耀。那个感觉至今还印在脑子里。[1]

图4-36　福州市鼓楼区朱紫坊福涧麻王庙中的林长民所献香炉

此外，女娲、观音菩萨、妈祖等也被赋予了母亲神灵的神职。在闽西，许多人的乳名里有"马"字，如马生、马养、马来生，因为当地传说妈祖的未婚夫姓马，"姓了马"会得到妈祖格外的关注和保护。也有男性送子护婴神，如吉祥哥、协惠将军、五花邓将军、送子高元帅、虎马二将军、送子仙张远霄、助产宫张天华等等，一身红袍似火的石榴花神钟馗，不只有石榴那"腹破方见肝胆红"的浩然之气，也因"石榴多籽（子）"而承担了保护婴儿的职责，甚至福建闾山派《夫人宫醮科》中有"东岳差来守宫（产宫）将帅"。还有一位更加出人意料——吕洞宾，冰心幼时体弱多病，便拜吕洞宾为谊父，希望靠其保佑平安成长：

---

[1]　林徽因：《你是那人间的四月天》，外文出版社2013年1月版，第43页。

　　我生下来多病。姑母很爱我的父母，因此也极爱我。据说她出了许多求神许愿的主意，比如说让我拜在吕洞宾名下，作为寄女，并在他神座前替我抽了一个名字，叫"珠瑛"，我们还买了一条牛，在吕祖庙放生——其实也就是为道士耕田！每年在我生日那一天，还请道士到家来念经，叫作"过关"。这"关"一直要过到我十六岁，都是在我老家福州过的，我只有在回福州那个时期才得"恭逢其盛"！一个或两个道士一早就来，在厅堂用八仙桌搭起祭坛，围上红缎"桌裙"，点蜡，烧香，念经，上供，一直闹到下午。然后立起一面纸糊的城门似的"关"，让我拉着我们这一大家的孩子，从"关门"里走过，道士口里就唱着"××关过啦""××关过啦"，我们哄笑着穿走了好几次，然后把这纸门烧了，道士也就领了酒饭钱，收拾起道具，回去了。吕祖庙在福州城内乌石山上——福州是山的城市，城内有三座山，乌石山，越王山（屏山），于山。一九三六年冬我到欧洲七山之城的罗马的时候，就想到福州！①

图4-37　福州市乌石山吕祖庙

---

　　①　冰心：《童年杂忆》，载《冰心文学作品精选》，人民日报出版社2006年版，第237～238页。

更夸张的是，在福建，碧霞元君连封号也被附会到了妈祖身上。

据周郢考证，最早妈祖被封为碧霞元君的记载，源自清康熙二十一年（1682），使臣汪楫出使琉球，途经杭州天妃宫，获《天妃经》一函，书中详载妈祖历代封号，称明崇祯十三年（1640）加封天妃"碧霞元君"，且记其神号全称为"天仙圣母青灵普化碧霞元君"，此说之后被纷纷采用。[①]徐晓望教授在《妈祖信仰史研究》中指出："分析汪楫叙述碧霞元君的史料，使人啼笑皆非，因为，他并没有掌握明末的官方文献，只是从杭州孩儿巷天妃宫得到了道士的记载，这类'史料'究竟是否可靠，实在要打个问号。"[②]确凿的史证当属张富春从明人文集中发现的史料——明代管绍宁《赐诚堂文集·卷五·加封水神疏》记载崇祯十七年（1644）八月南明加封妈祖神号事，称其神"原敕封护国庇民妙灵昭应宏仁普济天妃，今加封护国庇民妙灵昭应宏仁普济安定慈惠天妃"，足以说明崇祯十三年绝无加封妈祖为"碧霞元君"之事。[③]

另外，笔者查阅明代福建人王应山所著《闽都记》，发现其中记载"于山……碧霞洞天，万历间建，奉泰山顶上碧霞元君"[④]。足以证明至少在万历年间，碧霞元君信仰已经影响到了福建，福建人自己也已经立庙供奉"泰山碧霞元君"，可见崇祯年间封妈祖为碧霞元君确为后人附会无疑。

为了弥合女神之间封号混淆的现象，有学者和稀泥般地提出了"同一神灵不同化身"说，称碧霞元君和妈祖原本就是同一神灵的不同示现，可以共享尊号，如清代韩锡胙《元君记》中提道："观世音千百亿化身，在南为海神天后，封碧霞元君；在北为泰山玉女，亦封碧霞元君，皆一人也。顾艳玉女、天后二神之灵。而胥实以观世音。"[⑤]

现实中，两位女神各自分别占据南北方的巨大信仰空间，各自拥有巨大的宗教资源，原本不相干涉，特别是在两个女神信仰的各自传统势力范围内，对

---

① 周郢：《明崇祯朝敕封碧霞元君考辩》，载《世界宗教研究》2014年8月15日，第74～80页。

② 徐晓望：《妈祖信仰史研究》，海风出版社2007年版，第277页。

③ 张富春：《新发现的南明天妃封号》，载《莆田学院学报》2009年第6期，第76页。

④ 〔明〕王应山：《闽都记》，方志出版社2002年版，第19页。

⑤ 〔清〕金棨辑，陶莉、赵鹏点校，《泰山志》上册，山东人民出版社2019年版，第286页。

两位女神的信仰仍延续着已有模式，仍以传统称呼为主，泰山娘娘仍是"碧霞元君"，妈祖仍是"天妃""天后"。但在二者信仰圈的交错地带和边缘地带，两位女神职能趋同、神性合一导致信仰融合的痕迹十分明显，如天妃宫中主祀泰山娘娘、称呼妈祖为碧霞元君的现象多有存在。[1]在这些地方，无论是漫无识别的普通信众还是清晰了解两位女神来历的文化精英，都对两位女神的称号不再深究。当然，从学术角度考证分析则是另一回事了。

相对于清代而言，民国时期的一些地方志在伪造帝王敕封上有过之而无不及，大大

图4-38　连江县白石镜临水宫中的陈靖姑牌位

小小的庙宇上普遍刻有"敕建""玉封"，如福州市仓山区樟岚村声称明正德皇帝敕封本地大王为"伏魔大天尊"，并煞有介事地做了"赐额"为证。然而不只如此，在福建，还有地方志编纂者编造出某皇帝敕封陈靖姑为碧霞元君的谬说，如《连江县志》即称："神姓陈，讳靖姑，俗称临水夫人。宋淳熙间，赐额'顺懿'，加封'天仙圣母青灵普化碧霞元君'。"[2]其实，至少封号中的"青灵普化"，便可明其确为泰山神而发。泰山为东岳，五行属木，五色属青，世认为青帝主此山，而妈祖和陈靖姑都与"青"字无关，故"青灵"一名只能属泰山神而非他神。

此外，在闽南，东岳大帝的属下"注生娘娘"，直接取代了碧霞元君在泰山神系中的职能。注生娘娘的来历有多种说法，如五代时后蜀国主孟昶的妃子花蕊夫人，宋灭后蜀，宋太祖赵匡胤收花蕊夫人入后宫，花蕊夫人思念孟昶，画像私挂奉祀，对外称"送子张仙"以掩人耳目，民间遂奉花蕊夫人为注生娘娘。注生娘娘也有"三夫人"的"组合"，按《封神演义》的说法，姜子牙封三

---

① 孙晓天、李晓非：《妈祖与泰山女神共享"天妃""碧霞元君"称号考辨》，载《福建论坛（人文社会科学版）》2014年5月5日，第69页。

② 《连江县志》编纂委员会：《连江县志》，连江县人民政府1989年印，第337页。

图4-39　龙海市镇海村东岳大帝庙的注生娘娘

仙岛之云霄、琼霄、碧霄职掌混元金斗（产盆），合称"三姑"，另有注生娘娘三夫人即陈靖姑三姐妹之说。和陈靖姑属下的三十六婆类似，注生娘娘属下有十二婆奶，分掌不同的生育阶段：养生婆奶高四娘、送子婆奶马五娘、护生婆奶许大娘、守胎婆奶林六娘、监生婆奶阮三娘、注生婆奶陈四娘、注胎婆奶葛四娘、抱送婆奶曾生娘、转生婆奶李大娘、注男女婆奶刘七娘、安胎婆奶林一娘、抱囡婆奶卓五娘。江绍原先生《中国礼俗迷信》中记载，在安溪县，妇女嫁后几年不生产者被人笑为"肫母"，她第一步就是到东岳庙注胎婆奶像前去请花。或许，在数量众多、职能完善的福建女神中，碧霞元君实在难以挤出一席之地。

第五节　九案泰山府十三堂

相传，古时候，离福州城南五里处吉祥山西面有一小山，山下住着许多普通人家，多是手工业者。有一位林姓的染布坊老板，为人乐善好施，长子继承父业，事业有为，次子经书满腹，琴棋书画无所不通。某一年，闽江洪水泛滥，福州城南一片汪洋，林家父子不顾自家和染布坊，全力救助乡邻难民。一天，林老板在救难中看到两段似人非人的木头随洪水漂来横至他家门前。林老板赶紧拿竹竿把两段木头推开，以减轻洪水对他家木房的压力，可是两段木头推开后，不久又漂回到他家门前。几次往返后，林老板深感惊异，便将木头抱回楼上安放好。自从两木头到他家后，周围的木房被洪水冲倒无数，唯独林家安然无恙。洪水退后，林老板在小山顶建一小庙，将两木头安入庙内祭祀。

第二年，朝廷开科取士，林家二公子欲往京城应试。临行前夜，二公子梦见两位大汉站在床头对他说："吾乃东岳泰山温康二王，今科你金榜无望，可到泰山见我，日后前程无量。"二公子醒后，遂将梦中之事告其父，父曰："今科金榜既无望，你不必去京城，可直接赴泰山拜神。我们家两木头尚未开脸，待你返家后再作定夺。"二公子遵父命赴泰山，果然见到有神像与梦中无异，便将神像容貌画好带回家中，把庙内两木头按画像雕刻塑神。神像塑好后，重新请神像进庙，并正式把庙名定为"泰山庙"，自此，九案泰山府开始融入历史的进程。安神后第二年，福州瘟疫流行，死者无数，唯有泰山庙小山周围无一人染疫，百姓便把这小山称"太平山"，此庙称为"太平山堂"。周围乡村纷纷分香建庙，副神也不断增加，有的是到泰山请香迎来，有的则是本地神灵，逐渐形成了一个完整的民间信仰综合体，延续至今。

图4-40　九案泰山府

林家父子雕塑的这两尊神像受九案泰山府弟子千百年的精心保护，只是出于科仪的规定，每年要为神像更衣，因为磨损，神像脖子的直径从180毫米左右至1966年只剩约20毫米。这两尊神像在"文革"中被烧毁。宗教政策落实后，九案泰山府也得到了恢复。

现在的九案泰山府十三堂"祭祀圈"位于福州市台江区西北面和鼓楼区西南面的交接地，总面积为3.42平方千米的地域里，东起八一七路与洋中路，西至二环路与长汀路，北临环城路与黎明路，南达宁化路义州境。之所以叫九案泰山府十三堂，是因为这十三座庙又组合成九案，分别是：

太平山案：由太平山堂、山仔里堂、双浦头堂三堂组成；

浦东案：由浦东堂组成；

浦西堂：由浦西福寿官组成；

洋柄堂：由洋柄堂组成；

河上案：由上河救生堂、下河堂组成；

教场坂案：由教场坂堂组成；

西营案：由西营里长生堂组成；

西洋堂：由西洋积善堂组成；

斗池案：由斗池堂、涵头堂组成。

十三堂以温康二都统为主神，其麾下神灵分镇各堂。每年当温康两神像按仪式移坐何堂时，该堂称为"大堂"或"府"。内部各堂互为亲家关系，各堂之间平时有什么活动，一般都会发出请柬，邀请对方。

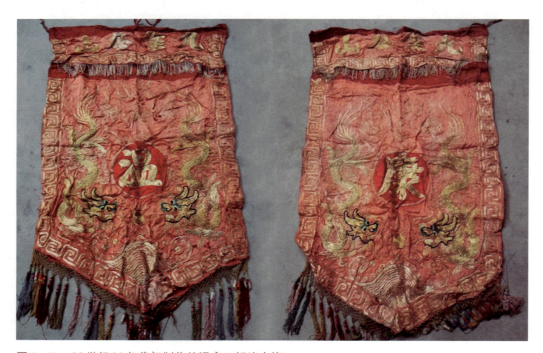

图4-41　20世纪80年代初制作的温康二都统大旗

1996年7月，中国道教协会会长闵智亭视察九案泰山府，称九案泰山府是我国独一无二的道教宫观，千年历史形成的科仪是道教科仪的重要组成部分，应珍惜和继承。

第六节 隐藏的明教

明教本来是已经消失的外来宗教，少有人关注，但自从金庸先生将它写入小说后，迅速为人所知，成为许多人茶余饭后的谈资。然而小说毕竟是小说，金庸先生笔下的明教和历史上的明教当然会有不同。

明教原名摩尼教，是公元3世纪波斯人摩尼创建的宗教，他吸收了琐罗亚斯德教（拜火教）、佛教、基督教等多种宗教的成分，形成了自己的教义。摩尼教的核心教义是二宗三际论，二宗是指世界的两个本原，即黑暗与光明、善与恶，三际是指世界发展的三个过程，即初际（过去）、中际（现在）和后际（将来）。[1]摩尼教将世界分为光明与黑暗，如肉身是由黑暗构成的，灵魂是由光明构成的，光明必将战胜黑暗，灵魂要从肉体上彻底解脱，因而强调禁欲、食素。[2]摩尼则自称是琐罗亚斯德、释迦牟尼和耶稣的继承者，也是最后一位先知。摩尼的目标非常远大，他声称要建立一个世界性的宗教，超越一切的宗教传统。但是，他本人却在六十一岁的时候，被波斯王朝的统治者钉上了十字架。

摩尼虽死，摩尼教传播的脚步却不停。在西方备受打压的摩尼教，大约在公元6到7世纪传入新疆地区，并在中国的唐朝时迎来了一个短暂的春天。公元763年以后，摩尼教被漠北回鹘定为国教。安史之乱爆发后，回鹘国应唐朝之邀，三次出兵协助唐朝。自公元768年开始，回鹘先后在多个城市建造摩尼教寺院，唐朝赐额"大云光明寺"，摩尼教由此广建寺院、广纳信徒，进入了前所未有的强盛。公元845年，唐武宗掀起灭佛运动，摩尼教被波及，遭受的打压更

---

① 许地山：《摩尼之二宗三际论》，载《燕京学报》1928年第3期，第384～385页。
② 马小鹤：《光明的使者——摩尼与摩尼教》，兰州大学出版社2013年版，第25页。

图4-42　九寨泰山府浦西福寿宫的元代摩尼光佛像

加严酷。从此摩尼教不得不转入地下，加之特殊的教义及秘密结社的传教方式给人神秘莫测之感，因此常被人称作魔教，陆游《渭南文集·条对状》就着重批判福建明教为"妖幻邪人"①。同时，其光明与黑暗斗争的说法给了农民起义理论和精神上的支持，如北宋方腊起义、元末韩山童刘福通起义。

现在我们能看到的摩尼教遗存，和原始的摩尼教早已相去甚远。事实上，摩尼教从未停止它的本土化脚步，在宋代摩尼教已经称为明教。明朝建立之后，深知明教力量的朱元璋不遗余力地将其当作邪教镇压。为了生存，明教与其他宗教进一步合流，融入民间。在福建发掘出的明教奏申牒疏科册中，各宗教元素纷杂，如"广明上天夷数（耶稣）和佛""灵明大天电光王佛""太上真天摩尼光佛""东岳地府城隍""当境一切神祇"，甚至温康二都统也成了北宋摩尼教教主林瞪的侍者。

在福州市台江区浦西村，有九案泰山府十三堂之一的浦西福寿宫，供奉着"明教文佛""度师真人"，及保存着元代明教神像、清代香炉和绘画等多件文物。在中堂一副对联"朝奉日乾坤正气　夕拜月天地光华"，明显体现了明教"朝拜日、夕拜月"的宗教特征。

浦西福寿宫于20世纪90年代末被发现为明教寺院遗址。2009年初，在林瞪二十九世孙林鋬等人的协助下，中国社科院世界宗教研究所在霞浦县上万村明教遗址获得了大量明教经文、科仪书、族谱和其他宗教器物。在新发现的文献中，有记载浦西福寿宫兴建的历史年代及兴建缘由，充分证明了浦西福寿宫是

---

① 〔南宋〕陆游著，钱忠联、马亚中主编，马亚中校注：《陆游全集校注》第9册，浙江教育出版社2011年版，第122页。

一座奉祀林瞪的明教寺院遗址。[①]

浦西福寿宫现藏有元代夹苎脱胎"明教文佛"像一尊和清代明教文佛祖殿全景图挂轴一幅。其中明教文佛为孩儿脸，披肩散发，着对襟长袍，上有波斯风花纹，襟袍内刻波斯字母，结带为扣，左手结剑诀，右手持长剑，脚踩金轮，形态符合科仪书中有关摩尼光佛"四岁出家，十三岁成道降魔""托化在王宫，示为太子说法，转金轮"等记载，"撒发"造型亦符合《摩尼教施食秘法》的说法。

浦西福寿宫的庙祝为笔者讲述了《林瞪公津门救火》的故事：

　　北宋年间，福州知府把林瞪公救饥的故事等写成奏章向宋真宗奏明，皇帝看到奏章后，马上下了一道圣旨召见福州知府和林瞪公。林瞪公在知府的陪同下前往入朝，宋真宗宴请他们。席间，等酒杯上的酒倒满后，林瞪公突然站起来，连连端了三杯酒向后背方向倒去。皇帝见状大怒，开口道："我是一朝天子，你为何当众欺我，给你敬酒你却倒掉？"林瞪公随即跪倒在地说："皇上息怒，只因刚才福州鼓楼大火冲天，整个福州城很快就会烧光，我只好借皇上的三杯御酒化成三阵红雨，来熄灭福州鼓楼大火。"皇帝闻听此言根本不信，马上下令把林瞪公和福州知府推出斩首。福州知府跪倒在地禀奏："皇上，林瞪公借你的御酒灭火，也是你的功德。你可以派人去福州查一查，若无此事，再将我们满门抄斩也不迟。"皇帝说："念你清廉，暂时不斩。两人先押在天牢，限七天之内查明此事。若有欺君之罪，满门抄斩。"河南开封到福州少说三千里路，来回七日根本办不到。大慈大悲的观音菩萨已知林瞪公有难，就设法救度。皇帝派的钦差大臣急急忙忙出了城就变得迷迷糊糊了，第二天到了福州府才醒来，自己也不晓得路上走了几天。他了解到，当时福州鼓楼真的大火冲天，不一会下了三阵红雨，雨水还有酒香。钦差大臣不敢怠慢，连夜写了奏章，又骑千里马赶回河南。这个千里马也是观音菩萨所化，七天之内就把奏章送到了皇帝手里。皇帝看罢，马上把天牢中的林瞪公和福州知府放了出来，封林瞪公为"雷使真君"，让林瞪公留在朝廷，加封他为宰相。林瞪公听罢笑着摇摇头，婉言谢绝了皇帝的敕封。皇帝求贤若渴，对林瞪公说："我再给你的

[①]　陈进国、林鋆：《明教的新发现——福建霞浦县摩尼教史迹辨析》，载《不止于艺》，北京大学出版社2010年版，第383页。

乌纱帽上赐个三角金，权力胜过宰相，和千岁相同。"林瞪公答道："我乃出家人，感谢皇上好意。"福州知府也加官三级。

陈进国从日本拷贝的日藏明万历《福宁州志·卷十五·僧梵》中也有相同的记载：

> 林瞪，上万人。嘉祐间，闽县前津门火，郡人望空中有人衣素衣，手持铁扇扑火，遂灭。遥告众曰："我长溪上万林瞪也。"闽人访至其墓拜谒，事闻，敕书"兴福真人"。正德初，县令刘槐失辟，因祷之，夜梦神衣象服，告知以亡处，明日获之。①

不只是明教，许多已经消失的宗教以及外来宗教，也在福建留下了久远且众多的遗迹。笔者在上杭县考察时发现，重建泰山圣母庙的罗樟喜老先生为罗教传承。罗教由明代山东即墨县人罗梦鸿创立，教义引用了佛教的"空论"，综合禅宗与净土宗，宣传"无为""真空""无极""无生父母，真空家乡"等理念，强调净土即人心中的本性，主张内向探求，致力于单纯虔敬，行善积德，

图4-43　上杭县嫩洋村罗樟喜老先生的罗教五部"经典"

---

① 陈进国、林鋆：《世界摩尼教的重大发现》，中国社科院世界宗教研究所2013年印，第14页。

所依典籍为罗梦鸿所著的《巍巍不动泰山深根结果宝卷》《叹世无为宝卷》《破邪显证钥匙卷》《正信除疑无修证自在宝卷》《苦功悟含宝卷》五部"经典"。[①]罗教一出，各种民间宗教即深受其影响，这也使得统治者不遗余力地对其打压，随着打压的持续和时间的推移，罗教几乎彻底销声匿迹。

也许正因为福建有着兼容并蓄的开放传统，直到今天我们还能看到在民间信仰中，仍然有着鲜活的各种宗教遗存。从古至今，这些宗教在其他地方陆续凋零，却在福建留下了最久远的脚步，成为它们赖以生存的最后孤岛。

第七节　血火中的泰山庙

北宋靖康元年（1126）正月，金人入侵。靖康二年（1127）三月，金人掠徽钦二帝、皇室、后宫及众臣百姓北去，史称"靖康之耻"，以岳飞为代表的主战将士开始了漫长的抵抗。靖康之耻和岳飞的悲惨遭遇，也给祖国南端的福建留下了深深的伤痕。

南宋绍兴十一年（1141），岳飞遇难，许配给漳浦县人士高登第四子高拂的女儿抱银瓶投井自尽，《漳州府志》记载："岳氏，武穆王女也，许配漳浦高登第四子。王被收，女年尚幼，抱银瓶赴井死，世传为'银瓶小姐'。"[②]清代钱彩《说岳全传》中

图4-44　闽侯县傅筑村泰山宫的岳飞

---

① 王安：《罗梦鸿宗教修行过程的心理学解读》，载《新西部》2019年3月20日，第96~97页。

② 〔清〕沈定均修，吴联薰增撰，陈正统整理：《漳州府志》上册，中华书局2011年版，第1452页。

即称之为"岳银瓶"，且死后一灵不泯，救助兄弟岳雷逃难。岳飞三子岳霖、四子岳震被流放，辗转至漳州定居，岳霖娶高登之徒、龙溪县人士杨汝南的外甥女为妻，生长子岳玭、次子岳珂，即岳珂《桯史》所记："汝南，余外祖母杨宜人之兄。"① 绍兴二十九年（1159），受秦桧迫害的高登客死他乡，是年漳州东岳庙始建。

漳州东岳庙中阎罗殿主祀"阎罗天子"，本地俗称"万岁爷公"，诞辰为三月初八。十殿冥王中，阎罗王诞辰为正月初八，卞城王诞辰方为三月初八。漳州民众明祀阎罗王，实祀卞城王，以卞城暗喻宋都"汴京"，以三月昭示"靖康之耻"。卞城王掌理枉死城，靖康年间汴京生灵涂炭，宛如枉死城。

图4-45　漳州市芗城区新华东路东岳庙的
　　　　阎罗天子

南宋虽然有过一系列北伐战争，但都以失败告终，仅有的进取精神渐渐丧失殆尽，苟且偷安、尽情享乐成了南宋朝廷的主旋律。对于盼望收复故土的名将来说，岁月流逝、人生短暂而壮志难酬，内心却越来越感到压抑和痛苦。南宋绍熙三年（1192）初，曾在泰山组织义军抗金的名将辛弃疾出任福建提点刑狱。这年底，他由三山（福州）奉召赴临安（杭州），当时正免官家居的陈岘（字端仁）为他设宴饯行。酒宴上，辛弃疾写下了《水调歌头·壬子三山被召陈端仁给事饮饯席上作》，词中叹道："人间万事，毫发常重泰山轻。悲莫悲生离别，乐莫乐新相识，儿女古今情。富贵非吾事，归与白鸥盟。"② 这是对山河破碎、壮志成空的悲哀，岁月无情地流去，这种悲哀更显得触目惊心。然而即使词人在写他的孤独和悲哀，写他的痛苦和自宽，我们仍然看到他以英雄自许、不甘沉没的心灵。

---

①　〔南宋〕岳珂：《桯史》，中华书局1981年版，第20页。

②　刘扬忠等主编：《唐宋词精华分卷》，朝华出版社1991年版，第852页。

"西湖歌舞几时休"的偏安终于到了尽头。南宋德祐二年（1276）二月，蒙古军队攻陷临安，掳去宋恭帝。陆秀夫、陈宜中、张世杰等大臣护送年仅九岁的益王赵昰、四岁的广王赵昺及赵昰之母杨淑妃，率军民三十余万由海路来到福州，从绍岐码头登陆到达林浦村，削平临江的山头建"平山堂"驻跸，屯兵九曲山。五月，益王赵昰在福州城内垂拱殿登基，改元景炎，以平山堂为行宫，升福州为福安府。不久，前赴议和受拘的文天祥也从元营逃出赶到林浦。现在，当地的宋末遗迹仅存泰山宫殿前的一座石质香炉，高约30厘米，上部为八角形石盆，下部为五棱柱，柱面上有人形浮雕。当地传说："这个石香炉是当年皇帝从临安带来的，一路都带着。到了林浦后，他们宋室君臣每天早上都要面朝北方，用它烧香祭天，祈求上天保佑，好让他们早日回到故都。"

十一月，福安知府献城投降。在蒙古军的攻势下，十多天后，赵昰一行不得不撤离林浦，由绍岐码头再度乘船浮海南逃。蒙古兵进入林浦后，大肆烧杀报复村民。景炎三年（1278）四月，十一岁的赵昰在广东碙州遇飓风惊悸成疾而亡，赵昺继位为帝，改元祥兴。十一月，文天祥被俘。祥兴二年（1279）二月初六，退守崖山海域的宋军和蒙古军展

图4-46　福州市仓山区林浦村濂江泰山宫的石香炉

开最后一场激战，陆秀夫背负七岁的幼帝赵昺蹈海殉国，无数军民也相继跟从投海，杨太后得知赵昺死讯后也投海自尽，张世杰将杨太后葬在海边，不久在大风雨中溺亡于平章山下，至此宋亡。《宋史·本纪第四十七·瀛国公（二王附）》记载：

乃负昺投海中，后宫及诸臣多从死者，七日，浮尸出于海十余万人。杨太后闻昺死，抚膺大恸曰："我忍死艰关至此者，正为赵氏一块肉尔，今无望矣！"遂赴海死，世杰葬之海滨，已而世杰亦自溺死。宋遂亡。

赞曰：宋之亡征，已非一日。历数有归，真主御世，而宋之遗臣，区区奉二王为海上之谋，可谓不知天命也已。然人臣忠于所事而至于斯，其亦可悲也夫！①

图4-47　林浦村濂江泰山宫的"两爵主"赵昰、赵昺（赵昺脚下小像为背负其投海的陆秀夫）

　　南宋行朝撤出林浦村时开仓放粮，让全村人饱食了三年。一支穷途末路的队伍，不惊民不扰民，反有惠于民，这让林浦人深深感念，浩气磅礴的抗争历程和宁死不辱的气节更是激励千秋万代。宋亡后，林浦人于元代元统二年（1334）以行宫为社庙，塑南宋君臣像供奉香火，以自己的方式纪念并传承这番渊源。在蒙古统治者的高压政策下，不得不通过以神代人的方式，以"泰山康王"代指"康王"赵构，赵构称帝前也曾命官祀岳庙，撰《康王祀岱岳青词》，以康王二子"两爵主"代指赵昰、赵昺二末帝（二末帝未成年，所以奉赵构为主神），以妈祖代指杨太后（一说原祀杨太后，后改祀妈祖），以

---

　　① 〔元〕脱脱：《宋史》，中华书局1977年版，第1090页。

魁名正神、洋澳尊王、国公、太尉分别指代文天祥、陆秀夫、张世杰、陈宜中，建庙"泰山宫"。君臣一行到达莆田后，想建立"东宋"，浙江城隍一灵追随，莆田民众遂建浙江城隍庙，以龙袍皇冠的浙江城隍代指宋帝暗祀。在泉州，赵昰、赵昺被奉为"日月太保"，另有泉州籍将军倪国忠率军护驾，阵亡于晋江，被当地民众塑像配祀于附近的埕边村南岳禅寺，称"南岳圣公爷"。闽冲郡王赵若和率族人逃至漳浦县深山中建堡隐居，世称"赵家堡"。

图4-48 泉州市鲤城区泉郡日月太保宫的日月太保

林浦村的林氏族贤，明代吏部、兵部尚书，《隋唐演义》前身《隋唐两朝志传》作者林瀚《平山怀古》诗云：

> 翠辇金舆载恨游，岂缘南越觅丹丘。
> 钟声落日孤村寺，海色西风万里舟。
> 王气销沉天地老，胡尘溟漠古今愁。
> 伤心最是濂江水，还绕行宫山下流。[①]

明代中后期，倭寇猖獗，骚扰东南沿海，福建更是重灾区。以戚继光为代表的仁人志士纷纷投身抗倭战斗之中，戚继光曾三次进驻莆田市江口镇迎仙寨，其属下曹大金在增援福建的战斗中身负重伤，逝世于江口镇东岳观，据东岳观史志记载：

---

① 〔明〕王应山：《闽都记》，海风出版社2001年版，第111页。

图4-49　民众在莆田市涵江区江口镇东岳观祭拜曹大金将军

曹将军，讳大金，山东人，民族英雄，自少追随戚继光，受戚的熏陶，为人刚毅正直，心胸开阔，本为国救民之精神，多年随戚继光转战南北，建立殊勋，成为戚家军中之骨干，素为戚公所器重。明嘉靖四十年（1561）七月，戚家军奉命援闽，在歼灭宁德横屿及福清牛田二地倭寇的战斗中，曹将军英勇歼敌，身受重伤不下火线。为了解救莆田民众于水火之中，于九月九日急行军七十里至江口，宿于东岳观，是夜脱凡为神。为国捐躯名留青史，情系东岳钟锦江，数百年来常显灵，有求必应，素为群众所敬仰，香火旺盛。

在石狮市石湖村金钗山上，有一座东岳古寺，明代曾毁于倭患，原寺现存断壁残垣、石台、石案和一些无首石像，仅两尊金刚力神完整，人称"打鼓将军"。传说倭寇进犯石狮时，守将弃城逃跑。到了晚上，一阵喊杀声袭来，倭寇惊醒后仓促应战，只见为首的将军顶盔挂甲骑五色神牛挥舞着宝剑率军杀来，后面两位将军把鼓擂得山响，杀得倭寇大败而逃。第二天一早，倭寇在金钗山上巡逻，发现东岳寺石像大汗淋漓，正殿东岳大帝黄飞虎正是昨夜骑五色神牛的将军，才知是东岳大帝显灵攻打他们，气呼呼地将石像脑袋砍了下来，又放火烧毁了东岳寺。两尊打鼓将军作战负伤，此时正躺在一个山洞里养伤，躲过了这场灾难。他们回到庙里见到惨状，求天兵天将援助，当晚兵分两路，一路前往海边埋伏，一路前往倭寇巢穴。打鼓将军亲自为大军擂鼓，直捣贼巢，倭寇见势不妙逃往海边，埋伏在海边的大军将倭寇拦住，两路前后夹攻，将倭寇的脑袋一个个砍了下来。重建东岳寺时，民众将打鼓将军镶嵌在了石门上，从此，打鼓将军永镇金钗山。

其人虽已没，千载有余情。多年后，明末诗人钱谦益就南宋崖山灭亡写诗曰:"海角崖山一线斜,从今也不属中华。"①然而转眼之间清军入关,中华又一次遭受灭顶之灾,扬州十日、嘉定三屠,以神代人暗祀忠臣烈士的场景再次上演。在金庸小说《鹿鼎记》第三十七回中,有康熙皇帝和韦小宝的一段对话:

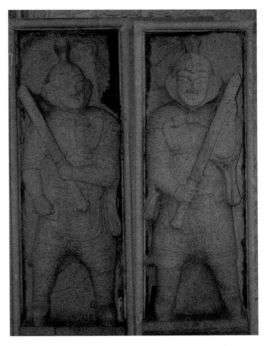

图4-50　石狮市石湖村东岳古寺的打鼓将军

　　康熙道:"话是这么说,不过是我祖宗的事,也就是我的事。当时有个史可法,你听说过吗?"韦小宝道:"史阁部史大人死守扬州,那是一位大大的忠臣。我们扬州的老人家说起他来,都是要流眼泪的。我们院子里供了一个牌位,写的是'九纹龙史进之灵位',初一月半,大伙儿都要向这牌位磕头。我听人说,其实就是史阁部,不过瞒着官府就是了。"②

　　清兵南下,钱谦益旋即投敌,覆巢之下无完卵,整个福建沦为一片血火。

　　南宋嘉定八年(1215),福清市海口镇覆釜山南麓建东岳寺,山随寺名改为东岳山,传说戚继光曾在寺中招待前来表彰抗倭大捷的钦差大臣。清顺治四年(1647)四月初四,镇东卫城与海口民城(海口一镇设两城)被清军攻陷,数千平民遇害。消息传至黄檗山万福寺,时任住持的隐元禅师不顾生命危险,率众僧选择在被清军占领的镇东卫城里的东岳寺举行规模盛大的水陆普度仪式,为被清军无辜杀戮的数千生灵超度。在此期间,隐元禅师作《龙江修水陆普度夜怀五首》,以诗偈的方式真实记录了清军屠城后的感受:

　　①　〔明〕钱谦益:《后秋兴之十三·其二》,载周啸天主编:《元明清名诗鉴赏》,四川人民出版社2001年版,第539页。

　　②　金庸:《鹿鼎记》,花城出版社2002年版,第886页。

其一

谁迷方寸混天经，百万华居一斩平。故国英贤何处去，唯余孤月照空城。

其二

睡得眠来春复秋，海门浪吼更添愁。两城人物今何在，一片悲风起骷髅。

其三

众生末撤本来源，业识茫茫永夜昏。一自恶风轻卷后，撞头磕额出无门。

其四

劈面一刀酬债毕，皮囊脱落寄谁家，愧无道力资君福，聊借金风剪业花。

其五

头陀磊落出烟霞，各展神通岂有涯。不涉人间幻梦事，单提佛子尽归家。①

随着清军的入关，故国山河大片大片沦落在清军的铁蹄下，隐元生活在这样一个动乱的时代，清军的滥杀无辜使他感到无比悲愤和痛苦。一方面，作为一名爱国者，他在民族生死攸关的关头，以偈诗、哀挽、超度的方式表达自己的哀思和隐藏在内心深处的呐喊，另一方面，作为僧人，他又无能为力，只能眼睁睁地看着同胞惨死在清军的屠刀之下。也许，从精神上做出反抗与抚慰，是那时唯一的也是无奈的选择。后来，郑成功派船护送隐元禅师赴日本弘法，对中日文化交

---

① 《福清海口志》编纂委员会：《福清海口志》，《福清海口志》编纂委员会2013年印，第84～85页。

流起到了积极的促进作用。2015年5月23日，习近平主席在中日友好交流大会上讲："我在福建省工作时，就知道17世纪中国名僧隐元大师东渡日本的故事。在日本期间，隐元大师不仅传播了佛学经义，还带去了先进文化和科学技术，对日本江户时期经济社会发展产生了重要影响。"①

同样，在清军铁蹄下的泉州，一位日本女子——郑成功之母田川氏也留下了惨烈悲壮的一笔，被民间奉为"血疯夫人妈"，并入东岳行宫祭祀。据《泉州市区寺庙录》记载：

图4-51 福清市黄檗山万福寺的隐元禅师像

血疯夫人妈是为国姓妈，民族英雄郑成功的生母田川氏。郑成功之父郑芝龙在日本经商时娶田川氏，郑成功七岁时田川氏带子来中国南安石井寻夫，定居在安海的别墅。清兵入关，郑芝龙降清，被清朝二贝勒王诱去北京，然后将他杀死在柴市。郑成功为祖国的一统，以厦门作根据地反清复明。清兵占领泉州时，头领金固山为了独占头功而带上人马到安海追捕郑成功，非礼田川氏夫人。田川氏因国耻家仇涌上心头而愤恨自杀（撞于石柱上而死）。泉州百姓们对国姓妈尽节十分同情，为纪念这一位巾帼英雄，塑像附于东岳庙的国姓爷祠，百姓为了缅怀国姓妈而到东岳庙焚香礼拜，在清朝统治下不敢公开称呼国姓妈，而尊称"血疯夫人妈"，崇她为妇幼婴孩保护神，集所有夫人婆姐的功能于一身。②

---

① 习近平：《在中日友好交流大会上的讲话》，载《人民日报》2015年5月24日，第1版。

② 泉州市道教文化研究院：《泉州市区寺庙录》，泉州市道教文化研究院1996年印，第122页。

图4-52　泉州市丰泽区东岳前街东岳行宫的血疯夫人妈

时光荏苒，清末至民国年间，内忧外患，民不聊生，有志之士纷纷以自己的方式救国救民。孙中山的秘书、刘步蟾的女婿黄展云来到福州东岳祖庙，发出了招募"福建北伐学生军"的通告，立即得到了广大学生的响应，两三天时间内报名者达三四百人，女校的学生也组织成了"福建女界炸弹队"。电视剧《潜伏》中"余则成"的原型、代号"密使一号"的闽侯籍吴石将军，在解放战争、对台情报工作中做出了突出贡献，毛主席特为"密使一号"赋诗《赞功臣》："惊涛拍孤岛，碧波映天晓。虎穴藏忠魂，曙光迎来早！"①并嘱咐一定转到台湾。据吴石将军回忆，他便是在福州东岳祖庙弃笔从戎，走上了革命道路：

是年（1911）秋，吾闽志士，闻风响应，开智学校首倡组织学生北伐军，余虽就读格致，亦毅然从之。初于福州东门外之东岳庙受训，尔时入伍青年，皆志气激昂，家人劝阻均不为动。是岁冬，学生军北上。留沪数月，南北气候迥异，余乍离乡土，与冰雪周旋，觉寒不可耐，甚以为苦，然志不稍衰，寝久亦习惯矣。翌春，赴金陵，编入入伍生队，未几议和告成，北伐中止，入伍生编入校受训，余入武昌第二预备学校，从此，遂正式为军校学生。②

---

①　丁三省编：《毛泽东诗词精读》，文化艺术出版社2019年版，第379页。
②　郑立：《冷月无声——吴石传》，中共党史出版社2018年版，第275页。

在福州市台江区太平山山仔里16号，有一座民国老宅——高家大院，曾作为中共闽浙赣省委福州太平山联络总站，现为福建省党史教育基地、福州市公安局台江分局红色教育基地。据高氏后裔高文仁先生

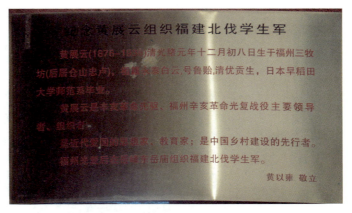

图4-53　黄展云女儿黄以雍献给福州东岳祖庙的纪念牌

介绍，太平山联络总站有两台发报机，藏在了距离高家大院几十米的九案泰山府山仔里堂的神像中，躲过了敌人的一次次搜查。

1929年1月，在第三次反"围剿"中，红军主力转战于闽、粤、赣三省交界的崇山密林之间。2月，毛主席率红军进驻武平县，宣讲共产党的主张和红军宗旨，并亲自在梁山书院、东岳庙、关帝庙、先贤祠、林家祠、温家世馆等地召开各界人士代表座谈会、妇女会和群众大会。①1930年1月，毛主席写下《如梦令·元旦》，词曰："宁化、清流、归化，路隘林深苔滑。"②6月，宁化县农民暴动，组织苏维埃政府，随后，党组织派出党员曹登昂进驻清流县李坊乡杨坊村东岳庙，以私塾教学的身份为掩护，白天给孩子们上课，晚上向群众宣讲革命思想。9月15日夜，清流县多地群众在中共地下党的领导与当地红军的支持下，齐集东岳庙组织武装暴动。暴动队伍收缴了反动势力的枪支弹药，焚毁了各种契约，分粮分田地，建立起清流县第一个红色政权——李坊乡苏维埃政府。③

1931年，由莆田、仙游土匪民团改编的省防军混成旅第二支队，由支队长林靖率领进驻福清，在福清派捐勒饷，借口"清匪"（党领导的农民组织）烧杀奸掠，龙田、高山两地受害最烈。不堪蹂躏的龙高群众在党组织的领导

---

① 陈旭祥：《毛泽东三进武平》，载《昨天·今天·明天》1993年6月30日，第7页。

② 中共中央文献研究室编：《毛泽东诗词集》，中央文献出版社2003年版，第13页。

③ 张华：《让红色基因融入发展血脉　清流县政协建言打造"红色清流"文化品牌》，载《政协天地》2019年7月10日，第58页。

图4-54 清流县杨坊村东岳庙，现为清流县爱国主义教育基地

下，以福清酒店村泰山寺为指挥部，以"除暴安民""除一人，救万民，消灭林靖匪部"为战斗口号，于12月26日晚林部各营换防之时，组织五六千农民在龙、高两镇同时举事，经过3天激战，全歼林部驻龙高两镇的两个营700多名官兵。[①]在此之后，福建省抗日游击队福清支队、闽浙赣人民游击纵队闽中支队先后以泰山寺为指挥部指挥武装革命暴动。1981年，时任福建省委书记、曾亲身参加龙高暴动的程序同志回到泰山寺，题写了四个大字"勿忘人民"。

图4-55 时任福建省委书记程序在福清市酒店村泰山寺题写的"勿忘人民"纪念碑

---

① 陈能南：《龙高人民的反暴斗争》，载《福建党史通讯》1986年1月31日，第161～163页。

　　1949年5月13日，建瓯县解放。7月28日，福建新闻中队第一梯队进驻建瓯县东岳庙，庙中至今保存着当年部分同志工作和休整的场所。8月17日，福州解放，驻扎在浙江新塘边的第二梯队奉命日夜兼程赶到建瓯东岳庙，两队会师后，于22日深夜进驻福州城。8月25日，第一张中共福建省委机关报——《福建日报》诞生。[①]1964年，毛主席为《福建日报》题写报头。建设人民大会堂时，建瓯东岳庙古树被砍伐建设福建厅，仅一株古树因生长弯曲而至今仍存，倒也符合庄子"无用之用"的说法。

　　如今，这些泰山庙都已归于平静，周围也日渐繁华，而它们在漫长历史中所经历的大悲大喜，不仅已成为民族的集体记忆，也为正在崛起的大国书写了一段不可忘记的历史。

---

　　① 《福建日报》编辑部：《初心——写在福建日报创刊70周年之际》，载《海峡消费报》2019年8月26日，第1版。

第五章

福建泰山信仰的民风民俗

在许多民众看来，凡间所有事，都需神照应，这正是现实世界中的人们对神圣世界的期待和要求。人们从事宗教活动时尽情表达着自己的情感，对自己务求实用、重视现实的心态也毫不掩饰。在民众的眼里，凡人操作神圣的仪式、神灵关注凡事俗务都是相当平常的，绝对不会引起观念上的冲突。他们相信各路神灵都有悲天悯人的世俗情怀，会对人们加以关照，他们习惯于像看待世俗事物一样看待神灵，并以现实中对待俗人的方式换取神灵的帮助。但这并不意味着民众质疑和亵渎神灵的神圣性，反而会使这些神灵更具有人性，与人的现实生活更加贴近。正因为如此，他们很少会为辨别神灵的真伪而花费精力，而是通过各种方式向神灵表达心迹，从而产生了一系列的宗教仪式、民风民俗。

各种信仰习俗原本就盛行于福建各地，这些人神沟通方式，在福建民间生活中仍然广为流传、随处可见，泰山庙也不例外。而且通过这些仪式，呈现出了信仰拥有随时穿越时空走入民众生活、辅助大众的神圣使命，也构成了支持信仰持续传播的条件。

第一节　平安的祈愿

在福建，人们在庙宇中遇到打招呼的最常用词汇为"平安"。虽然信众所求各不相同，但最根本的一条却从未因人而异、因事而异，那就是"平安"。

（一）焚香

福建信仰泰山的历史较为悠久，《三山志》记载："三月廿八，东岳焚香。州民以是日为岳帝生日，结社荐献，观者如堵。俚诗有'三月廿八出郭东'之句，盖其来旧矣。"①

焚香离不开香火。香、烟历来被视为和异界沟通的必备之物，信息和心愿都要靠一缕缕青烟传达给神鬼，如果烟断信息也就断了。在"焚香"仪式中，供桌的香被密切关注，自始至终都不能间断，香主拜神时也要持香。在村庙、路口、门口、窗台上的香是给神鬼指路用的，以引导他们进入仪式空间。香炉的摆放也有禁忌，所谓"香炉不可超过神肚脐，脐不见炉难见财，低不可矮过神脚，否则踩炉则不发"。在仪式背景下，"几乎每一件使用的物品、每一个做出的手势、每一首歌或祷告词、每一个时间和空间的单位，在传统上都代表着除了本身之外的另一件事物，比它看上去的样子有着更深的含义，而且往往是十分深刻的含义"②。

焚香人先点燃黄纸片，将燃烧的纸片围绕头、四肢各转一圈，以示驱邪祛晦。再点燃蜡烛供奉姜子牙，传说姜子牙封遍天地神灵，却忘了给自己留个神位，得不到香火，便与众神约定自己享用蜡烛供奉，焚香前先点烛。因此，神像前成对的蜡烛是供奉给姜子牙的，不明就里者往往在上面点香，据说这样点的香是供不了神的，为此，庙里通常在角落单独立一根蜡烛做点香之用。点烛后，点燃三支香插到庙前正中天地炉内祭祀天地，再依次于神像前上香。烧纸帛也称为"烧天金"，还会将鸡蛋蹭上香灰带回家食用。

图5-1　厦门市同安区岳东路东岳行宫的焚香仪式

① 〔南宋〕梁克家：《三山志》，海风出版社2000年版，第642页。

② 〔英〕维克多·特纳著，黄剑波、柳博赟译：《仪式过程——结构与反结构》，中国人民大学出版社2006年版，第15页。

图5-2　永安市贡川古镇东岳宫的简易香位

随着消防意识的增强，许多庙在殿堂外另设祭祀的香亭，按照殿堂中神灵的座次依次设简易香位，香位前置香炉，信众在殿堂神像前礼拜，而后到香位前上香。

香火和神灵之间的关系并不是一个单线条的循环。首先，神灵是威力无穷的，掌握着人的命运并能镇住妖魔鬼怪，人对神灵充满敬意，焚香时首先请神，祈请他们带走灾祸、带来福运。同时人们也要求他们担负起守护仪式空间不被外鬼干扰的任务，神棚和供桌上便是神灵们排兵的阵地。其次，人对神灵既敬又怕。作为异度空间的生灵，神灵的喜怒关乎人的福祸，所以人才要焚香供物向其邀宠。但反过来说，如果没有人对他们力量的信仰，神灵就不会得到敬畏和供奉，即俗话说的"人没有神不精，神没有人不灵"，从这一角度来看，人似乎又决定着一切。

（二）普度

关于普度，清代叶大庄《阳崎杂诗》诗云："度人佛国有慈航，水陆香花作道场。夜夜灯山观鬼趣，阎罗天子坐皇堂。"[①]普度举行的时间一般在农历七月，大约从南北朝开始，农历七月十五就成为中国传统社会中的一个重要节日，道

---

① 郑丽生：《福州岁时风俗类征》卷7，载《郑丽生文史丛稿》，海风出版社2009年版，第387页。

教将其称为"中元节"，认为这是"地官"降临人间、考察善恶的日子，佛教则在这一天举行"盂兰盆会"，供养僧尼、救拔七世祖先之亡魂。在民间社会，佛、道二教有关中元节的信仰和仪式在一定程度上合流了。

据《三山志》记载，福州中元节有盂兰盆会、焚纸衣等孝亲的内容。对此，卢公明记录了晚清的普度情况：

> 住在附近的居民有的要借普度的机会为去世的亲人送钱、送衣物。他们送来用竹篾和红纸做成的箱子，约两三尺长，一尺半高，里面装满纸钱、纸衣。顶上贴上交叉的封条。点火焚化时道士念经并敲锣。①

当亲人去世后，家人往往通过纸祭品、摇钱树等象征物来满足死者在彼岸的需要，让死去的家族成员享受到最好的礼遇，衣食无忧，从而安心地过阴间的生活，不来阳间捣乱，同时也才会保佑家人。从表面上看，这是生者与死者进行的交换，生者用"钱物"去换取死者所给予他们的看不见的福祉。但在交换的背后，

图5-3 仙游县金井村东岳庙的纸祭品

---

① 〔美〕卢公明著，陈泽平译：《中国人的社会生活》，福建人民出版社2009年版，第285页。

却隐藏着家族对去世族人的思念之情，仪式化地体现在超度中，人们希望这一仪式能影响到冥冥中的彼岸，让去世的亲人离苦得乐。郑丽生《烧纸衣》云：

> 赍送纱箱表孝思，衣冠袍笏见朝仪。
>
> 馂余分得鸭儿去，今日外家烧纸衣。
>
> 注：中元前后，具酒馔，献祭祖先，焚楮帛，谓之"烧纸衣"。女子已嫁者，父母亡，剪纸为厨，百物悉具；笼之以纱，曰"纱箱"。赍送外家焚奠，祀品必用鸭，该曰"烧纸衣分鸭儿"。[①]

关于普度的具体操作，民国福建省立第一师范学校教师蔡耀煌《鸢飞鱼跃斋随笔》记载：

> 在福州所有定期举行之普度中，最称热闹者，为一般人所熟知之洪塘借借室普度，及南台一真庵普度，城内达明里普度，东门外东岳庙普度等。普度之道场，亦多以道士为主体，而寺僧副之。当普度未发奏之前若干日，必先树立高杆，上悬鹤幡等标识，所以招致远方之鬼魂。其首日为发奏，末日为超荐。凡举行普度，必设各种神坛。神坛自七八处以至三四十处不等，每坛陈设，争奇斗丽，各种古董玩物，无不罗致，衬之以软绸色缎，映之以五色电灯，或设活动机关，变幻莫测。坛与坛之间，或近在隔邻，或远至一二十家之外，故遍历各坛，或须步行三五里之远。小规模之普度，所排神坛虽不多，然阴阳司、血池主宰、五花邓将军、男堂、女室等，则为必具。有所谓三十六间店者，则为纸糊或绸制之各种工商店小模型，每店体质大仅如斗，其中市招、台柜及陈列之货品，买卖之人物，无不逼肖，各店鳞次栉比，如小市街，行人过之辄为驻足，此盖鬼市也。各坛每日雇僧道诵经，笙箫钟鼓之声，响彻数里。此外，又每日演傀偶戏，或讲《感应篇》，至末夜举行超荐时，僧道宏施法术，工作更彻夜紧张。是夜游人尤众，惟以迷信故，罕有在场喧哗戏谑者。[②]

---

① 郑丽生：《福州风土诗》，福建人民出版社2012年版，第112页。

② 郑丽生：《福州岁时风俗类征》卷7，载《郑丽生文史丛稿》，海风出版社2009年版，第398页。

普度颇费资财，俗语"普度不出钱，瘟病在眼前。普度不出力，矮爷要来接"。民国叶承谦在《福州迷信活动一瞥》中记载，清末福州东岳祖庙管理者梁维新、梁兆荣两兄弟皆为举人，因争普度钱闹上公堂，官员却痛哭流涕，伤心在自己治下竟然连举人都见利忘义，梁氏兄弟羞愧而退，两年后皆中进士。信众对普度热情非常高，认为宾客越多越体面，竞相攀比，拉人宴请，猜拳酗酒，唱曲演戏，"意犹未尽"者还要在八月重新做一次普度，称为"重度"。

（三）施食

普度有时和施食相结合。人死后需要后人不断地供祀，满足他们在阴间的物质生活，若无后代供祀，则会成为四处游荡的孤魂野鬼，危害社会。日本民俗学家渡边欣雄对"孤魂"乞食的解释是：

> 它们定期来到阳间乞求食物。为什么这种鬼要频繁地索取食物？人们大体上一致的认识是，这种鬼没有像对待祖先一般祭祀自己、且能够确实而又定期地为自己提供食物及其他物资的子孙，所以它们被从"他界福利"的对象中排除了出来。祖先和子孙的关系，在于双方有一种互惠的契约，即祖先对于子孙要保证其繁荣，给子孙以加护；子孙对于祖先则要崇拜和提供生活资料。但是，人们和这种饿鬼之间，却完全没有此种契约。所以，饿鬼为了在阴界"生活"下去，虽说是偶然和临时性的，却也必须定期地依赖人们的慈悲，恰如现世的乞丐依赖于人们的施舍一样。如果没有人义务性地为这些鬼提供生活资料，鬼就会危害人们的家庭。①

闻一多认为："所谓鬼者，即人死而又似未死，能饮食，能行动。他能作善作恶，所以必须以祭祀的手段去贿赂或报答他。"②从这种意义上说，"施食"是生者和孤魂野鬼之间的一种"交换"，孤魂野鬼得到了祭品，就不到阳间破坏生者

---

① 〔日〕渡边欣雄著，周星译：《汉族的民俗宗教：社会人类学的研究》，天津人民出版社1998年版，第122页。

② 闻一多：《道教的精神》，载《神话与诗》，上海人民出版社2006年版，第124页。

的生活，也不在冥界盗抢生者奉献给祖先的祭品。郑丽生《施食》诗云：

醮鼓声沈幡影寒，摄孤判斛仿盂兰。

街头夜夜多施食，恶鬼齐来饱一餐。

注：中元前后，人家商户，延道士设醮济幽，散馒头、焚楮镪，谓之"施食"，犹佛门之放焰口也。①

卢公明对此的记载是：

施食的仪式规模比较大，花费也大。东家要雇请两三个和尚或道士来做。祭品要摆放在桌上而不是地下。小蒸糕三盘到七盘不等，还有大一点儿的蒸糕也要几盘，每盘三十六个。几盘干鲜果品，一碗米饭、豆腐、挂面，几碗煮米糕、煮米糊、清水。桌下铺一张纸，如果做法事的是和尚，纸上摆三杯茶；如果是道士，摆三杯酒。还有香烛、纸钱、冥衣。一个道士击鼓，另一个道士站在桌旁摇着铃铛念经。施主穿着自己最好的衣服，跪下磕三个头，嘟嘟喃喃地向想象中已被招来的孤魂野鬼祈祷。整个过程要一两个小时。结束时，酒水和汤泼在地面上或泼在焚化的灰烬上，抓一些米糕扔在地上。其余可吃的祭品大家聚餐吃掉，或分赠亲友。雇来做法事的道士或和尚除了能得到一些报酬，如果他们不留下来一起吃饭，可以把一些米糕和果子打包带走。道士跟和尚从不互相合作，法事的做法也不太一样，但目的和效果相同——都能把祭祀的物品送给冥界的鬼魂。②

图5-4　连江县玉荷东路东岳泰山府的施食仪式

① 郑丽生：《福州风土诗》，福建人民出版社2012年版，第115页。
② 〔美〕卢公明著，陈泽平译：《中国人的社会生活》，福建人民出版社2009年版，第279页。

施食如果是在夜间举行，为方便鬼魂找到地点，需要一种特别的灯笼——"布袋灯"来引路，灯笼上写"普照冥途"，或用红笔画满了符，仪式结束后，取下灯笼焚化。这种优待礼遇，固然有民众对厉鬼作祟感到恐惧的原因，但也蕴含着生者对孤魂野鬼的哀悼、尊重，是一种充满人性关怀的信仰活动。

第二节　异界的沟通

俗话说"人生不如意者十有八九"，人力无论如何都是有限的，而所信仰的神灵却有着非凡的掌控力，于是人便以各种方式与自己信仰的神仙甚至魔鬼精怪沟通，希望获知发展中可能出现的各种情况，据此推测未知的将来。这些方式也蕴含了一定的哲学意味，一定程度上从宇宙和社会大规律的宏伟角度，揭示一个渺小的个体如何顺天应人、谦虚谨慎、防微杜渐、努力修德，分辨不同的境况，采取相应的对策，并通过修德来趋吉避凶，达到事业和人生的顺利。

（一）求签

求签是占卜方式的终极简化版，和甲骨、《易经》一脉相承。《阅微草堂笔记·滦阳消夏录六·签示试题》曾论述过占卜方法的简化过程：

> 古以龟卜。孔子系《易》，极言蓍德，而龟渐废。《火珠林》始以钱代蓍，然犹烦六掷。《灵棋经》始一掷成卦，然犹烦排列。至神祠之签，则一掣而得，更简易矣。[1]

求签的具体形式，先从签筒中抽出一支签，或双手晃动签筒直到其中一支签跌到地面，然后再掷"爻杯"请示神灵，看看神灵是否认同以该签启示当事人。

---

[1] 〔清〕纪晓岚：《阅微草堂笔记》，上海古籍出版社1995年版，第164页。

图5-5　永春县东岳小区东岳庙的签筒与爻杯

爻杯为木雕、竹雕或铁铸的两个豆瓣状器具，分阴阳两面，凸的一面为阳，凹的一面为阴，因形似耳朵，俗称"耳朵摔子"。

在"请示"神灵时，将爻杯在手中晃动几下抛落，俗称"卜杯"，凸面向上为阳，凹面向上为阴。一阴一阳称为"圣杯"，主吉，表示可行，连续三个圣杯为上上之象；二阳称为"笑杯"，意味神灵对所求还不明白；二阴叫"怒杯"，表示否定、不赞成，连续三个怒杯主凶。[1]

给神像拍照被普遍认为是不敬的行为，会受到责骂，然而笔者走访调查中发现，往往只要稍给香火钱则无所不允。笔者在惠安县螺城镇东岳大帝庙调查时，庙中潘招治大娘见笔者四处观察拍照，以为笔者是不良之人，各种警惕盘问，并在东岳大帝像前焚香、跪拜、卜杯，请东岳大帝"核验"笔者身份。掷杯结果是连续三次全为圣杯，旁观的香客说："可以了，帝爷公知道他"，潘大娘对笔者说："我相信你"，并掏出香火钱箱要请笔者吃午饭。

泰山庙各自拥有不同来源的签诗，其来源有古诗、典故、谶语等，如福州市马尾区嘉登泰山庙是"上百名秀士各撰诗一首汇成泰山签谱沿用至今"，闽清县丽山村泰山殿则是用"苏武牧羊、吕蒙正入相"等典故诗，以典故中人物的遭遇解释此签的吉凶，也有借用其他神灵名义编制的签诗，如南平市延平区泰山东岳宫的观音灵签。签诗来源不一，固然可能牵涉当地人的选择，但不论是从外引进还是就地请人编撰，其全套内容都得经过庙方掷爻杯甚至隆重开坛扶乩请神，获得允许后才能在庙中启用。如此，签诗之所以神圣，就在于它们获得了神灵的应允，接着就成为每个人以诚感应、人神沟通的媒介。

和抽签类似的，还有闽南的"听香"、闽东的"听灶卦"。闽南地区的民众为卜求某事，在元宵或中秋夜到庙宇听香，其中以妇女居多，《厦门志》记载："妇人拈香墙壁间，窃谛人语以占休咎，俗谓之听香。"[2]听香者在神像前

---

①　湖里区地方志编纂委员会：《厦门市湖里区志》，方志出版社2014年版，第805页。

②　厦门市地方志编纂委员会：《厦门志》，鹭江出版社1996年版，第511页。

点燃一炷香，拿着到处听人讲话，听到的第一句话类似抽到的签，然后到神像前掷爻杯确认。闽东"听灶卦"则是在"灶王爷"前点燃一炷香，把香插在香炉里，然后到处听人讲话，将第一句话作为预兆来分析。类似的习俗在闽西、闽北更简单直接，做事前遇到第一个人说的第一句话被认为是兆头，如某家学生高考那天，遇到

图5-6　南平市延平区闽江支路泰山东岳宫的观音灵签与泰山灵签

同乡高学历者的祝福，一家人便会很高兴，认为是吉兆。

（二）扶乩

扶乩是中国传统的一种占卜方法，又称扶箕、抬箕、扶鸾、挥鸾、降笔、请仙、架乩、卜紫姑等，是请神灵降临表达意愿、下达"指示"的一种方式。其具体的操作，在《中国民间信仰风俗辞典》中有非常详细地解释：

> 旧时于汉族广大地区及部分少数民族中流行的一种请神问卜活动。扶即"扶架子"，乩意为"卜以问疑"。因传说神仙多驾凤乘鸾，亦称"扶鸾"，又因以箕为卜具，也谓之"扶箕"。其法为将一根竹筷插入木制丁字架或簸箕、箩筛中，两端用人扶持。施术者焚香净手，或持香头望空书符，或口中喃喃念咒，念咒时须屏息窒气，不得中断，要反复念至扶者手臂抖动，亦即所请之神业已降坛显灵方罢。简单的卜法可视此架之摆动预测吉凶，复杂的卜法则将乩架置于沙盘、面粉盘、米盘之上，由抖动的竹筷写字、画画，以之为神仙语，或于事先写满字的大纸上让乩架乱动片刻，突然停于某字上，如此反复多次，连字得句，连句成篇，以为"神仙训示"。①

---

① 王景琳、徐匋：《中国民间信仰风俗辞典》，中国文联出版公司1992年版，第782页。

图5-7　宁德市蕉城区拱屿村泰山康太保宫的扶乩工具

其中说的"木制丁字架",是V型桃木架和柳木笔合制而成,称为"桃乩柳笔"。民国福建侯官人郭则沄《洞灵续志·卷五·金北楼降乩》中,画家金北楼去世,供职于泰山府君,降乩时,扶乩者为其生前英国好友安格联。

在扶乩的基础上,进一步衍生出了乩童,即"请神"直接上身,借人之口宣示"神谕"。为了体现所召唤的神灵已经上身,乩童亦会有行为识别,如颤抖癫狂、腾挪跳跃,或做常人觉得危险的事,如吞火、钢针穿面颊,用刺球、刀剑、荆棘击打自己的后背,以示脱离凡人角色。

乩童请神上身前要念一段《请神神咒》,如:

> 天青青,地灵灵,三炷名香拜请来。一炷名香透天庭,三炷名香请神明。拜请玉皇大帝过,王母娘娘降临来。拜请太上老君过,三元天官大人来,四大天王大人来。十大元帅大人过,一百零八将大人来。拜请北极紫薇大帝过,北极主宰大人来。拜请玄天上帝过,三十六元帅大人来。南斗、北斗星君过,拜请华光大帝来。普化天尊大人过,保生大帝大人来。渡僮本师祖师过,二十八宿星君来。南天赤帝星君过,北天黑帝星君来。中天黄帝星君过,拜请闾山法主来。三炷名香三拜请,拜请值日符使过,今日日主太岁来。杨太岁星君大人过,城隍城主大人来。城隍娘娘大人过,七爷八

图5-8　闽清县台埔村东岳泰山殿的请神仪式

爷大人来。拜请地头大人过，仁主大王大人来。娘妈夫人大人过，六曹八将大人来。六丁六甲大人过，门神户尉大人来。灶公灶奶大人过，天地三界诸神来。拜请三宝如来过，千手观音菩萨来。金童玉女大人过，廿四尊者大人来。十八罗汉大人过，山头桥尾各路来，路头路尾支持来。

仪式结束后，还要念《退神神咒》：

　　各堂圣人各堂过，各堂兵马我收回。三中三界我兄弟过，兄弟姐妹你要听真：东边行走东边去，西边行走西边去，南边行走南边去，北边行走北边去，各路兵马各路带，带回本宫本庙安歇来。今日给你感谢过，感谢天地三界诸神来。

扶乩仪式能使神灵、信众两者得以相接，神灵不再遥不可及，而是变得和生活息息相关。信众在与神灵互动的过程中，通过巫和仪式的记录与解释，达成交感，促成信仰。李安宅曾论及巫术在历史上的地位："我们不要以为现在留下来的巫术是迷信，轻视它的历史价值。迷信固是迷信，但它有过它的光荣历史。"[1]

（三）祈梦

2010年，美国电影《盗梦空间》在全球赢得了八亿多美元的票房，它确实是一部非常精彩的科幻电影，故事本身也非常有想象力，引发了一波讨论"梦"的热潮。现代科学认为，梦是一种生理现象，是人在睡眠状态时大脑的自发活动，而梦的产生又往往受生理和心理因素影响。由于灵魂信仰的作用，人们认为梦境不是偶然的，它和事物及事件的发展有一定的因果关系。几千年来，人们不仅对梦境执着一种信仰，而且逐渐形成一种解梦的学问。在我国传统文化中有梦文化一说，它的历史非常久远，相关成语也很多，如庄周梦蝶、黄粱一梦、梦笔生花、南柯一梦等等，每个成语背后都有一个关于梦的精彩故事。从殷商两周直到近代，通过梦来占卜早已形成传统，而且在人

---

[1]　李安宅：《巫术的分析》，四川人民出版社1991年版，第10页。

们的生活中产生着重要的影响，福建至今还保留着以梦占卜的民间习俗，称为"祈梦"。

祈梦，亦称乞梦、祷梦、求梦，是通过做梦使自己的灵魂和躯体二分，让灵魂听取鬼神的指示，其实质是通过内心体验而获知神意。这种方法之所以流行，主要有两点原因：首先，祈梦体现了中国传统文化所具有的内倾化特点；其次，梦境是可以被解释的。虽然心理学上认为梦境是个人心理反映的产物，不过许多人还是认为梦境充满了神秘感和预示作用。

向泰山神祈梦由来已久，先秦《晏子春秋》中已有齐景公过泰山梦泰山神现身的记载。《续夷坚志·神告胥莘公》记载："胥莘公尝梦泰山神告之曰：'敬我无福，慢我无殃。当行善道，家道久长。'"[1]《水浒传》的前身《大宋宣和遗事》中，吴加亮（吴用）对宋江道："是哥哥晁盖临终时分道与我，从政和年间，朝东岳烧香，得一梦，见寨上会中合得三十六数，若果应数，须是助行忠义，保护国家。"[2]清末名臣左宗棠也曾到泰山祈梦："左侯相之经泰安也，道梁父，陟泰山，稽首于碧霞祠下而祈梦焉。"[3]

福建祈梦之风盛行，如《闽都别记》中的"龙符灵梦""双峰敝刹昼寝得一梦""三世奇缘犹梦中之未觉""今夜可共祈一梦，以梦相判"等等，著名的祈梦之地有莆田市天云洞、福清市石竹山、仙游县九鲤湖等，在泰山信仰中也存在

图5-9　莆田市涵江区江口镇东岳观的"东皇司命"匾额

① 〔元〕元好问：《续夷坚志》，商务印书馆1939年版，第36页。
② 〔南宋〕佚名：《大宋宣和遗事》，中国古典文学出版社1954年版，第45页。
③ 《左相奇梦》，载《申报》，光绪十年（1884）九月二十一日。

祈梦风俗。明崇祯年间，莆田籍礼部尚书曾楚卿路过莆田江口镇，梦东岳大帝索匾，特书"东皇司命"匾额敬献。泰国商人、爱国华侨欧宗清先生之母受泰山神托梦，叮嘱她告知儿子回福州认祖归宗。

祈梦的具体步骤，卢公明的记载是：

> 有时候遇到重大的事情却拿不定主意该怎么做，有人会到庙里去烧香，简单陈述事情原委之后，祈求神灵托梦给予启示，他们往往就会在香烛氤氲的神座前睡着，并做了梦。醒来后，用爻杯卜卦，证实一下刚才的梦境确实是神灵送的启示。如果卜卦结果是肯定的，照着神灵的指导去做就肯定正确。据说有人梦醒后没有用爻杯卜卦证实，结果就被野梦误导入歧途。[①]

也许，很多人对这些仪式充满了否定、轻视。但赞美理性的成熟，也不可忽视奇思妙想的火花萌动。"梦想"，就是与生俱来发自初衷的萌动，这是人不为理性控制之初始的思想，而往往就是这种梦想火花的启示，成就了许多人一生神圣的事业。人生许多的梦想都可以转换提升，有的人物之所以伟大，就是因为能够将偶然梦想的启示，奉行为终之一生的追求，这种追求被多少代人薪火相传、不断延续，这就是寻梦、追梦和圆梦的过程。

（四）问亡

福建的女巫除了为人消灾祈福外，经常做的是为人"问亡"。问亡即女巫通过催眠的方式引导人的灵魂进入阴间跟亡者相会，或引导亡者灵魂附身女巫，女巫以亡者的化身和人对话，闽东称"提亡"，闽西北称"问神"或"问仙"，莆田一带称"寻亡"。清末福建问亡之风颇盛，卢公明记载：

> 她坐在桌边，桌上点一对蜡烛，香炉里插三支香，有时把香插在一个盛了米饭的桶中。仔细询问了要寻访的死者的姓名和忌辰后，她俯下头趴在桌边，看不清她的脸。过一会儿后，她抬起头，眼睛仍然闭着，招呼求

---

① 〔美〕卢公明著，陈泽平译：《中国人的社会生活》，福建人民出版社2009年版，第298页。

问者上前。此时神妈已经在彼岸世界里被寻访对象附了体，鬼魂借助她的嘴跟活人直接对话。对话过程中双方相互有问有答。结束时，她又把头埋下，趴在桌上。几分钟之后，她表现出恶心欲吐的样子，喝了几口茶水后，才恢复正常。此时鬼魂已经离开了。[①]

此风在民国时期仍很普遍，如福州东门外塔头街女腹巫郑银妹，称能找到去世亲友对话，名曰"讨线"，所用为腹语。甚至出现了用摄影观亡的情况，《洞灵小志·卷五·摄影异事》记载：

> 刘孟纯言：福州北门外多丛冢，有上冢者祭毕摄影，影中有古装妇人。又厦门公园有游人摄影，一小儿影飘遥空际。嗣知有杨氏儿生前恒游此，其父母见之大哭，谓酷肖也。侯疑始言：其友谢复初，侨商也。夫妇皆奉佛，妇卒，临殡摄影，睹其照片，则妇衣殓服趺坐灵几上，风貌宛然。[②]

问亡的方法不能频繁使用，据说亡者阴气会伤到活人，更会导致冥界的不满。还有一种巫师叫"暗看"，即能看见常人看不见的事物，如果财物失窃

图5-10　福州市鼓楼区龙峰社区泰山庙的问亡仪式

或某人突然得了重病，则请"暗看"手中拈香在屋里慢慢踱步，然后煞有介事地说财物在何处、盗窃者的样貌，或生病是因为什么鬼怪作祟，建议烧香、许愿等等。这些传说在民间流传甚广，季羡林先生在《忆往述怀》中回忆，他为母亲守灵时，母亲深夜附身邻家大婶和他讲话，

---

① 〔美〕卢公明著，陈泽平译：《中国人的社会生活》，福建人民出版社2009年版，第290页。
② 郭则沄著，栾保群点校：《洞灵小志·续志·补志》，东方出版社2010年版，第99～100页。

这让季先生震惊而又伤感。

这些和异域世界沟通的方式，有人认为是中国传统文化中的糟粕，而有人则认为其中包含了一定的道理，命理学用宿命论劝人安天顺命的同时，也叫人积极规划自己的人生，给本来无所谓目标的人生提供一个方向，使消极的人生变得积极起来。这些宗教仪式自产生之日起，围绕在它身边的是是非非就从未停止过，但无可否认的是，这些中国土生土长的仪式历经风雨，其信仰已经或深或浅地扎根在社会生活的每一个角落。

第三节　人神的狂欢

法国宗教社会学家涂尔干曾说："神圣与凡俗这两个类别之间的对立，总是能够通过某种可见的记号在自身明白无误地显露出来。无论何时何地，我们只要依据这个标记，就能轻而易举地辨认这种极其特殊的分类。"[1]而在中国的信仰中，神圣与凡俗的观念却呈现出相互交融的形态：一方面，人们普遍相信，在世俗社会之外有一个神秘的世界，里面充满了神仙、亡灵和各种鬼怪；另一方面，人们却能通过各种互动和他们共处一堂、不分彼此。

（一）神诞

神诞，即神的诞辰。为了答谢神恩，人们不惜靡费资财，准备大量的祭品，并请来戏班子演"酬神戏"，举行庆祝活动。关于在福州庆祝东岳大帝神诞的情形，卢公明曾有详细记录：

> 在中国东南部，信仰东岳泰山的民众很多，他被认为是阴间的统治者，其权威可能仅次于玉皇大帝。东岳泰山的庙宇在城东门外约五里地的地方。每年农历三月二十四日"迎泰山"，他的神像被放进八抬大轿巡游

---

① 朱元发：《涂尔干社会学引论》，三联书店（香港）公司1988年版，第17页。

福州城内的主要大街，第二天出南门巡游南台地区。大量市民在这两天穿节日盛装上街向他膜拜，感谢他在种种祈求事项中满足了他们的心愿。这样的日子里，街上非常热闹，人们普遍地感到兴奋。三月二十八是泰山诞辰，许多家庭庆祝这个日子。有人上大供，用全猪、全羊和鸡、鸭、鹅来祭供，有些人用猪头、羊头代替全猪全羊。还有丰盛的菜肴，许多香烛、冥钱等等。

　　驻扎在福州的满族八旗人也一样供奉泰山。每年的迎泰山巡游，旗人也都参与其中，引人注目。似乎满族人已经把泰山当作是他们自己的神灵了。本地的其他民间神鬼及其迎神活动都没有引起旗人这么大的兴趣，也不可能得到他们的捐款资助和积极参与。

　　在泰山诞日前的几天内，旗人中地位最高的一些妇人要到泰山庙里伺候"泰山娘娘"。他们就住在泰山庙的客房里，晚上服侍泰山娘娘上床，把娘娘的偶像和泰山的偶像一起放在床上，盖好被子。在早晨，她们送汤水给娘娘盥洗。白天不时地给娘娘敬茶、敬烟，供各种点心，就像女奴伺候最高贵的女主人一样。这已经变成了福州旗人的一项新习俗。

　　这座泰山庙规模很大，分出许多偏殿，供奉各种各样的属神。整座庙宇维护保养得非常好。[①]

中国传统戏曲表演与祭祀活动的结合一向紧密，在神灵诞辰之日，信众常以戏曲的形式举行酬神娱神活动。人们无论是求功名、财利、家族振兴，还是求子、祈丰收、求平安等等，都渴望得到神灵庇佑。当愿望得以实现，一方面需要酬谢神灵，另一方面也需要神灵能够继续保佑自己，满足自己进一步的愿望。

　　酬神戏必有《八仙贺寿》，其他内容则无明确限定，但必须是吉祥喜庆的。对于这种民间自发组织的娱乐盛会，信众不论性别、年龄、身份，都怀着无法言说的"怒放"心情纷纷参与其中，通过取悦神灵让神灵来保佑自己，而自己又可趁此得到解放和娱乐。这就是老百姓既小心翼翼地崇奉"灵应昭然"的神，

---

　　① 〔美〕卢公明著，陈泽平译：《中国人的社会生活》，福建人民出版社2009年版，第137～138页。

图5-11　福州市仓山区屿宅村祝圣堂泰山府的酬神戏

又毫无顾忌地尽情享乐的自然心态，因为酬神戏在娱神的同时更是娱人，酬神戏对戏曲演出、宗教信仰、休闲娱乐、民众精神慰藉、维持社会秩序等都有重要作用。只是在娱乐方式日益丰富的今天，戏曲观众流失严重，许多地方懒于做酬神戏，有的直接在戏台上放影片。

（二）半段

福建有在中元节前后做"半段"的习俗，后将游神赛会等活动的聚餐统称为半段。郑丽生《做半段》诗云：

家家秋祭古风淳，社酒难豚笑语温。

款约下乡做半段，平分岁序是中元。①

蔡耀煌在《鸢飞鱼跃斋随笔》中也记载了半段的由来：

————————

①　郑丽生：《福州风土诗》，福建人民出版社2012年版，第112页。

　　福州附近乡间，视七月半为一大节，谓之"半段"。盖是时约占全年中之一半阶段，且早稻已收获，正值农村丰足闲暇之时，故各乡均于此时做半段，其日期亦可任意选择。每值做半段之时，必广招亲友莅临欢宴数日，富足之家，以客多为荣，故即亲友之亲友，非有直接交情者，亦殷殷招待，甚至演剧娱宾，笙歌彻夜。[①]

图5-12　罗源县凤山镇后张泰山府的半段

　　农历七月，一年的时间已经过半，播种与收获也告一段落，乡亲们相对有了空余时间。丰收年要庆贺一番，总结经验，歉收年也要总结一下教训。同时，在农忙时分，亲友间有过"换工"（互相帮忙），于是在民间出现了走亲访友、互相宴请的高潮，慢慢地宗教活动也参与其中，成为宗教仪式的一种。半段时间也不那么严谨，比如不同人家定同一天，共同的客人必然分身乏术，所以不同村落、行业、人群为了便于往来，时间也稍有差异。请到的客人越多，证明主人的人缘越好、越有面子，因此往往主人的亲友又带着自己的亲友，许多人主人并不认识，客人之间也相互不认识，于是就出现了"混吃混喝"的人，当然此时主人即使心知肚明也不会核查、驱赶。

（三）游神

　　游神，也称迎佛、抬佛、抬神像、圣驾巡游、神像出巡等等，是人们在喜庆节日里诸如元宵或神诞的这一天，信徒们抬着神像沿街巡游，接受信众的香火膜拜，寓意神灵降临人间，巡视乡里，保佑合境平安。游行沿途有神偶、舞狮、舞龙、踩高跷、电子花车、地方戏曲及乐队演奏等艺阵表演。

神灵所乘为"辇轿",像一座小建筑,有亭状、楼台状、宫殿状、椅子状多种,还会按神职分为文轿和武轿,文轿四平八稳,较重且上有顶盖,武轿较为轻便且露天,另有简易轻便小辇轿,适合神格较低的配神。抬轿的风格因地区而异,福州、厦门、泉州一带讲究"发辇",即轿子晃动的幅度越大越代表神威显赫,漳州一带讲究"犁神",即扛着轿子向前冲。闽南一带还有辇轿"踏火"仪式,点燃一堆炭火,由乩童先冲过整个烧旺的炭堆,打开一条火路,辇轿随后跟上,冲过火路时扬起炽红的炭堆,仿佛浴火而过。

图5-13 诏安县南诏镇东岳庙的辇轿

福建泰山信仰中,游神时的仪仗分全銮、半銮两种,全銮为背后日月双扇、两侧三十六杆仪仗旗开道,半銮为日月同绘在一柄上的单扇、十八杆仪仗旗。东岳大帝游神时用全副銮驾,而温康二都统、驸马只能用半銮。驸马的单扇正面写"五龙仁圣宫驸马",背面写"岳宗恩赏",若驸马衣锦还乡(回原籍地巡游),则可借岳父老泰山的全銮以示恩荣。

就福州泰山信仰的游神来讲,主要分城内、城外两部分,城内游神的主角是东岳大帝,城外则是九案泰山府十三堂的温康二都统。

图5-14 莆田市秀屿区武盛村朝宗岳庙的东岳大帝与日月双扇

1. 城内游神

每年农历三月二十八日是东岳大帝神诞。福州东岳祖庙大堂在农历三月二十二日就早早开堂，让各坊里境的神灵前来大堂报到，准备年例三月二十四日出巡。郑丽生《迎泰山》诗云：

初试新衣白袷衫，饱尝节物饼圜圜。
年年三月东门外，犯雨来看迎泰山。

注：所谓"犯雨来看"，相传泰山神为龙精，所以出行带雨，此时商家用面粉做成鸟兽形状，绘上福、寿、平安等字样，称为"泰山饼"，俗称"圜圜饼"。①

三月二十三日，东岳祖庙先行派出马牌沿游神路线广为告知。三月二十四日上午，出巡队伍从东岳祖庙出发，前列古代天子仪仗队，亮出刀枪剑戟等十八般武器，意在镇压妖魔鬼怪，使百姓平安。接下来灯笼高照，八面鸣锣开道，八把长吹，四起四落声音不断，驸马、部将、司官等各神随驾，伴有马上吹、地下坪、肩头驮、高脚、十番②、台阁、旱船、花担、看担，并伴有各坊里境的塔骨等。然后有四把提炉点香，四把花瓶装花提挑，并有人扮作太监20多名，最后是24人轿班抬的绿呢大轿，内坐东岳天齐仁圣大帝神像。在轿子一侧，有一名仆人肩挑衣帽箱缓缓随行。东岳大帝一路"不着地、不看天"，即神像不能沾地，所经之处以幔遮天，经照天桥—马路企—案香街—塔头街—旗汛口—安泰桥—于山—水部—中亭街—旧大桥—南台—仓山到达下渡，沿途各宫庙祠观的人与神灵执香伏地接驾，声势浩大。

经过城内将军衙内时，衙门大开，将军亲自出来行香。在官方的号召下，民众也向陌生人壮胆敞开自己的心灵，士农工商、各种社会小团体，都积极打破彼此之间的隔阂，共同汇入宽阔的信仰海洋。但经过城南门火帝庙

---

① 郑丽生：《福州风土诗》，福建人民出版社2012年版，第63页。
② 十番是福建一种古老的乐种，也叫十欢、叶欢、什欢和十番伬等，源自舞龙时的打击乐，后成为独立的艺术形式，它使用的乐器有狼串、锣、钹等，后融入管弦乐器，已于2006年被列入国家非物质遗产名录。

时，东岳大帝却要下轿行礼，因为福
州火帝为自焚于鹿台的商纣王，东岳
大帝又有黄飞虎一说，虽然黄飞虎已
成为大帝，但见了昔日的君王，仍然
要行臣子之礼。此时，仆人伺候东岳
大帝换下黄龙袍、冠冕，换上衣帽箱
中备好的红蟒袍、王冠，向火帝恭敬
行礼。

出南门后，东岳大帝重新换上帝
王装，当夜驻跸在自己的岳父家，诸
神灵和随从均在下渡过夜，因此福州
有句民谚"下渡尾三娘游神，好看在
后头"。因为游神队伍经过一天的奔
波，已是非常劳累，在下渡休息一夜
后，第二天队伍很威武齐整，很好看，

图5-15　福州市鼓楼区太平街南离祁仙宫的
火帝商纣王（原火帝庙已拆，神像存
于此）

同时福州人将这句俗语赋予了凡事要看最后、笑到最后的含义。[①]

二十五日，东岳大帝由下渡起驾回銮。根据马牌所示的路线至东岳庙，有
"太监"手执钥匙奔回庙里，通知宫内各侍臣和太监宫女开宫门迎接。二十六日
晚上（二十七日子时），各神灵按品序上殿向东岳大帝拜寿，行三跪九叩之礼拜
毕退回。二十八日各神回衙理事。

由于时代变迁，城内东岳大帝游神仪式已多年未办。

2. 城外游神

城外泰山信仰的游神活动以九案泰山府最为浩大。九案泰山府共有十三堂，
主祀温康二都统，这一年温康二都统坐镇哪一堂，该堂就被称为"大堂"，仪
式也就由大堂开始。

更衣：农历八月三十日下午，温康二都统更衣。温康二都统的衣冠为金线
蟒袍、银帽，价值较高，以前某些经济拮据的堂甚至会拿到当铺当掉，游神前
再想方设法赎回。在贫困年代，神像平日着常服，蟒袍银帽则珍藏起来，待到

---

① 福州市台江区政协：《台江宗教》，福州市台江区政协2014年印，第27页。

游神前再换上，由此形成了"更衣"这一特殊的仪式。现在生活富庶了，温康二都统平时也着蟒袍银帽，但更衣仪式仍保留至今。作为最早为温康立庙的太平山堂，在十三堂中有着无可替代的地位，加之太平山一带原多为手工业者，经济条件较好，更衣、抬轿之类的"粗活"通常由附近山仔里堂和双浦头堂的人来做。更衣仪式是禁止观看的，传说更衣时，更衣人每年都摸到神像胸口发热，后来才发现是两窝白老鼠，便小心翼翼地将老鼠们捧到香炉中任其跑掉，第二年这两窝白老鼠仍会出现在神像中。

开堂：所谓开堂，为神返人间、开门纳奉、视察凡间、解民疾苦、普度众生之意。九案泰山府每年有三次开堂，分别是去年农历十二月三十至本年正月十六、农历五月初一至初六、农历九月初一至十六。其中第三次开堂最为重要，近年来出于时间安排的考虑，将开堂时间安排在了农历八月三十晚上。

农历八月三十晚上，在大堂举行开堂仪式，先是敲响开堂鼓。敲鼓方式是三下鼓面、一下鼓沿，"咚、咚、咚、嗒"，由慢至快，三通鼓罢敲钟四声。在福州，"三"与"生"谐音，而"四"与"死"谐音，因此开堂钟鼓被称为"入生出死"。

图5-16　敲开堂鼓

钟鼓过后，大家纷纷上香，西营里长生堂的东一班前来站堂。最初为温康二都统站堂的只有张郑二使者、九案十二曹、大堂的神灵等。据九案泰山府倪廷桢先生讲，某年游神到了西营里长生堂时，神灵们出来迎接，温都统的银帽掉落，恰好落在西营里长生堂东一班老大伯的怀里，传命使当场宣布温都统的旨意，封老大伯为护驾大将军，自此每当开堂时，护驾大将军便带东一班前来站堂，感受这份难得的殊荣。

拜寿：农历九月初一至初八，其他堂的神灵伴随着锣鼓、高跷，

浩浩荡荡地来到大堂拜寿。因为
董仙师是温康二都统在医术上的
师父，各堂队伍经过上河救生堂
时，禁放鞭炮，所有的锣鼓音乐
停止，皂班将板子夹到腋下避免
发出声响，以此表示对董仙师的
尊敬。到达大堂后，神像在人的
辅助下依次向温康神像鞠躬行礼。
持续八天的拜寿后，九月初九，
各案各自置办酒席庆祝。

游马炉：马炉为特殊的锡制
香炉。农历九月十一晚上，大堂
神灵护送马炉游十三堂，有专人
代表马驮着马炉在街上飞跑，一
队皂班紧跟其后保护。以前的
十三堂有的地处偏僻的村庄，街
道狭小，轿子无法进入，便在马
炉上插温康二都统的令旗，马炉
所到如二都统亲临。

问杯：问杯是为了确定温
康二都统新一年坐到何堂，是九
案泰山府每年最隆重的仪式。农
历九月十二未时（下午 1 点至
3 点），神灵齐聚大堂，吴总政、
良愿司威烈王岳为黑面，何总
管、督查司为白面，按面色黑白
罗列两侧，象征阴阳分明、公正
无私。焚香祈祷后，全府十三堂
管委会主任（俗称堂主或总理）
依次跪在温康神像前等待问杯

图5-17　神像在人的辅助下向温康二都统行礼

图5-18　游马炉

图5-19　问杯

图5-20　马牌

结果。道士将两片爻杯抛向空间，若两片爻杯落地后一正一反，则代表神灵的赞同。当轮到某一堂的堂主跪在神像前时，若连续三次掷爻杯都是一正一反，则代表温康二都统确定新一年坐镇该堂，称为"三圣"定案。

夺马牌：马牌上书写《九案泰山温康二都统巡游颂》，内容每年都大同小异，标示着游神的路线，同时表达了吉祥如意、繁荣兴旺的祈愿，如2015年马牌上写：

泰山府钟鼓齐鸣　温康俩王发号令
率三军巡游九案　浦东庙大堂起驾
浦东乡龙飞凤舞　太平山吉庆平安

山仔里福禄寿喜　　双浦头风调雨顺

洋柄同心福禄全　　上河救生庆升平

下河竹榄百业旺　　教场阪龙凤呈祥

西营长生万民颂　　西洋乡升平景象

涵头颂歌声嘹亮　　斗池社花开富贵

菏泽花开并蒂莲　　长汀里财源广进

院后百花竞争艳　　浦西境丁财两旺

江滨社与时俱进　　义洲社渔歌唱和

温康都统显威灵　　护境佑民世泽长

十三乡众同一心　　九案共荣谱新篇

问杯过程中，当某一堂掷出"一圣"时，该堂青年扛起马牌就跑，边跑边听后面有没有得"二圣"，若听到后面喊"没呵"，便将马牌归还原处，下一堂的青年接上。如果得了"二圣"，往往人已经跑远，听不到是否有"三圣"的呼喊。若没有"三圣"，下一堂的青年便追上夺回马牌，若听到庆祝的鞭炮齐

图5-21　温康二都统在巡视途中吃宴

图5-22　向游神队伍虔诚礼拜的拾荒老太

鸣，表示其得到了"三圣"，便高举着马牌跑回来。

确定出新大堂后，新大堂立刻派人举着马牌到村里绕一圈，马牌到后，村民敲锣打鼓放鞭炮游马牌庆祝。如2019年农历九月，确定温康二都统驻跸山仔里堂，距离上次驻跸山仔里堂已有86年了。

移驾：农历九月十三，温康二都统离开旧大堂，称为"下行台"。西洋积善堂和新大堂的人与神灵将温康二都统神像和马炉迎至西洋积善堂。按规矩，无论温康二都统新一年驻在哪堂，都要先在西洋积善堂驻跸一天，称为"进公馆"。

出巡：农历九月十四晚上，温康二都统从西洋积善堂出发巡视各堂。各堂的副神在指定地点集中完毕后，游行开始，队首是导行牌，接着是50把青龙彩旗队、50盏灯队、8面案牌队、刀斧武士卫队、十番、高跷、香炉、20名皂吏队，然后8人抬的温都统大轿、康都统大轿，再后是以职位高低排列的156尊（历史上最多时达180尊）副神，整个队列可达2千米长。每到一村，全村男女老少举香跪迎，锣鼓喧天，场面极其热闹。

由于温都统严厉、康都统仁慈，出游时温都统走在前面，遇到厉鬼邪祟毫不留情地拿下，康都统走在后面，对其教导一番释放。游行途中十三堂每堂设宴，最后一站为太平山堂，民谚所谓的"进公馆落太平"，温康二都统在此吃"太平宴"，彻夜做酬神戏，称为"透夜戏"，祈求来年风调雨顺、太平安康。

3. 其他游神

在福建各地还存在着许多泰山信仰游神活动，如永泰县盘谷乡的"万人迎游泰山君"。按盘古乡的风俗，正月十七清晨开始，泰山君巡游全乡。乡内各村民都早早起来，在各自的街头巷尾摆设丰盛的供品，点燃香烛，准备恭迎泰山君等诸神。约上午7时，泰山君从下榻的龙翔堂中被恭请出游，巡游队由盘谷乡13个姓氏的数千名村民组成，泰山君在13条彩龙的簇拥下浩荡前行，每到一处，烟花爆竹四起，村民焚香设案虔诚跪迎，祈求风调雨顺、合家平安。据龙翔堂理事会的刘信老先生讲，供奉泰山君的龙翔堂有一千多年的历史，后被破坏，村民在1984年组织重建了龙翔堂。迎泰山君是盘谷乡每年最盛大的庙会活动，已成为盘谷乡最重要的民俗文化之一。

游神时会把人间的等级制度和讲究应酬揉入其中。如前所述，神灵的等级高，出巡时则乘神轿，而低级的小神则是塔骨神像，有上身无下部，躯体中间掏空，游神时将神像套在人身上，穿上长袍，由人代步，称为"神脚"，神像腹部开一圆洞，神脚可从中视物。如东岳大帝、都城隍等尊神皆有乘轿之资格，而御前部将、黑白无常等小神只能由人代步。

据《中华全国风俗志》记载，福建的游神活动，途中两神相遇，香头（游神的组织者）代表本神应酬，如省城隍途遇瘟部尚书，省城隍神阶低于瘟部尚书，神舆只能停靠在路边，瘟部尚书神舆则可停在路中间。随后，城隍神的香头代表本神，趋前行三叩礼，跪在地上说："卑神不知圣驾到此，接驾来迟，罪该万死，请殿下恕罪，并赐教训。"瘟部尚书的香头挺胸凸肚答曰："免罪。今日本爵出巡至贵城隍辖境之内，家家户户信奉神圣，一路之上，祥光拥护，疫气毫无，所有散疫小鬼，早已逃避国外，足见贵城隍办事认真，可喜可嘉。本爵明日面奏玉帝，还有保奏一本。"城隍香头跪答："谢殿下栽培。"瘟部尚书香头则说："这是本爵应分之事，不消谢的，此后务必益加勉力，不负玉皇万岁为要，去吧。"步行之小神途遇尊神，则要先在路边站班，接近神舆时曲一膝请安，这时尊神教训之词更加严厉，步行之小神只能"是，是，是"的答应。有时某神灵的太子出巡，遇见与其父平级的尊神，则要执子侄之礼称"老伯"。[①]

不可思议的是，香头可以借此公

图5-23　将神像套在人身上步行的小神

①　胡朴安：《中华全国风俗志》下编，河北人民出版社1986年版，第305页。

报私仇。如甲乙二人素有仇隙，甲为贵神香头，乙为小神神脚，游神相遇时，"贵神"训斥"小神"捉鬼不利，甲将乙连人带套着的神像当场棍责四十。此外还有儿子以神灵的名义逼迫父亲下跪认错的情况，类似太平天国中杨秀清以"天父"名义挟制洪秀全。

游神时众神云集，是信众许愿还愿的好时机，如"礼朝拜""拜香愿"。此时，自觉有罪想消业增福的人便来此忏悔，更有甚者会扮演犯人，接受象征性的惩罚，"犯人"根据"罪业"大小分为"枷犯"和"斩犯"。卢公明记载：

> 每年春季与秋季各有两天，市内及南台的街道上有数千人参加为还愿而进行的迎神赛会，抬着游行的是本地最显赫的两尊神偶——省城隍和东岳泰山。
>
> 经常是因为自己或父母生了病，人们对神灵发愿，说如果神灵保佑能够痊愈，将在数年之内在迎神赛会上怎么做。在预定迎神赛会的日子到来之前几天，要还愿的人去那个组织游行的庙里报名申请。有些人许了"礼朝拜"的愿，到了游行的日子，带着小板凳早早来到街上，凳子面上交叉贴着从庙里得到的两张封条，凳子一端钉了一个突起的钉子，钉头上有个眼儿，是准备用来插香火的。这些人都穿着整洁的短上衣，脚下是草鞋，头发上别着一张黄色的符。另一类人许了"枷愿"，脖子上戴着木枷参加游行，这种木枷样子跟作为刑具的枷一样，只是小一些，也没那么重。在庙里登记时给的两张封条贴在枷面上，就像官府给犯人戴的枷上写着判决的封条一样。有时游行队伍中会有几个穿红罩衫的人，罩衫上写的字说明这些人是准备杀头的，他们只是慢慢地跟着队伍走。这些穿红衫的人表达了一种程度最高的"斩犯愿"，甘愿为自己挚爱亲人的健康和长寿去承受杀头之苦。①

许愿者身穿象征性的囚衣、头戴枷锁（多为薄木板或纸壳制），背插上书人犯某某的名牌。东岳大帝像前置一横案，上放烛斗、令旗、令箭、大印等，两侧列六曹或八将神像。先鸣炮九响，再擂鼓三通，开启两侧辕门，值殿官传

---

① 〔美〕卢公明著，陈泽平译：《中国人的社会生活》，福建人民出版社2009年版，第86~88页。

呼各乡村的地方神灵参驾，
神灵们由东辕门晋见，从西
辕门退出。然后开堂审犯，
先审"斩犯"，点名后押赴
法场"问斩"，再审"枷
犯"，令其跪在堂前示众。
"犯人"先由严厉的温都统
训斥一番，然后司礼神宣读
东岳大帝的赦罪圣旨，再由
仁慈的康都统当场宣布赦

图5-24　连江县玉荷东路东岳泰山府中的"枷犯"

免，将囚衣、枷锁、名牌烧掉，代表罪恶消除，至此仪式完成。希望父母增福
增寿的子女往往替父母充当"犯人"，有时"犯人"甚至觉得披枷带锁不足以
表达自己的忏悔之心，索性将自己押在囚车中，在游神队伍后由人拖行。

　　游神赛会是一地的盛事，世代相传，也形成了一种仪式感。在这个仪式里，
参与的有神灵，有老人，有孩子，也有游子，以这样一种特殊的方式延续着信
仰传承、人间烟火。

（四）封印开印

　　在岁末年初之际，民间多数庙宇皆有送年、接年之俗，如北方腊月二十三
辞灶、大年三十迎灶。通常情况下，福建腊月二十四左右为送年，正月初四左
右为接年。故而在人性化的宗教里，依据大众想法贴心地给神灵们都放个假也
不足为奇，此即为"送年"。以神灵为第一人称，送年又有一个充满诗意的名
称：朝天贺年，即神灵自行台赶往金阙做年度总结报告了。同时，送年之俗也
为世俗传闻中腊月二十五玉皇下降考察人间做了充分的铺垫。到了正月初四左
右开春之际，神灵便需赶回上班，为避免神灵留恋天曹不愿回宫，乡民们便隔
空再三呼请，仰启来归。同时燃起稻草，称为"起火云"，以造云梯，隐约氤
氲之中，供神灵踏烟云而回，由此也衍生出了各地坛班在接年时的踏火仪式。

　　庙宇作为宗教上的行政部门，在送年、接年时，又被人们融入了古代现实
行政系统中的封印、开印环节。封印、开印本为旧时官署年末封存、春初开启
印绶的仪式，意为停止以及重启办公，但与送年、接年在时间上非常接近，在

仪轨上相辅相成、毫不违和，于是各庙宇也依样画葫芦，完整地照搬了整套仪式。关于封印仪式，郑丽生的《封印》诗曰：

> 案牍劳形官事疲，一年辛苦有谁知。
> 衙门休假先封印，不问人间是与非。[1]

按卢公明的记载：

在腊月二十，官府衙门里有一桩重大的事项，那就是封印。衙门里的官员们日复一日不间断地为公务操劳十一个月，期间没有休息放假，现在可以放假一个月了。在正月二十之前，除非遇到特别重大、特别紧急的事务，官印封存起来，事先在纸上盖好印鉴备用，并只允许在封印的一个月内使用于紧急公务，例如临时需要发布公告或签发许可。这样的纸上必须有四个朱笔大字，说明是在封印之前盖了章的。据说在休假期间签发的任何文书上如果没有这样的朱笔字样，掌印的官员就负有责任，会受到降级等相应的处罚。休假时间内衙门里基本上不办事，大小文武官员只是尽情享乐，互相宴请或看戏。

封印的顺序是，从最高一级的官员开始，到最低一级的官员结束。所有僚属都必须出席并见证长官的封印仪式。当最高一级长官——文武各成系列——结束了封印仪式，除了本衙门的属吏，其余人都分别赶赴所属的下一级衙门，参加那里的仪式，参加仪式的人群越来越小，直至最后一级，此时往往已经天黑。

举行封印仪式的大堂上，所有的灯笼、火把、蜡烛都点起来。印章放在案上，点起香烛跪拜。封印完毕，燃放爆竹，鸣礼炮。因一年一度的休假期和春节的来临，整整一个月时间从每天的例行公事和责任中解脱出来，可以纵情玩乐欢度春节。大家诚挚地互相道喜，到处洋溢着喜悦的气氛。[2]

---

① 郑丽生：《福州风土诗》，福建人民出版社2012年版，第150页。
② 〔美〕卢公明著，陈泽平译：《中国人的社会生活》，福建人民出版社2009年版，第271～272页。

东岳大帝也要休假，效仿古代衙门的休假制度，也是每年农历腊月二十子时封印，此前先将全年案件记录下来焚化，寓意上报大帝，再将印请到大堂中间用封条封起来，封印前也要先印五到十张的空单以备"紧急需要"。

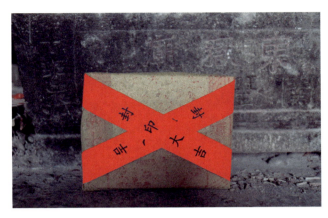

图5-25　永春县仙阳村东岳庙的封印仪式

与"朝天贺年"相对，接年则称为"回銮"。在神灵来往的路途上，人们考虑到天气寒冷，路程遥远，神灵易挨寒受饿，一方面决定为神灵积攒柴火烘脚，组织坛班或孩童一干人等，捧神，摇铃撼鼓，挨家挨户讨要薪柴，称为"乞草"，到了现在，早已演化为小儿们的"讨零花钱"环节；另一方面，人们又在送年、接年的贡品上下了心思，解决了神灵们饮食上的后顾之忧。与之相对应的，神灵也在正月举行开印仪式。同样，卢公明也详细记载了开印仪式的全过程：

每年正月二十是城里城外各级衙门开印的日子，也许整个帝国都是如此。各级官印在腊月二十封存，到这一天重启。对所有主印官来说，这是非常重要的时刻，对有状要告或有案未断的市民来说也是如此。

最低一级的文武官员的开印时间是凌晨三四点钟。他们自己的开印仪式一结束，这些低级官员就要赶往顶头上司的衙门参加那儿的开印仪式。然后再随着顶头上司一同赶到更高一级的衙门，如此类推。于是，越高级的衙门开印时人越多，越热闹。直到最后文官齐集总督衙门，武官都汇聚到满族将军衙门。

衙门设在城外的官员要更早开印，以便在清晨城门一打开时，就入城参加上司的开印仪式。

各级衙门的开印仪式大体上相同。在主印官以及所有部属在场的情况下揭掉封条，去除盛着印玺的匣子，放在大堂的案上。大堂里灯火通明，点上香烛，然后主印官走到案前，在礼生的引导下，行三跪九叩大

图5-26　莆田市涵江区东施村临江境的泰山府开印仪式

礼。长吏双手捧起印匣，高举过头，躬下身来，表达对主印官新年高升、衙门昌盛的祝愿。然后大印从匣中取出，放在案上，主印官再次三跪九叩，然后在一张写着"开印大吉"的红纸上盖四个印，把这张纸贴在大堂的门上。

　　各级衙门的开印仪式总是大放鞭炮，正月二十是衙门胥吏的盛大喜庆日子，午后和晚间总要演戏庆贺，常常在晚上结束时还要放冲天的礼炮。

　　长达一个月的年假让官员们从日常的公务和责任中解脱出来，放松一下，现在新一轮的十一个月的工作期又开始了。由于年休压下了很多事务，年初这段时间总是特别忙。[①]

　　东岳大帝也是在正月二十开印，处理积压的事务，许多宗教仪式也在此时进行。此俗被人们沿用至今，足以证明古仪式的遗存。神前帐布岁岁合开，送往、迎来乃人间常态，年年历经，生生不息。如此繁杂为哪般？唯愿合境平安。

---

　　① 〔美〕卢公明著，陈泽平译：《中国人的社会生活》，福建人民出版社2009年版，第249页。

第六章
福建泰山信仰的宗教职能

　　信众对信仰的祈愿主要分两部分：当下和来世。就当下而言，民众崇祀神灵主要是对生命力的追求，希望能够吸取生命力，借以满足人们追求人丁兴旺、家宅平安、物质丰富、精神愉悦的愿望；另外，中国乐生恶死的观念极深，然而对死亡的恐惧并没有使人们完全沉溺于对长生不老的追求，反而使其反复思考魂归何处的问题。宗教信仰便在这两方面的基础上产生了诸多的宗教职能。

第一节　大德曰生

　　中国远征军老兵、北京大学教授、泰山文化学者杨辛老先生曾对笔者说："泰山最大的特点是'生'，天地之大德曰生。"地处东方的泰山，是迎接太阳、万物交代的地方。《史记》记载："黄帝封东泰山，禅凡山，合符，然后不死焉。"①南北朝崔灵恩《三礼义宗》称："东岳所谓之岱者，代谢之义。阳春用事，除故生新，万物更生，相代之道。"②古人认为泰山上有金匮，内有生死簿，泰山神便成为掌握人生死的神。在元代，泰山神的封号增加了"大生"二字，称"东岱岳宗天齐大生仁圣大帝"。

---

　　① 〔西汉〕司马迁：《史记》卷28，中华书局1959年版，第1402页。
　　② 尹方荣：《社与中国上古神话》，上海古籍出版社2012年版，第171页。

图6-1　莆田市荔城区文献东路文峰天后宫的"东岳注生大帝"文函

这一信仰在福建也得到了延续和流传，北宋淳化四年（993），节度掌书记、承直郎、试大理评事兼监察御史裴询作《福州东华宫太山庙记》，首云："四时代谢，东方立生杀之权；五岳辨方，太山掌生死之籍。"①笔者调查中发现，福建也有将东岳大帝称为"东岳注生大帝""东岳长生仁济大帝""东岳天齐大生仁元圣帝"的现象。

《阅微草堂笔记·滦阳消夏录四·自污救人》中记载，某家丢失钱财，怀疑婢女偷盗，要缢死婢女，农夫陈四的母亲典当了衣服还钱，谎称自己所偷，救下婢女一命，土地公上报城隍，城隍上报东岳大帝，陈母本应老来丧子，东岳大帝便延长了陈四的寿命：

农夫陈四，夏夜在团焦守瓜田，遥见老柳树下，隐隐有数人影。疑盗瓜者，假寐听之。中一人曰："不知陈四已睡未？"又一人曰："陈四不过数日，即来从我辈游，何畏之有。昨上直土神祠，见城隍牒矣。"又一人曰："君不知耶？陈四延寿矣。"众问何故，曰："某家失钱二千文，其婢鞭笞数百未承。婢之父亦愤曰：'生女如是，不如无，倘果盗，吾必缢杀之。'

图6-2　莆田市涵江区江口镇东岳观的"注生延寿"匾额和算盘

<hr>

①　曾枣庄、刘琳主编：《全宋文》第4册，巴蜀书社1990年版，第123页。

婢曰：'是不承死，承亦死也。'呼天泣。陈四之母怜之，阴典衣得钱二千，捧还主人曰：'老妇昏愦，一时见利取此钱，意谓主人积钱多，未必遽算出，不料累此婢，心实惶愧，钱尚未用，谨冒死自首，免结来世冤，老妇亦无颜居此，请从此辞。'婢因得免。"土神嘉其不辞自污以救人，达城隍，城隍达东岳。东岳检籍，此妇当老而丧子，冻饿死。以是功德，判陈四借来生之寿于今生，俾养其母。尔昨下直，未知也。陈四方窃愤母以盗钱见逐，至是乃释然。后九年母死，葬事毕，无疾而逝。[1]

漳州俗语"南门孩子不怕水，岳口孩子不怕鬼"，因为南门外有南门溪，孩子从小练游泳，岳口有东岳庙，孩子有东岳大帝照看。《子不语·卖浆者儿》中也有类似记载，卖浆者的儿子被恶鬼缠身，求东岳大帝解救还阳：

西邻唐姓者，向信鬼神之事，里中祀东岳帝，唐主其事，或代亲友以祈禳，屡屡应验。闻浆叟言，又见其子之狂态，因告曰："汝子为鬼所凭，何不求东岳神耶？"……儿已昏迷，满口流涎，众惶恐。少顷苏醒，叟挟之归，至夜始能言，云："我在街戏，见一人甚褴褛，相约往浴。日日相随不离，至东岳庙时，尚随在后。忽见殿前速报司神奔下擒他，方惧而逃，恰已为其所获，并将我带上殿。见帝君持呈状细阅，向一戴纱帽者语缕缕，不甚明。惟闻说我父母无罪，何得捉伊儿作替代。将跟我之鬼锁押枷责，放我还阳。"嗣后，浆叟子竟无恙。[2]

在安溪县凤山东岳寺，有一圆形小池称"血池"，由"池头夫人"守护。当地传说："妇女因生育难产而死，都要被打入血池地狱去受苦，只有她的亲人替她超度，才会救她脱离血池。"即民间"经书"《报恩忏》所讲的："拿到血池娘受苦，男女阳间不知情。披头散发血池叫，叫苦池中多少人。"古人认为分娩胎血为不洁之物，要将沾染的衣物弃于池中，传说血池的水即由生产的血汇聚而成。

---

① 〔清〕纪晓岚：《阅微草堂笔记》，浙江古籍出版社2015年版，第46页。
② 〔清〕袁枚：《白话全本子不语》，上海古籍出版社1995年版，第234页。

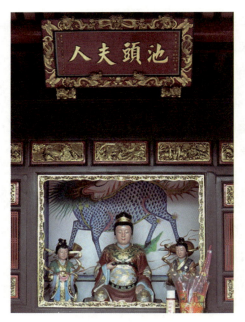

图6-3　安溪县凤山东岳寺的池头夫人

福州市晋安区岳峰镇东岳血池殿也存有一湾血池。2009年12月，在修缮庙宇的过程中，工人意外发现殿内地面下藏有一处长、宽各约5米的池塘，并从中挖出清雍正八年（1730）石香炉。经专家鉴定，该池塘即为相关文献资料中记载的明崇祯年间血池，后又按照文献记载，在血池上恢复清同治年间的古戏台，使文物更显整体性。

在血池殿林长钦先生的指引下，笔者详细观察了壁上的三幅明代壁画。林先生介绍说，三幅古壁画曾被文保单位切割移走修复，后移归血池殿，每幅画各绘五人，其中牛头、马面各一位，猪头人身形象两位，其余都是妇女形象，有的双头，有的大肚，有的头顶十一个孩子头，或站立或挥舞衣袖。

三幅壁画的含义说法不一。据2012年4月28日《东南快报》报道，福建省艺术研究院的刘湘如教授听到争论后哈哈大笑，称自己早已找到了答案，但故意留了一手，只字未提壁画的奇特造型，"原想留下一份神秘给后人想象，看来是时候为大家揭开谜底了，"刘湘如教授说，"三幅壁画在大殿左侧，但它右侧肯定还有与之对应的三幅壁画，不过据说早在'文革'前就被粉刷了。左侧的壁画其实是女子受孕图，右侧已被涂抹了的三幅壁画，应该是分娩过程图。"刘湘如教授解释，双头女子是道教中所称的"苦山神"，是告诉世人妇女受孕、分娩的痛苦，大肚子的妇人代表孕妇，而头顶着十一个孩子头的神是送子神，她会依据每个孕妇的品行选取一个合适的孩子送给她。牛头马面是把守地狱之

图6-4　福州市晋安区岳峰镇东岳血池殿的血池

图6-5　福州市晋安区岳峰镇东岳血池殿的壁画（之一）

门的神将，专门护送那些要转世的生命，那些挥着飘带起舞的人是在庆祝生命的轮回，表达快乐的心情。

　　然而，与刘湘如教授所说送灵魂投胎的喜庆观点相反，九案泰山府陈福吉老先生讲，壁画所绘的是产妇发生"产难"后的悲伤场景。在医疗技术落后的时代，生产充满了艰难和危险，产妇"一手扶着棺材板，随时准备躺进去"，妇女若犯"流艳煞"（作风不正派）、"流霞煞"（血崩）更容易遭遇产难，无奈的人们有时不得不将生的希望留到另一个世界。壁画上的牛头马面为守将，猪头神为五方猪神，女子有产妇、目连奶，阴间产婆伞妇（产妇谐音）、虾娘（流霞煞之霞谐音），另有食胎神、黄球神等。发生产难后，引路金童持幡引导产妇来到血池，牛头马面把守大门，五方猪神护住血池五方，伞妇、虾娘为产妇接生，使其在阴间继续完成生产，再入轮回。

　　与之类似的，在闽南地区的民间信仰中，东岳冥界有阎罗王、注寿司官、扬州长者、六角亭观音、注生娘娘与十二婆奶等职能司官。生死一体，东岳冥界连接着阳世，奈何桥上三样花，奈何桥下三条水：一条清水透阳间；一条清水透亡人；一条清水透产妊。去世之后再投胎转世，每朵花是一个生命，由注生娘娘安排人世间。

唐代韩愈《调张籍》诗云："流落人间者，泰山一毫芒。"[1]生命就这样在泰山的人间地府之间转化，周而复始，生生不息。

第二节　魂归东岳

在泰山神的神格认识上，福建尤其是闽南民众更多将其视为阴府之主而虔加崇祀，不同神职对应不同称呼，如求寿时称"东岳注生大帝"，超度时则称"地王"，立堂设坛时，向玉皇大帝请"玉旨"，向东岳大帝请"地旨"。据传人死时，泰山会派员将此人的灵魂勾去，这在历代诗文中多有体现：

言人死精魄归于泰山。（西汉　《乐府·泰山吟行》）[2]

泰山府君领群臣五千九百人，主治生死，百鬼之主帅也。世俗所奉鬼祠邪精之神而死者，皆归泰山受罪考焉。（南北朝　《五岳真形图》）[3]

在太山玄堂下，共定死生名录。（隋代　颜之推《冤魂志》）[4]

东岱前后魂，北邙新旧骨。（唐代　白居易《对酒》）[5]

执掌幽冥地府一十八重地狱，凡一应生死转化人神仙鬼，俱从东岳勘对。（明代　许仲琳《封神演义》）[6]

每一人始生，即准东岳文书知会，其人应是何等人，应是何年月日死，

---

①　贾传棠主编：《中国古代文学作品多解大辞典》，中州古籍出版社1997年版，第627页。

②　〔北宋〕郭茂倩：《乐府诗集》，万卷出版公司2017年版，第262页。

③　〔南北朝〕陶弘景：《洞玄灵宝真灵位业图》，载《道藏》第3册，第281页。

④　〔隋〕颜之推著，罗国威注：《〈冤魂志〉校注》，巴蜀书社2001年版，第56页。

⑤　杨柳编著：《中国历代赋酒诗词鉴赏》，成都时代出版社2003年版，第110页。

⑥　〔明〕许仲琳：《封神演义》，中华书局2009年版，第700页。

共计在阳世几载，历历不爽。(清代　袁枚《子不语·狮子大王》)[①]

　　东岳帝曰："汝命止秀才，寿亦终此。冥法森严，不能徇汝意，加增功名寿算也。"聘扳案哀号，声彻堂阶。帝曰："既是儒家弟子，送孔圣人裁夺。"命鬼卒押至宣圣处。宣圣曰："生死隶东岳，功名隶文昌，我不与焉。"(清代　袁枚《续子不语·牟尼泥》)[②]

　　阎罗王与东岳天子，日遣侍者男女十万八千众，分布天下作巫医，名"勾魂使者"，用药者不可不察也！(清代　蒲松龄《聊斋志异·岳神》)[③]

　　福建的泰山庙和全国各地敬祀泰山神的庙宇一样，都是泰山的派出机关，承担了一方职责。在明代福建人余象斗所著的《南游记》中："华光曰'死了在何处寻？'公主曰'人若死，都要到东岳庙里。'"[④]也因此产生了句歇后语"东岳庙里的二胡——鬼扯"。而据莆田市涵江区杨芳村的林旌铭先生介绍，莆田地区民间信仰认为"泰山通鬼"，人死之后归于泰山，此人便被称作"某泰山"，莆田有大量厉坛专祀无主孤魂野鬼，大型厉坛兼收无主尸骨，在一定时期的发展后，孤鬼演化为神灵，此类神称泰山大爷、泰山大哥，这种厉坛则称"泰山坛"，又因民间信仰中的泰山大

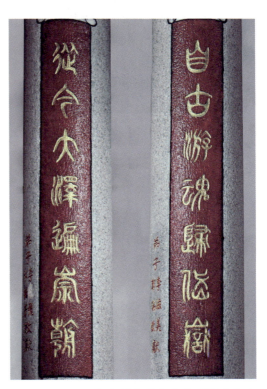

图6-6　平潭区东光村东岳泰山府对联"自古游魂归岱岳　从今大泽遍崇朝"

　　① 〔清〕袁枚：《白话全本子不语》，上海古籍出版社1995年版，第223页。
　　② 〔清〕袁枚：《白话全本子不语》，上海古籍出版社1995年版，第614页。
　　③ 〔清〕蒲松龄：《聊斋志异》，光明日报出版社2009年版，第475页。
　　④ 〔明〕余象斗等著：《绣像四游记》，黄河出版社1993年版，第227页。

图6-7　莆田市贤良港天后祖祠中的泰山坛

爷本指白无常，故后世便逐渐混淆，将历坛内的孤鬼塑做白无常样貌。莆田市秀屿村莆禧村的柯世娟女士就指着村口历坛对笔者说："那是我们村的泰山，这种在我们这很多。有的还配阴婚，送红囍帐、绣花鞋。"

冥途迢迢，人从死亡的那一刻起，其灵魂就开始踏上去往另一个世界的路程。按照福建民间的说法，人死后的经历如下：

第一步，由黑白无常勾魂，先到本地大王、土地处勾死籍，然后汇总到城隍庙，城隍将其一生功过报东岳大帝审判。据《长乐沙京·上李乡土志》记载：

长乐鹤上镇上李村古称善政乡十都清平里登龙境，本地大王为登龙境尊王，境内人去世后须向登龙境尊王报告死亡，由孝男、孝孙人等，披麻戴孝，手提"百子千孙"灯笼，在长者引导下，向该境境主神登龙境尊王"报亡"，诣死者于当日某时辰亡故，焚香祷告之后返回。①

第二步，登上孽镜台。孽镜又叫业镜，用来照人善恶功过，在《阅微草堂笔记·如是我闻一·业镜与心镜》中，岳庙司镜之吏详细描述了业镜和心镜的作用：

有士人夜过岳庙，朱扉严闭，而有人自庙中出。知是神灵，膜拜呼上圣。其人引手掖之曰："我非贵神，右台司镜之吏，赍文簿到此也。"问："司镜何义？其业镜也耶？"曰："业镜所照，行事之善恶耳……故诸天合议，移业镜于左台，照真小人；增心镜于右台，照伪君子。"②

① 李乡浏：《长乐沙京·上李乡土志》，德宏民族出版社2003年版，第91页。
② 〔清〕纪晓岚：《阅微草堂笔记》，上海古籍出版社1995年版，第182页。

业镜在《阅微草堂笔记》中多次出现："黄泉业镜台，待汝来相见""有冥籍，有业镜，实大方便""冥司业镜，罪有攸归""业镜台前觳觫对簿""照以业镜如所言，某乙乃悟""卒不能逃幽冥之业镜""左悬业镜，右持冥籍，指挥众生，轮回六道"。民间"经书"《报恩忏》中也有"拿到泰山十王殿，向前从头诉原因。业镜台前凭簿照，分毫做错罪加身"之语。

第三步，东岳大帝根据其是非功过进行审判，如明末丁耀亢《续金瓶梅》中："西门庆被武大郎、花子虚、苗员外一干人告在东岳，帝君准了……大恶盈小贯满，一网全收。"[1]东岳大帝也有性情的一面，《夷坚志》中，侍女陈馨奴被主母赵氏虐杀，东岳大帝准许陈馨奴回阳间手刃仇人；明代周清原《西湖二集》中，清官周必大被害，魂到泰山，东岳大帝赐他贵人胡须送他还阳，官至宰相。

第四步，投胎转世。在投胎转世之前，此人要登上望乡台最后一次回望家乡亲人。民国福建侯官人郭则沄《洞灵小志·卷四·曹君直》中："太夫人哭甚哀，君直忽张目曰：'母勿哭，儿将往泰山，如吴梅村故事

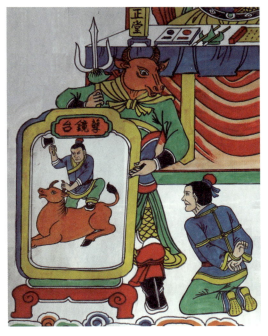

图6-8　惠安县螺城镇东岳大帝庙的孽镜台壁画

图6-9　建瓯市白鹤山东岳庙的望乡台

---

[1]　〔明〕丁耀亢：《续金瓶梅》，齐鲁书社2006年版，第41页。

图6-10　泉州市泉港区诚峰村东岳庙的孟婆壁画

图6-11　泉州市泉港区诚峰村东岳庙的忘魂水壁画

也。'言讫复瞑。"①

遥望家乡后，来到孟婆处。清代王有光《吴下谚联》里说，人死后要经过孟婆庄，诸役卒押从墙外经过赴内案完结。生前功过，注入轮回册内，转世投胎，仍从此庄行过，然后进入一个室内，雕梁画栋，珠帘半卷，内有一老太婆，唤作"孟婆"。

孟婆见人来了，呼唤三个小妹出来，名为孟姜、孟庸、孟戈，三个小妹清香袭人，递来一杯茶。此时人会倍觉口渴，接过来一饮而尽，露出杯底时，猛然看见杯底有泥，抬头再看，老妪化作一个骷髅，华丽的房舍都变成了荒郊野外，生前事一切不能记忆，一惊过后，便成了懵懂婴儿。这个茶就叫作孟婆汤，也称泥浑汤、迷魂汤、忘魂水。

在中国的传统文化中，无论是佛教也好，道教也罢，大多讲因果报应，还有轮回，在这些宗教观念中，世界也会颠覆，但是颠覆之后可以再造再生，如此周而复始，甚至活力更胜从前，而非西方那种毁灭性的末日情结。在"孟婆汤"的传说中，人是生生世世轮回反复的，这一世的终结不过是下一世的起点。喝下孟婆汤，走上奈何桥，走向新一段生命。

在世之人会为亡者举办超度仪式，超度时间通常是寒食节、中元节，参与方有集体、个人，时间分一天、三天、七天、四十九天多种，虔诚者往往连续三年举行超度仪式。

同样，超度也有一套烦琐的仪式：

第一步，招魂。扎纸人代表亡者放在法坛上，称"亡人身"，家属跪在坛下，手持写有亡人名字的引魂幡，将亲人的灵魂引到法坛。

第二步，听经。亡魂招到坛上后，法师为亡魂诵经，通常是《水经》《梁皇忏》《报恩忏》《皇觉梵坛》《东岳解冤忏》。福州为亡者做头七时，仍有"阳间做错无人认，泰山门下自承当""泰山门下求忏悔"之语。据福清市嘉儒村俞伦伦先生的调查，福清报孝哭词《报孝爸妳　十拜阎罗》中唱道："我娘奶着（要）去泰山门下讲苦情啊，娘奶三步着去一路拜啊，娘奶着去泰山门下稽拜啊，娘奶！"至今仍在民间盛行。

第三步，破地狱。生前有作孽者，死后必堕入地狱，超度中有解救枉死之

---

① 郭则沄著，栾保群点校：《洞灵小志·续志·补志》，东方出版社2010年版，第81页。

图6-12　连江县黄岐镇东岳泰山府的超度现场

人出地狱的仪式，称为"破地狱"，闽南则称为"打城"，就是通过超度的力量使亡者超拔，不再受地狱之苦。具体是取四片瓦摆成方框代表四方（或八片瓦摆成一圈代表八方），框中放置纸人一个或多个。道士绕着方框念咒，逐一敲碎瓦片，取出纸人，代表着亡者灵魂被拯救。

第四步，送灵。在堂上接香后，家属手捧"亡人身"渡过奈何桥，并向桥头牛头马面像前放钱币代表"买路钱"。造一艘纸船，将"亡人身"置于船上，然后一起烧掉，象征着亡者到达彼岸。

家族超度是人们为使亡灵能顺利到达天堂而举行的一种仪式，是用此岸（人间）的标准来对彼岸的社会生活进行构拟和想象，希冀在彼岸的亲人能享受和此岸一样幸福安详的生活，而成为祖先的死者亦会给予生者最大的回报——保佑生者人丁兴旺、幸福安康。此外，在家族超度中，家族的秩序重新得到了确认，家族成员的身份和地位得以彰显出来。家族是一个血缘共同体，是一个血缘认同的象征，家族超度仪式强化了这种认同。

德国汉学家沃尔夫冈·顾彬说："中国古人认为泰山是阴间和阳间交汇的地方，是黑暗的。在中国的思想中，死亡并不可怕。因此，黑暗在此也并不暗示着任何伤悲。"[1]杨辛老先生也曾对笔者讲："我觉得生命是一个圆，圆上的任何

---

① 〔德〕沃尔夫冈·顾彬：《黑夜意识和女性的（自我）毁灭——评现代中国的黑暗理论》，载《野蛮人来临——汉学何去何从》，北京出版社2017年版，第124页。

一点都可以是起点，也可以是终点。人的一生有限，个体生命结束了，融入宇宙的大生命中去，与日月同光，与天地同寿，人从自然中来，回到自然中去。"作为天堂，作为地府，作为魂魄分离又聚首的地方，中国人已将泰山作为魂魄的归宿地，当作了生命发育、复归、再生的故国家园。

"我有迷魂招不得，雄鸡一唱天下白。"①

魂归泰山，魂兮归来！

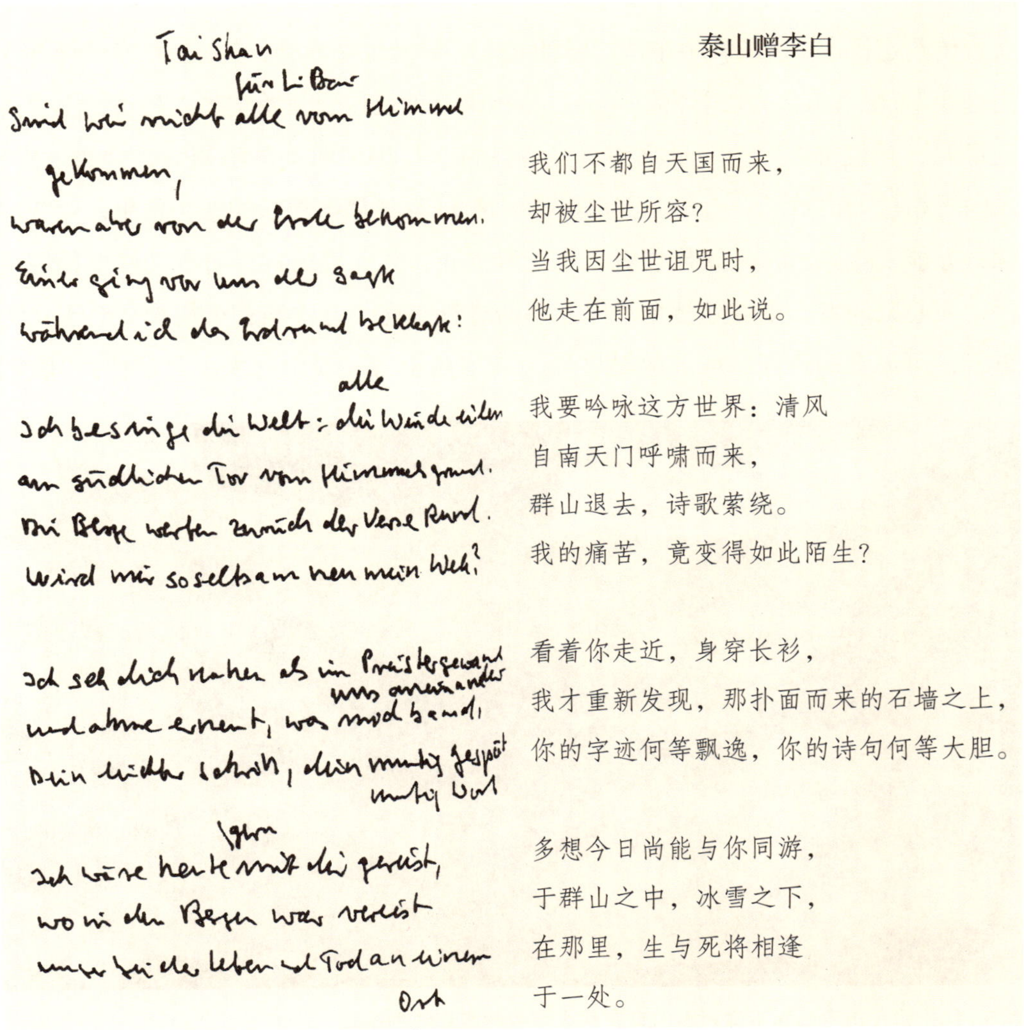

泰山赠李白

我们不都自天国而来，
却被尘世所容？
当我因尘世诅咒时，
他走在前面，如此说。

我要吟咏这方世界：清风
自南天门呼啸而来，
群山退去，诗歌萦绕。
我的痛苦，竟变得如此陌生？

看着你走近，身穿长衫，
我才重新发现，那扑面而来的石墙之上，
你的字迹何等飘逸，你的诗句何等大胆。

多想今日尚能与你同游，
于群山之中，冰雪之下，
在那里，生与死将相逢
于一处。

图6-13　德国汉学家、"中国政府友谊奖"获得者沃尔夫冈·顾彬题诗《泰山赠李白》

① 〔唐〕李贺：《致酒行》，载沈道初等主编：《中国酒文化应用辞典》，南京大学出版社1994年版，第116页。

第三节 司神封神

提到封神，最为人熟知的是《封神演义》末尾那浩大的封神仪式。在福建民间，神灵受封分三类：玉封（玉皇大帝所封）、敕封（帝王所封）、宣封（信众口头宣传约定俗成）。道教中东岳司学仙之人、封修炼者为神，《太上九赤班符五帝内真经》曰："东岳太山君常以春分之日列奏真仙已得道及始学之人名录，上言高上帝君，录校玄名。修飞仙之道，当以其日，日出之时，沐浴斋戒，烧香入室，东向思东岳太山君。"[1]《泰玄酆都黑律仪格》曰："诸禽兽、蛇龙、鱼虫，年久岁深，亦能变化人形，兴妖作怪者，至大者立庙，无元姓之神，有立功修德福佑生民，人心归向者，则城隍社令举保，岳府进补，充一方本祭香火福神。至于功德重者，可为奏闻帝阙，或加敕封之号。"[2]李白也曾登泰山向太山君学仙："晚谒

图6-14 福州市仓山区下洋村泰山宫东岳大帝敕封康都统的圣旨

① 《太上九赤班符五帝内真经》，载《道藏》第33册，文物出版社1988年版，第520页。
② 鲍宗豪主编：《人文与社会——文化哲学·宗教·历史》卷一，上海社会科学院出版社2004年版，第174页。

太山君，亲见日没云。中夜卧山月，拂衣逃人群。授余金仙道，旷劫未始闻。"①在福建泰山信仰中，东岳大帝的司神封神之权也得到了充分地展现。

神灵职位升迁是因为功绩，如普度、法会中的表现。平时庙宇中设文科掌管文书，普度、法会时则另增设稿科、谕科掌管喜报、谕旨等。要经过一系列复杂的程序和仪式，神灵才能具备受封的资格，具体的封神仪式，首先到泰山庙东岳大帝像前，将拟受封神灵的功绩写到红纸上焚化，再通过扶乩确定是否可以高升、升到何职，若神谱上原有空缺的职位，则可请示能否将该职位封给此神。获得允许后，东岳大帝下敕封圣旨，依照职位高低分别赐下大印、尚方宝剑、令箭等。受封神灵所在庙里的人飞奔回庙送喜报，组织庙里的人、神在村口迎接圣旨，举行拜旨仪式，将受封的神灵请回庙里庆祝，一套完整的仪式往往耗时三四天时间。

振威李将军，名李秋，原为二门的白无常。一次东岳大帝的银

图6-15 福州市晋安区双坂村东岱岳宗行善普德堂的振威李将军

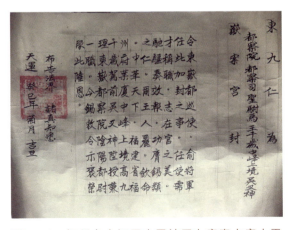

图6-16 福州市台江区太平社区九案泰山府太平山堂王驸马晋升吴叉神的旨意

① 〔唐〕李白：《赠僧崖公》，载郁贤浩校注：《李太白全集校注》第3册，凤凰出版社2015年版，第1278页。

图6-17　福州市台江区福瑞新村新兴保升堂
陈都督

帽被偷，李秋在扶乩中报告银帽何人所偷、现在何处、几时要被熔化，由此顺利地找回了银帽，受到了东岳大帝的特别册封，甚至被单独立庙供奉，为福州市晋安区双坂村东岱岳宗行善普德堂。另据普德堂陈荣忠、吴松先生介绍，建堂先贤去世后，也受封了东岳神职，塑像供奉在了堂内。

借助东岳大帝的权威，其女婿王驸马和下属威烈王岳（疑似岳飞）也有一定的封神职权。吴叉神原为福州市仓山区中峰上境高九千岁的部将，属地方神灵，被王驸马晋升为东岳都察院阴阳都尉。

据如意显心堂郑悝先生介绍，福州有位龙舟水神名叫陈亮。闽江万寿桥（今解放大桥）从桥南中洲岛向北数起的第五个桥墩称为五门墩，此处水流湍急，以前常有人在此轻生。传说不知何年何月，有一名孕妇从桥上跳下，忽然从五门墩跳出一个汉子将她救上岸，众目睽睽之下此人消失得无影无踪，乡民纷纷传说龙舟神陈亮显灵了。随后，陈亮被乡民推举到了泰山庙，东岳大帝敕封其为岳宗闽省都督，百姓称之为五门墩口将陈都督，俗称五门墩大哥。以前端午时节，龙舟竞渡划过此处必定偃旗息鼓、焚香礼拜，而平时南来北往的船只也都会在此焚香祈求行船安全，至今桥墩上仍有香炉遗存。

福州市长乐区琅峰村有福州早期的黑白无常像，人称柳七爷、郭八爷。以往二位平起平坐，后东岳大帝连续三次册封柳七爷，一封柳都察院，二封柳主宰，出巡、游神时可坐轿子，三封柳崇圣王。这时村里人发现郭八爷不见了，因为同僚接连高升，郭八爷无颜面对，躲到了邻村。村里人只好到泰山庙请求升迁郭八爷，东岳大帝封其为郭总制，郭八爷才又回到琅峰村。柳七爷原为赵部堂的门生，封王之后爵位超过老师，故神位在庙里尊位上，但游神时要为赵部堂开道，以示尊师重道。

漳州市武术协会副会长林志生先生为笔者讲述了《漳州尪相打》的故事，大意为西门芝山新建武庙，请"师公"为关羽像开光，师公外出未归，由徒弟代劳，徒弟术业不精，致使关羽生病，关羽请渔头庙的神医大道公治病。大道公回程途经天后宫，不慎将酬金遗落在地，回头弯腰捡拾时，妈祖属下千里眼、顺风耳误以为大道公偷看妈祖梳妆，将大道公暴打。哪吒为大道公出气，却误打了与千里眼、顺风耳容貌相似的孔庙魁星，子路瞒着孔子为魁星撑腰，又误打了巷下二帝，连带冲撞了祈保亭观音。如此循环往复，漳州各庙众神纷纷参与其中，混战成一团，不得不由东岳大帝率将平息事态，再由南山寺石佛出面充当和事佬，安抚各神回各庙。

图6-18 漳州市芗城区新华东路东岳庙谢元帅

东晋时期，谢氏为名门望族，权势几可与皇家比肩。太元二年（377），为抵御前秦袭扰，谢安推荐其侄谢玄为建武将军、兖州刺史，领广陵相，监江北诸军事。太元八年（383），谢玄在淝水之战中大败前秦，前秦皇帝苻坚狼狈逃窜，衍生出了两个成语："风声鹤唳""草木皆兵"。随后，谢玄乘胜开拓中原，先后收复了今河南、山东、陕西南部等地区。谢氏后裔移居漳州，尊谢安为广惠圣王，庙额正顺，尊谢玄为平南元帅，另有大妈、二妈、兄弟尚书、应雪夫人等，形成了特色鲜明的"王公一族"信仰。信众将谢玄归入东岳神系，称东岳谢元帅、王孙元帅，俗称"查埔孙尪"，位列漳州东岳九十九殿神之一，其神职为主生男童，保佑孩童学业进步、仕途顺利。

民间信仰中的神灵渴望获得东岳神职，已成为一种普遍现象，甚至会相互攀比。信众出于避免游神械斗、和睦邻里等考虑，常将各神系的神灵互相"兼职""认亲"，如华光大帝是东岳大帝的侄子或外甥、五灵公部下为东岳阴阳按察使等。部分福建泰山庙所祀即为此类列入泰山神系的本地神灵，这也彰显了曾经的"边陲"渴望与"中原正统"文化靠近的意愿。

第四节　祈福纳祥

趋吉避凶、祈福纳祥一向是华夏民俗心理的本质内核，对自然的崇拜、对宗教的皈依、对人伦的维护，也莫不是这一内核在发挥作用。因此，祈福风俗带有明显的自发性、功利性、非理性色彩，又源远流长，具有较强的稳定性、延续性和扩散性特征。东岳大帝位高权重，下属司官众多，职能广泛，成为祈福纳祥的汇集之地。如《水浒传》第六十一回中卢俊义讲："我想东南方有个去处，是泰安州，那里有东岳泰山天齐仁圣帝金殿，管天下人民生死灾厄。我一者去那里烧炷香，消灾灭罪"[1]，《红楼梦》第八十回中贾宝玉"坐车出西城门外天齐庙来烧香还愿"[2]，《坐花志果·乞丐福报》中，乞丐拾金不昧，东岳大帝赐其各种福报：

　　贾阿玉，少丐食里中，常栖城外土地祠。某年除日晡后，见地有蓝布一卷，拾视则女衫中裹银包，约三十金。喜甚，继念："我丐也，安用此？彼遗金者，难保不以情急伤生。"固坐以待觅者。久之，见一中年妇，自城中号泣而出，遍地寻觅。知其为失物主，呼问之。妇见其为丐者，不顾而泣益甚。阿玉曰："若觅何物？我坐此久当见之。"妇乃以失衣及银告，且曰："吾夫欠官粮被押，吾卖女以偿，今失去，有死而已。"阿玉询其衣色及银包纸，皆符。即出以还妇。妇检视感甚，分银以谢，坚不受。

　　是夕卧祠内，见殿上灯烛炳耀，疑天未明，何遽有烧香者？忽闻殿上言："今日有丐者，不昧遗金，全人夫妇两命，功甚大，宜予以福报。"复有人言："此人应以丐终，寿至三十。"殿上者曰："宜申东岳，添注禄籍，并予之妻子以劝善。"又命先赐银一箱，旋有人携巨箱置阿玉前，曰："上

---

[1]　〔明〕施耐庵：《水浒传》，中华书局2009年版，第529页。
[2]　〔清〕曹雪芹著，周汝昌汇校：《红楼梦》，江苏人民出版社2009年版，第644页。

神赐汝。"喜极而醒，则黑暗如故。欠身欲起，足下有声锵然。拾视之，绳系大钱六枚。窃笑曰："此岂即神之所赐耶？"因藏之怀中。[1]

在福建，间山派陈靖姑信仰的科仪经典《毓麟科》认为：泰山掌福禄寿喜案、增福增寿案、平安案、子孙关煞案。按间山派的说法，小孩往往身带关煞，需要做"过关"法事消灾保平安。据闽清县仁溪村郑诗铭先生介绍，他身带"清水关"，容易遇到水难，每年要请间山派法师做过关法事，法师称只能帮小孩做到十六岁，因为小孩十六岁前由陈靖姑照顾，成年后就要交给泰山了。父母们为了让自己的孩子多一层庇佑，常让孩子拜东岳大帝或属下神灵为"谊父"，这类孩子称为"谊仔"。2016年，福州市长乐区京林村东岳庙的镇殿将军、督查将军所收谊仔已达520人之多，其中当年新收谊仔18人，可见此风之盛。也有许多祠堂供奉泰山神，求家宅平安、人丁兴旺。

泰山也是人们求健康长寿的祈祷对象。明代凌迪知《万姓统谱》记载："郑英，字伯华，福清人。父年老病剧，英祷于东岳行祠，求以身代，父病随愈。"[2]至今福清市仍有提线木偶戏《泰山》，当地称"泰山戏"，剧末祝保称："祈求福寿绵长，办有金钱一百单八，待吾前去泰山岳府内注他寿九绵绵，日后赠予凡间弟子，寿算弥高即速而行。"许多老人过生日时会专程到泰山庙做求寿的法事，俗称"泰山寿"，在永泰县嵩口镇寿春堂，老人念诵着"求泰山老爷给我涨阳寿"，将名片塞在长明灯塔上，旁边摊主林明珠女士说："这是我们镇专门求福寿消病灾的地方。"

图6-19　宁德市蕉城区周氏宗祠的泰山康王牌位

---

① 〔清〕汪道鼎：《坐花果志》，光绪元年宏大大业书局藏版。
② 〔明〕凌迪知：《万姓统谱》，上海古籍出版社1994年版，第107页。

图6-20　厦门市同安区岳东路东岳行宫的注寿公、福寿公、添寿公

祛病分两类：一类是因为恐惧，祈求瘟神远离、避免伤害；一类是祈求神灵保佑，祛除身上的疾病。温康二都统也是祛瘟治病之神，称"收瘟摄毒温元帅、押瘟太保康元帅"，康都统麾下有回阳发汗朱吕二仙官、天医典者、治病功曹、追魂神将、摄魄童子，因此又称为"天医追魂康元帅"。与冥冥中的神灵保佑相比，更直接的祛病方式为庙宇中的"药方"。药方分"露药"和"药方签"，露药是乩童现场蘸符水写下的药方，而药方签则已备好供人抽取，通常为100方，含内科、外科、小儿科等。这种既是庙宇又是民间医疗场所的信仰形态，是福建巫医的历史遗存。这些药方在适应福建自然环境的过程中，虽然不能从根本上解决多发的瘴病瘟疫，但病时求助巫觋鬼神却是人们慰藉心灵的重要方式。药方签并非完全无效，在巫术与科学尚处于混沌未分状态的时候，往往包含了实际有效的医疗

图6-21　南靖县靖城镇东岳庙的药方签

技艺，现实的考量也促使巫医钻研医理，尽可能对症下药。现在，药方签基本退出了历史舞台，但在个别地区仍然发挥着作用，以其惊人的生命力顽强地延续着。

罗源县西兰乡盛产茶，当地七个境的乡民为了祈求茶场兴旺，集资建庙供奉"七殿泰山王"（疑与康王混淆），称为"七境堂"。求泰山保佑农业丰收，也有其依据，道教《灵宝领教济度金书》中，东岳属下有掌苗稼仙官、掌蝗虫案仙官、田家祀典众圣、地水二司。如漳浦县绥东村东岳庙每年正月初四接年时要在东岳大帝像前举行求签仪式，预测当年节气、农作物丰歉等，2019年所求得的签为：县签"昭君禁冷宫"（下下）、社里"丁山射雁"（下下）、五谷"姜尚卖面粉"（大吉）、雨水"李世民下海滩"（中平）、水果"甘罗十三岁为相"（下下）、早季"张良德放鱼栽"（上上）、晚季"李世民游地府"（上上）、黄豆"孙华住瓦窑"（中平）、花生"井边会"（上上）。

在福州市鼓楼区津泰路财神庙，本供奉武财神赵公明，东岳大帝却也高坐堂上，和财神一起接受香火，被信众们尊称为"泰山老爷"。询问之下得知，泰山府有金库司、银库司，同样可以招财进宝。

图6-22　福州市鼓楼区津泰路财神庙的匾额

庙宇并非一味迎合民众的祈福心愿，而是在尽可能给予祝福的同时，也将警示意味融入其中，如设"四不足"像。"四不足"有多种组合，常见的有文王、彭祖、嫦娥、石崇，民间歌谣唱道："文王百子叹不昌，彭祖烧香祝寿长。嫦娥对镜嫌貌丑，石崇巨富恨无钱。"提醒世人不可贪得无厌。"四不足"有时也将对比鲜明的历史人物成对陈列，如郭子仪与范丹（一贵一贱）、彭祖与甘罗（一寿一夭），以此寓意知足常乐。

在城镇化的时代洪流中，民间祈福文化依然顽强，或许只要有所求，祈福

图6-23　漳浦县绥东村东岳庙的四不足"彭祖（寿）、甘罗（夭）、范丹（贱）、郭子仪（贵）"

活动就永远不会消失。祈福纳祥的形式也许并不理性，但形象思维最大的优势就是有一种鲜明生动的印象，同时又伴以独特悠长的美感享受，让人回味不已、难以忘怀。

第五节　镇宅捍疆

　　汉武帝登泰山时，带回了四块泰山石置于未央宫四角做镇石，而在民间，从古至今流传着一种镇灾压殃的习俗，立一块刻有"泰山石敢当"的石头。因此，"泰山石敢当"被尊为"镇宅之宝"。

　　石敢当最早的文字记载出现在西汉史游《急就篇》中。《急就篇》是我国现存最早的识字课本，全书2144个字（最后128字为东汉人所加），包括了当时最常用的单字。石敢当出现在介绍姓氏的部分："师猛虎，石敢当，所不侵，龙未央。"①

就泰山石敢当的来源，传说泰山脚下有一个人，姓石名敢当，武功高强，行侠仗义。泰安南边大汶口镇有户张姓人家，女儿被蛇妖缠身，石敢当前去降服妖魔，名声大振后，各地纷纷请他降妖，石敢当疲于奔命，想："泰山石头很多，我找石匠打上我的家乡和名字'泰山石敢当'，谁家闹妖气，你就把它放在谁家的墙上，那妖就跑了。"这种李寄斩蛇、周处斩蛟式的故事很是常见，在各民族中都有流传，另有女娲以泰山石助黄帝战蚩尤之说。笔者认为，将泰山加在石敢当上，真正源自泰山的神圣性，如《八闽通志》所说："有德者才被祭祀。礼法施于民则祀之，以勤死事则祀之，以劳定国则祀之，能御大灾、捍大患则祀之。"②泰山石是泰山母亲的子孙，犹如母体泰山之壮美，泰山石正如泰山给人的神圣感那样。同时，泰山石是一种风水石，具有吉祥如意、御灾捍患、镇宅慑邪的特殊寓意。

史料记载，在唐代福建人已将"石敢当"作为镇宅之物。现在所知最早的石敢当实物，是北宋庆历四年（1044）莆田出土的唐大历五年（770）石敢当石铭（今已不存），根据清代郑方坤《全闽诗话》的记载：

> 宋庆历四年，秘书丞张纬出宰莆田，再新县中堂，其基太高，不与他室等，治之始平，得石铭，长五尺，阔如之，按之无刊镂痕，乃墨迹也。其文曰："石敢当，镇百鬼，压灾殃，官吏福，百姓康，风教盛，礼乐张。唐大历五年四月十日县令郑押字记。"并有石符二枚，具存自唐大历五年，至宋庆历四年，墨迹如故，亦一奇事也。③

而现存最早的石敢当则是保存在福州市于山九仙观的南宋绍兴年间

---

① 叶涛：《泰山石敢当》，浙江人民出版社2007年版，第6页。
② 〔清〕黄仲昭：《八闽通志》（修订本）下册，福建人民出版社2017年版，第97页。
③ 〔清〕郑方坤编，陈节、刘大治点校：《全闽诗话》，福建人民出版社2006年出版，第166页。

当敢石

求命时奉
资工维佛
考砌弟
妣石子
生路绍林
天一兴进
界条载晖

图6-24　现存最早的石敢当

（1131～1162）石敢当碑。该石敢当碑发现于福州市仓山区江边村泗州亭旁，高0.8米，宽0.53米，最上横书"石敢当"三字，下方四列竖书："奉佛弟子林进晖，时维绍兴载，命工砌石路一条，求资考妣生天界。"

现存最大的古代石敢当也在福建，系笔者在2019年1月13日考察时所发现，位于莆田市秀屿区平海镇平海村，高2.51米，宽0.66米，厚0.13至0.19米，依靠在村庄的断壁残垣上。据旁边九使庙碑志记载："镇安社俗称九使庙，乃平海卫五所、六社、廿四境之一，系明洪武二十年（1387）平海建城设卫时所建。因怪风不顺，特立'石敢当'大石碑以镇之，祈保一方平安，故称'镇安社'。"而据《明史·志第六十五·兵一》记载："明以武功定天下，革员旧制，自京师达于郡县，皆立卫所。"[1]平海镇即明代平海卫，洪武二十年，周德兴指导吕谦建城。经笔者请教中国民俗学会会长、《泰山石敢当》作者叶涛教授，及与山东省泰安市泰山石敢当文博馆馆长卢宏刚讨论，可确定为现存最大的古代石敢当。

石敢当的文字通常是直接竖书"泰山石敢当"或"石敢当"，或顶端横书"泰山"下接竖书"石敢当"。有时会增加其他元素，如太极、八卦、符咒、虎头、狮头、麒麟、吞口等，形成一个组合，以加大威力。

图6-25　现存最大的古代石敢当

---

① 〔清〕张廷玉：《明史》，中华书局1997年版，第584页。

图6-26　永安市贡川古镇的
　　　　砖制敢当

图6-27　尤溪县光明村的
　　　　泰山平安路碑

图6-28　福州市马尾区东江滨公
　　　　园的泰山石敢当贴条

图6-29　东山县海滨客栈的太
　　　　山石敢当

图6-30　闽清县池园镇的
　　　　泰山石敢当

图6-31　闽侯县后洋新村民居的
　　　　泰山灵符

图6-32　泉州市博物馆的风
　　　　狮爷石敢当

图6-33　连江县飞红村的泰山
　　　　石敢当

图6-34　霞浦县仙东村的泰山
　　　　石敢当

图6-35　漳州市龙文区书厅村的"太极八卦""元亨利贞""泰山石敢当""李广将军箭""福德正神香火"组合镇石，建于民国丙辰年（1916），高3.05米，宽0.91米，厚0.18米

在经历了漫长的进程后，在民间有主生、主死、有求必应功能的泰山和具有镇宅、厌殃、消灾、弭难、保佑平安等功能的石敢当结合在一起，所形成的泰山石敢当习俗已经广泛流传。泰山石敢当是多种意识形态合力形成的结果，是我国民俗史上极有影响力的民间习俗。国家非常重视非物质文化遗产的保护，2006年5月，泰山石敢当民俗经国务院批准列入第一批国家级非物质文化遗产名录。现今，福建的泰山石敢当星罗棋布，许多墓地上也立有泰山石敢当。在海岸线上，泰山石敢当、泰山庙和妈祖一起眺望着大海、捍卫着海疆。

第六节　兴云致雨

在传统农业社会中，降雨的时间和多寡对民众的生产生活有着重大影响，也和王朝的政经形势甚至兴衰紧密相关。我国作为一个农业大国，洪涝灾害永远是避之不及的心病，这也使得千千万万个掌管风雨的民间神灵相继涌现。"在古代中国，每逢雨水失调，不同形式、规模、等级的祈雨活动便会在受灾地区举行，社会各个阶层、群体都要参加进来，祈雨因之成为各种力量交汇的场合，以祈雨为切入点，既可以了解一时一地的民众信仰、习俗，也可以考察介入祈雨的各种社会力量之间的关系。"①

　　福建地处亚热带，每当入春以来，尽管不时有来自北方的冷空气和南方海洋的湿热空气相遇，雨量比较丰富，但总体来讲，雨量在年内的分配却极不均衡。据统计，一年中的雨水，有60%到70%集中在3至6月份，特别是7、8月以后，除了不时的雷阵雨和台风暴雨之外，雨天便为数不多，时常有连续数十日未雨的情形出现。在这种情况下，干旱也就在所难免，据《福建省志·民政志》记载，福建沿海地区旱灾频繁，以春、夏季节居多。旱灾记录始于唐建中三年（782），到民国三十七年（1948），有史可查的旱灾记载为358次，平均三年一次（按：福建旱灾应比水灾多，可能因旱灾不如水灾猛悍，时过境迁，易令人遗忘，故地方史志多缺载，旱情记录亦甚简单）。严重旱灾的危害性比水灾还大，如元至正四年（1344），福州、闽侯、长乐、莆田、仙游等地"大旱、大疫、大饥、人相食"。②

　　《周礼》云："若国大旱，则帅巫而舞雩。"③传统礼制所规定的祈雨方法中最重要的是雩祭，这也是古代最常用的祈雨方法。出现旱灾的时候，百姓就要求州县官为他们祈雨。对百姓而言，州县官位高权重，更能让神灵重视，他们就是本地的大祭司。这样一来，当地百姓将某些神灵的塑像抬到衙门前要求州县官致祭就屡见不鲜了。福州市台江区民谣《祈雨》还记述了百姓责怪知县祈雨无效、知县为自己辩解的情形：

　　　　百姓：知县真不宗（没本事），祈雨祈南风（晴天），日当（白日）好晒谷，盲晡（夜间）好凉风。
　　　　知县：本县杯（不）是仙，百姓莫疯癫，祈雨体民意，党段（是否下雨）着由天。④

　　各类祈雨活动中，古人向大山求雨，是因为相信山是云雨的故乡，能够聚

① 皮庆生：《宋代民众祠神信仰研究》，上海古籍出版社2008年版，第144页。
② 彭景舜、陈坚主编：《福建省志·民政志》，方志出版社1997年版，第86页。
③ 〔清〕孙诒让：《周礼正义》，中华书局1987年版，第2062页。
④ 福州市台江区民间文学集成编委会：《中国歌谣集成福建卷·台江区分卷》，福州市台江区民间文学集成编委会1989年印，第153页。

图6-36　莆田市涵江区丰美村东岳殿的"霖雨苍生"匾额

敛云雨。就泰山信仰而言，古人认为泰山石多生窍，云从窍生，祥云聚于泰山，云聚而迅速生雨，雨下而泽被天下，风调雨顺而五谷丰登，而安居乐业，而天下太平，于是泰山便成为人们心目中祈雨、祈年、祈丰的圣地。向泰山求雨的记载不绝于史册，如曾巩的《泰山祈雨文》《泰山谢雨文》，苏辙的《齐州祈雨雪祝文》，20世纪50年代，莆田大旱，乡民便到江口镇东岳观请出东岳大帝像祭拜祈雨。

南宋绍兴二十九年（1159），陆游任福州决曹，恰逢福州大旱，体恤民间疾苦的陆游亲自到福州东岳庙祈雨，《渭南文集》中记录了陆游的《福州城隍昭利东岳庙祈雨文》，文曰：

闽之风俗，祭祀报祈，比他郡国最谨。以其祠庙之盛，甲于四方。斧斤丹垩，靡有遗巧，重门杰阁，焕然相望。则神之所以福其人者，亦宜与他郡国异，而自夏讫秋，骄阳为害，水泉浅涸，草木焦卷，多稼弥野，将茂而槁。夫幽显之际虽远，然岂有享其奉而不恤其害者？惟神聪明，宜动心焉。①

不久，福州便大雨倾盆，草木萌发。于是，陆游又作《福州谢雨文》谢神：

吏受命天子，牧养百姓，神受命上帝，保卫一方，其责则均。然而祠宇貌像，孰与府寺之雄；牺牲醪币，孰与廪饩之厚？巫觋尸祝，孰与官属之盛。吏惰政纰，无以格丰年之祥。不自责而望神，宜拒以弗享矣。区区之祷，曾未信宿，云兴东山之麓，雨被千里之内，雷发而不怒，风行而不疾，祁祁

① 〔南宋〕陆游著，钱仲联、马亚中主编，马亚中校注：《陆游全集校注》第10册，浙江教育出版社2011年版，第97页。

霖霖，如哺如乳。起视四野，莫不沾足，愁叹之声，变为欢谣。呜呼！吏愧于神多矣，酒洌牲肥，乐歌送迎，匪报也，以识吏之愧也。[①]

由于泰山兴云致雨的职能，加之福建水崇拜的兴盛，泰山信仰作为典型的山崇拜，也被添加了水崇拜的色彩。《福州风土诗》称："相传泰山神为龙精，所以出行带雨"[②]，因此有的泰山庙叫"水龙宫""龙水宫""潮龙宫"等。然而不仅如此，在产生了海神妈祖、镇海王陈文龙的福建，泰山甚至被赋予了管理海洋的职能。

而在泉州地区，东岳庙有一项特殊功能"镇压飓风"，以保佑航海平安，南宋韩元吉《东岳庙碑》中记载泉州民众祈求"蠙羞于鐭兮薰荐于罋，山无毒螫兮海无飓风。蛮赉委路兮卉衣蒙茸，蛊消厉息兮岁仍屡丰！"[③]东岳庙因此成为祈求海国安澜、风调雨顺的场

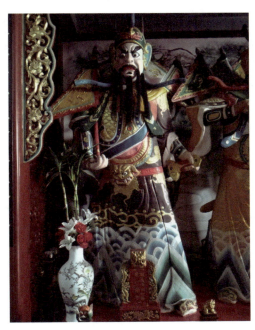

图6-37　福州市鼓楼区祥屿路三和堂的岳宗海部尚书

所。"山神"变为"镇风神"，反映了宋元时期泉州海外贸易兴盛的历史和现实的需求。

《春秋·公羊传·僖公三十一年》曰："山川有能润于百里者，天子秩而祭之。触石而出，肤寸而合，不崇朝而遍雨乎天下者，唯泰山尔。"[④]泰山之兴云致雨，正如泰山庙常见的一副对联："云行雨施不崇朝而遍天下　理大物博祖阳气之发东方"。

---

① 〔南宋〕陆游著，钱仲联、马亚中主编，马亚中校注：《陆游全集校注》第10册，浙江教育出版社2011年版，第98页。

② 郑丽生：《福州风土诗》，福建人民出版社2012年版，第63页。

③ 〔清〕庄仲方编：《中华传世文选·南宋文范》，吉林人民出版社1998年版，第524页。

④ 〔战国〕公羊高著，〔东汉〕何休注，〔唐〕徐彦疏：《十三经注疏·春秋公羊传注疏》，中华书局1980年版，第2263页。

　　这些宗教职能，或许有人会斥之为"迷信"，但深究内核，归结于传统文化有深刻、内在的根源。在现代科技的强大冲击下，数千年累积下来的传统文化已经失去不少原来的重要性，显得破碎凌乱。但它们并没有完全失去作用，在很大程度上，仍在赋予人类以生存意义，即使原有的宇宙观和形而上学已经不再被普遍接受，它们仍是许多人生活中的重要部分，是浸润心灵的良方妙药。

第七章
福建泰山信仰的社会职能

宗教信仰不只是用充满玄幻色彩的方式来抚慰信众的身心，还用积极的、适于精神满足的方法来教化信众、导人向善，以达到超越自身的目的，为此制定了修好行善的具体信条。比如，利用神灵为信众树立了崇高神圣的榜样，几乎所有人格中的优点都集中在了神灵身上，成为辉煌的路标和榜样，使信众能够信心百倍、坚持不懈地走下去。这些客观上促进了社会的和谐，显示了宗教信仰社会职能的一面。

第一节 传统职能

我国本土信仰最核心的观念是人与自然的和谐需求，以阴阳、五行、八卦等要素反映时空观、表现个人生命、配合宇宙做出解释，神灵崇拜也是如此。神灵崇拜延续了原始时代的泛灵观，认为各种灵体的存在是为了维持人与自然的均衡与和谐，其主要目的是将人融入自然，与鬼神相通，借助大自然的力量来维持人世间的风调雨顺、国泰民安，这反映出人与自然和谐相处的一种信仰心理。

（一）心理调适

在信众心中，人与鬼神之间有种种情感纠葛和利益关系，人可以通过信仰、祭拜与之和谐相处，从而获得现实的利益。民间信仰的这种和谐观，经由

图7-1　厦门市同安区岳东路东岳行宫中道士为汽车"开光"

各种习俗和仪式被不断地强化，成为民众虔诚信奉的心理基础。

福建有句俗语："没萨甲（没办法），神仙菩萨。"对于社会底层民众而言，信仰是他们在物质、精神生活短缺状况下的心理慰藉。实际上，信仰对于民众的日常生活来说是必不可少的，由于个体能力的有限性，民众不得不转向对超越者的依赖和祈求。如"漳浦八景"中的"东岳显圣"，即在双方纠结不清的情况下，到东岳庙求神判断是非。

除了求"给予"，宗教信仰还能补偿人的心理失衡，在自然或社会的异己力量面前，鼓起自信和必胜的勇气。用马林诺夫斯基的话来说："宗教可以帮助人们从失望与焦虑、恐怖与愤怒无法达到目标的紧迫，以及无可奈何的仇怨中解脱出来。"[①]民间信仰更具有鲜明的功利性和实用性，所有活动都是从民众的现实生活需要出发，和本人、本家、本族、本地的利益密切相关，实质是求吉避凶。活动的重要特点是可以提供清晰的程序化方法，俗称"法事"，以此增加自己的安全感，减少想象中鬼神的危害。无论何种法事都万变不离其宗，都是预知未来的吉凶祸福、减少自己的行为差错、谋取自身的生存利益。

这些仪式传承了其内在的宇宙和谐观念，系统地成为民众一系列的观念和知识。信仰情感和宗教行为无形中成为日常生活的价值规范和归宿目标，用来排解困扰在人生过程中的无知、怀疑和绝望，人们在现实生活中难以得到满足的种种需求，往往能在信仰中得到补偿，使生活充满了某种吉祥和希望。

---

① 〔俄〕马林诺夫斯基：《巫术、科学、宗教与神话》，中国民间文艺出版社1988年版，第175页。

（二）道德教化

宗教信仰和道德作为两种不同部分共同存在于社会体系之中，体现了共同的社会本质。首先，神灵多为传统道德的楷模，信众并非仅对神灵的灵验津津乐道，同时也对神灵的美德念念不忘，甚至有意编造神灵生前死后的美德故事。这些故事包含了传统的伦理观、道德观、价值观，发挥着官方法律、宗族法规都无法起到的社会教化功能，如临水夫人陈靖姑"割肉补父痛母疽"的孝道、镇海王陈文龙"宁死不降"的忠烈等等。家喻户晓的传说故事中包含了全社会认同的道德准则和价值观念，虽然不足以让人相信，但以神灵的名义传播，让人不敢生起质疑的念头。这些故事在壁画、对联、戏剧表演等艺术形式处处体现着，用艺术形式进行道德教化由来已久，壁画与艺术相结合，教化的作用更加强化。

图7-2　安溪县凤山东岳寺的二十四孝壁画

抽签是信众到庙宇的主要目的之一。仔细阅读这些签诗，会发现不论哪一处庙祀的香火，不论借助源出哪位神灵的签诗为信徒指点迷津，其内容都在传播中华传统价值观，如闽清县丽山村泰山殿的"东岳大帝灵签"第26条"苏季子未遇"云："一封丹奏向天开，喜得金鸡报语来。此去劝君须努力，布衣脱换锦衣回。"此签即劝人多多努力，挣得衣锦还乡。同时签诗也常把民间笃信的因果观念结合其中，如永泰县上洋村兴云堂"泰山尊王灵签"第14条："夜梦不吉祥，家门生祸殃。若能修功德，方得保安康。"说明一切问题常涉及善恶心态和行为，由此招来感应，也间接起到了教化的作用。

神秘和实用是宗教信仰的一大特点，就其中的民俗事象本身的性质来说，民众的实用目的往往依靠神秘的宗教行为来促成，但无论怎样复杂，其目的也只有一个，即服务于人们的生活需要。人们依靠民俗开展活动、繁衍后代、规范思想言行，民众创造了民俗，民俗服务于民众。

（三）维系族群

由于福建地域的封闭和方言的差异，福建民众具有强烈的地缘观念，宗教意识也和地域性、族群性紧密相连。一个村落往往由一个或多个主要姓氏组成，宫庙祠观等也都由宗族出资兴建，神灵往往也成为宗族保护神。宗教信仰在发展过程中逐渐打下了宗族的烙印，迎神赛会、庙产管理等都和宗族有着十分密切的联系。如连江县透堡镇东岳泰山府地处透堡镇西门外，比较接近陇柄村，

图7-3　德化县淳湖村湖山桥

又属于该村杨世祖业，因此在村里占绝大多数的杨姓人就为此出钱出力。

在传统福建社会中，面对瘟疫、干旱、异族侵袭等挑战，独立的家庭很难渡过难关，必须组成坚强的群体。在这种情况下，信仰作为姓氏、宗族、社区的象征和标志，将血缘、地缘、神缘拧为一体，就起到了整合族群的功能。以德化县淳湖村为例，村民基本为郑氏族人，郑氏家族在村中溪上建廊桥"湖山桥"，供奉"泰山康君尊王"。湖山桥为长36米、宽6米、高13.3米的五层木结构宫殿式建筑，从村志上得知，始建于北宋，毁于20世纪40年代土匪一炬，重建于1992年。三层阁楼里有五百多年前雕成的"泰山康君尊王"像一尊、光绪三十四年（1908）尊王乘驶的"神轿"一座。在郑氏家族内部，共同的信仰产生了一种强大的凝聚力，在群体之间不同的信仰则是区分"我群"和"他群"的重要因素。

图7-4 湖山桥上的泰山康君尊王

宗教信仰也是社会现实的折光反射，可以感受现实中的某些侧面，如同性恋之神胡天宝胡天妹兄妹、陈靖姑三姐妹，就有着明显的宗族血缘色彩。群体面对共同灾难时会有一系列的宗教仪式，通过这些仪式，将人群集合起来，产生明显的集体意识。随着城镇化进程的加速，较为偏僻的淳湖村也面临着人口流散的局面，此时共同的信仰对维系血缘亲情、集体意识尤显重要。每年元宵节，四散的族人便从各地回到故乡，这座渐渐空旷的小山村也顿时热闹了起来，游龙灯、舞纸狮纸龙、坐钉轿、唱南音、刻纸……其中最隆重的当属迎游泰山尊王，村民们或在桥前，或在家门口捧香跪拜，更有村民们接连跪成一条长龙，让神轿从自己头顶经过，以此获得神力加持。

另一方面，信仰活动又促进了不同宗族、不同姓氏之间的交流，如戏剧演出吸引了周围各地的男女老少前来观看，走亲访友，同时催生了以戏剧为媒介的商业行为，也促进了不同行业人群的交往，有利于社会的管理和交流。

令人扼腕的是，在时代洪流中，世居之所、生活空间已经被瓦解，全族聚集而居的繁盛时期已经随风而逝、渐成追忆了。值得庆幸的是，许多庙宇在村落拆迁中得以修缮和重建，点缀在高楼住宅和商业店铺之间，连接着历史与当下，承载着记忆与认同。穿梭在各种神灵宫观和宗祠祖庙，看着人们虔诚地焚香祭拜，袅袅烟云之中，一段段生活往事、群体记忆被唤起。这并非浪漫的幻想，而是意味着我们在现代化魔性造就的不安中寻求生活的本质，开启一条情感归属之路。

第二节　新职能

20世纪20年代，国势颓败，内忧外患，教界亦面临同样的危局，高僧太虚大师提出了"人生佛教"的理念，着眼于"人生"的改善与"世间"的改造，使佛教向前迈进了一大步。随着时代的发展和社会的变迁，庙宇与外界可以说已经没有隔离了，但社会大众尤其是青年一代对传统信仰的兴趣越来越淡。原因是多方面的，其中主要在于文化的阻隔，未搭建起此种文化与新时代生活图景的联系。泰山信仰面临的问题其实和大多数传统信仰一样，即传统文化逐渐脱离了当下的生活图景，庙宇的去留也成了一个很现实的问题。如何巩固传统，使之不受侵袭，同时能在这个现代社会承担更多的事务，走进人群，对各种信仰来说都是很大的挑战。

（一）服务群众的场所

就如何保护泰山信仰原有的特色，使其融入当下的生活图景，生命力得以延长，许多地方在建设过程中，特别重视对庙宇的保护和利用，赋予庙宇新的作用和内涵。宗教组织在社会管理中也发挥了不少的作用，比如为整治脏乱差的卫生环境而对村民组织宣传的收效甚微，而一旦庙宇出面，问题常会迎刃而解。信仰活动会聚集大量社会资金，甚至有铺张浪费的情况，但从经济角度看，社会大众捐款也是一种经济聚集现象。根深蒂固的宗族观念曾是宗族社会运行发展的动力，而宗教信仰向来有乐善好施、积极从事公益事业的传统，庙宇的一大作用就是聚集全族的人力物力财力做公益事业，现今这一功能依然存在。

在此基础上，泰山信仰不止有高高在上享受香火的神像、供人膜拜的泰山庙，也有造福乡里、留便于民的民生设施，如安溪县南岩村泰山楼、闽侯县后溪村泰山桥、石狮市石湖村六胜塔。

图7-5　安溪县南岩村泰山楼

安溪县南岩村泰山楼，始建于1892年，历时十年落成，为石木结构的二层楼房，外环廊式设计，依山而筑，别具一格。泰山楼主楼大门上镶嵌着的一方石匾，长1.5米、宽1米，楷书阴刻"泰山楼"三个大字，右侧小楷阴刻"大清光绪甲辰年造"，左侧小楷阴刻"仲春林心存书"。林心存系安溪人，清末泉州举人，是当时泉州有名的书法家，当年他到南岩村讲学，适逢泰山楼兴建，见其建筑独特，欣然提笔书"泰山楼"三字及对联数幅，至今仍保存完整。泰山楼对联也以"泰山"二字为首，如"泰交际会　山岳钟灵""泰运亨嘉沐先人德泽　山川秀丽瞻后起书香""泰运云霞呈瑞色　山居风月畅幽情"等。泰山楼主人王三言，生于1836年，南岩村茶农，清末民初，从挑茶叫卖到开店经营，他在泰山楼所创的梅记茶行作为开拓世界市场的先锋，半数出口铁观音由此销往海外，王三言去世后，其后人仍以泰山楼为根据地继续拓展茶叶市场。百余年历史的泰山楼，见证了这座小城走出茶乡，见证了铁观音走向世界。①

闽侯县后溪村泰山桥，原闽侯县到罗源县的必经之路，桥头为东岳泰山府。始建年代无考，桥脊檩上有"中华民国贰拾贰年岁在癸酉葭月吉旦日重建"之字迹，并载明"木司古邑路上乡余添春建造"，由此可见，该桥重建于1933年，建桥的木匠为古邑路上乡（今古田县路上村）的余添春。立柱、横梁

图7-6　闽侯县后溪村泰山桥

① 花巷：《安溪百年泰山楼，见证了这个小城走向世界》，载《海丝商报》2019年10月17日，第3版。

贴满了"无限热爱毛主席"之类的纸标语，试着用指甲刮一刮，日久年深，纸张已与木头融为一体了。随着社会的发展，古老简朴的泰山桥逐渐被历史淘汰，代之而起的是一座座钢筋水泥桥，与青山碧水相映成趣的小桥流水人家，随着现代化的公路桥梁和机动车的出现，古桥已成为一种历史的痕迹，好似一卷立体的古画。

在泉州湾入海处——石狮市石湖村金钗山上，矗立着一座巍峨的古石塔"六胜塔"，又名万寿塔，这是古代东方第一大港（刺桐港）、海上丝绸之路的第一座灯塔，曾为郑和第五次下西洋引航开道，明代茅元仪《武备志》中的《郑和航海图》清晰标注了六胜塔的名称与地理位置。六胜塔旁有寺院名叫东岳古寺，始建于唐开元十八年（730），北宋政和初年（1111～1113），东岳寺僧人祖慧、宗什与乡贤薛公素募资兴建六胜塔。南宋景炎二年（1277），塔被元军毁坏，现存的六胜塔为元至元二年（1336）航海实业家凌恢甫捐资重建，塔高36.06米，底围47米，花岗石仿木结构楼阁式建筑，八角五级，被评为国家级重点保护文物。据石狮市博物馆馆长李国宏先生介绍，先有东岳寺，后有六胜塔，

图7-7　石狮市石湖村东岳古寺前的六胜塔

由于金钗山内衔晋洛两江、外观台湾海峡，于泉州而言，犹似国之东岳泰山，古人择此地建东岳寺，祀东岳大帝。历代泉州知府赴任，都要远道而来拜东岳大帝，由于泉州到石湖路途遥远，便在泉州凤山建东岳行宫。[①]

功能规划中，不只关注泰山庙的祭祀功能，也强化与祭祀相关的、群众参与度高的庙会、曲艺表演等活动的举办功能，将泰山庙建造成群众的文艺活动中心，加强泰山庙和周边社区的文化交流。因此，各庙宇除了按计划对原建筑进行修缮外，也对戏台及周边环境做出相应的整改扩建，使其有利于庙会、戏剧歌舞演出等大型群众活动的开展，如尤溪县西洋村泰山府一侧建泰山戏院、闽侯县窗夏村泰山府建成窗夏文化宫，成为老人和孩子们的乐园、曲艺爱好者的聚集地。这一功能的设置可以使泰山庙成为本地区重要的群众文艺活动中心，而不仅仅是一个祭祀的地方，以此满足周边社区的生活需要，拉近了古庙建筑群和周边社区的关系，使其主动参与到当下的生活中去。

神灵多是生前为公众利益做出杰出贡献的人物，庙宇可以借此引导后代效仿楷模、追求高尚品德，起到正面价值取向的作用。在各地庙宇的管理中，管理人员展示城市历史、美德故事，并引入功德榜、成才榜、能人榜，宣扬为民服务、好学上进、服务社会的典型，从而引导人们形成爱国爱乡、乐善好施、急公好义、积极好学的美德。以莆田市江口镇东岳观为例，有着热心公益慈善事业的

图7-8　尤溪县西洋村的泰山戏院

历史传统，每年腊月二十五日购买大米万斤、捐献人民币十余万元资助困难群众、寺庵的弃婴残婴，同时资助江口镇敬老院、平安协会、老年大学，设立奖学金、助学金资助优秀贫困学生，并多方助力灾区建设、社会公共设

---

①　黄宝阳：《六胜塔：屹立近千年的古泉州港海丝航标》，载《泉州晚报》2021年6月22日，第12版。

施建设，以及利用自身神缘、人缘优势，帮助政府管理，引导华侨回乡办厂，报效祖国。

中国传统庙会既有信仰的因素，又集商业贸易和文化娱乐为一体，具有综合性和多功能性。庙会不仅有广泛的群众基础，而且和人们的物质生活、精神生活息息相关。从庙会的历史变化来看，神灵在庙会中的主体地位逐渐减弱，而艺术性、游乐性和经贸活动的地位逐渐上升，人们逛庙会的目的大多不是为了求神拜佛，而是为了满足现实生活的物质和文化需求。传统庙会曾中断一个时期，改革开放以来，特别是近年来，庙会又在各地重新活跃起来。不少地区为了开发当地的经济、民俗和文化资源，相继恢复和举办了一些较大规模的庙会，取得了良好的经济效益和社会效益。

发展旅游业，不仅需要奇丽壮观的山水景色，尤其重要的是，努力提高这一活动的文化品位。正基于此，丰富多彩的信仰形态大有用武之地。宗教信仰作为一种人文资源，有着巨大的经济开发价值，可以和自然资源共同建设旅游生态，特别对丰富已有的自然生态、打造复合型旅游景点、提升旅游内涵和层次上都有重要的作用。名胜古迹多在山水灵秀之地，因此往往是人们的游赏之所，庙宇这种独特的建筑集中体现了中国传统文化的源远流长，将庙宇及周边区域打造成为以中式建筑构建的休闲娱乐景观，可使其成为当地群众体味本土

图7-9 连江县坑园镇泰山府公园

文化、休闲娱乐之处。

如今，现代化的步伐越来越快，人心往往浮躁不安，一首激进嚣张的歌可以在短时间内有效地刺激肾上腺素的分泌，但绝不是多多益善，能直指灵魂的应是传统的深厚力量。信仰是无声的音乐，它可以融入现实生活的方方面面，养育心灵，让喧嚣沉淀，正如一杯温水，洁净清澈，涤净尘土，也像清茶，带给我们一缕清香，不刺激，却回味绵长。

（二）文化遗产的载体

在历史上，宗教信仰对各种文化产生了深刻影响，原始的科学、哲学、文学无不受其滋养。在当代文化生活中，宗教信仰无论对于历史传承还是理论研究，都有着独特而别致的位置和作用，长篇小说《白鹿原》就从头至尾贯穿着白鹿的神话，围绕着白鹿的种种传说，使得这部小说的文化底蕴愈显深厚。同时，宗教信仰曲折而细腻地反映了各个时期民众的历史观、道德观、伦理观和美学观，结合着艺术的创造，综合表达民众的精神愿望，如建筑的结构、造型和装饰，不仅具有实用功能，还有丰富的艺术审美作用和特殊的精神含义。

图7-10　宁德市蕉城区梅鹤村东岳宫的明代木门

宗教仪式也产生了许多珍贵的历史文化遗产，承载着无数的民间艺术瑰宝，具有很高的历史价值和文化价值。随着人们认识的提高，其中的文化遗产被日益充分、全面地挖掘出来，而它与现实社会生活的关系和可能做出的贡献，也会因此而变得格外密切、更加丰富，如福州市台江区瀛洲泰山府民俗——"泰山府真龙"龙舟、福清市提线木偶戏《泰山》、连江县仁山村东岳庙民俗——拉线狮等，是泰山庙中极具福建特色的民间艺术。

福州市台江区瀛洲泰山府的划龙舟活动，每年五月初一至初五举行，热闹隆重。尤其是龙舟的船头与众不同，不是龙头而是虎头，但在船身上写"泰山府真龙"。究其原因，原来古时候，该村的龙舟竞渡从光明港可一直划到闽江口，可望五虎山，故用虎头做龙舟之

图7-11　福州市光明港中的瀛洲泰山府虎头龙舟

首，带有展示虎威、体现奋勇争先的含义，为他处所罕见。龙舟竞渡的皆为"亲家船"，与瀛州泰山府结为亲家的有汤涧殿、红星华安境、海潮寺天仙府、佛飞龙、福庆堂等。他们结为神缘，在端午龙舟竞赛中互相鼓励、彼此关照，若遇落水事故则会互相救援。

提线木偶，古称"悬丝傀儡"，又名"吊线子戏"，是古老的珍稀戏种。木偶戏班一般7人左右，演出时台前由两三人操作，连说带唱，后台三五人吹拉伴奏，只要搭个台子、加上围布即可演出。福建木偶戏种类较多，如泉州木偶戏、莆田木偶戏、客家木偶戏等等。福清木偶戏吊挂的丝线共有13条，这样可使木偶活动起来更灵活，表演形式也更为丰富，这也对技艺提出了较高要求。木偶的角色划分和戏剧是一致的，如旦角、小生等，通过牵于偶人的提线逼真地模拟出各种姿态，同时借助夸张的偶头造型，着重于用提线展现偶人的躯干、腰胯及四肢的配合，用身体的"不正"来凸显形象超出常规的艺术特征，极尽夸张而能生发出意想不到的偶趣，这也正是人戏难以企及的艺术表现。福清提

线木偶戏剧本繁多，如神话剧《观音》《救产》《九仙得洞》，民间故事《烘衣》《兄妹双奇缘》《二路状元》，而《泰山》则是其中的典型代表，戏班班头莫兰香讲："《泰山》很大啊，想做戏，得最高的全猪全羊做供才行。"其内容则是讲康成与妻子后氏多年无出，梦游泰山而得子，因此起名康岱字泰山，康岱长成后文武双全，投军挂帅东征西讨，为国为民立下了汗马功劳，被炳灵公度化为神，位列泰山十太保之一。《泰山》戏的音乐曲调"北调"是词明戏的一种，当下已濒临消亡，是罕见的传统文化瑰宝。

图7-12　福清市提线木偶戏《泰山》

　　连江县仁山拉线狮始于清雍正年间，在20世纪20年代，经过了仁山村村民赵唐德、赵先德的改良，现在的拉线狮是将狮子悬空吊在约一米见方的笼轿中，笼轿前端敞开，由人操纵拉线起舞腾跃，笼轿顶端吊着一个活动的绣球，用来引逗狮子扑抢。表演时四人抬轿，前面有一人手持火把，当狮子飞跃出笼扑抢绣球时，持火把人用嘴或器具喷出火焰，形成一团火球，笼轿后另有两人操纵拉线表演，后面跟随锣鼓乐队，演奏"狮鼓舞"。20世纪末，拉线狮传人赵明棋、赵其春再一次改良拉线狮，使其重新在村间起舞，并于2010年7月应邀参加上海世博会艺术表演。

当然，泰山信仰所承载的文化遗产不仅如此，也包括崇尚自然、尊重生命等思想观念，以及书法、绘画、音乐、舞蹈、武术等文化艺术和民间习俗。如永泰县安海拳发源自永泰县葛岭镇濑下泰山府；漳州东岳莲社诗会结集了一卷《闲石吟草》，漳州东岳锦歌社则对"亭""堂"两派唱腔进行了改进，并于1956年9月在中国唱片公司录制了锦歌唱片《审陈三》等三张；莆田市江口镇东岳观的东岳大帝祭祀大典被评为莆田市非物质文化遗产；闽侯县上街镇兴琳寺泰山信俗被评为闽侯县非物质文化遗产。这些无一不反映着人们的审美情趣和价值观念，表现出他们的美好愿望和追求，清晰地透露出民族的心理和品格特征，也折射出当时的社会面貌和思想文化积淀，渗透和映照着浓厚的传统文化。

当下，对文化资源的了解以及定位，必须要站在很高水平的抽象角度和历史高度获得科学的结论。曾经很长时期，相关活动仅停留在简单的祈祷、烧香、许愿上。进入21世纪，随着国家文化政策的支持、群众整体文化水平的提高，福建多地已经开始重视泰山文化的研究。

图7-13　连江县仁山村东岳庙拉线狮传人赵其春先生

以惠安县螺城镇东岳大帝庙为例，多年来与泰山岱庙保持着良好的互动，信众迄今已九次朝泰山。同样，闽侯县"游迎泰山"的风俗历史悠久，几百年来，当地群众信奉泰山，每年农历三月十六全境举办游迎活动。2009年，闽侯县多家泰山庙组团赴泰山岱庙请香迎驾，举办泰山文化节，从此之后，闽侯县逢闰年举办一届泰山文化节，已经成为当地的一个新传统。在此基础上，2011年，闽侯县各泰山庙联合成立闽侯县泰山文化研究会，致力于在全县弘扬泰山文化。

图7-14　《东南快报》（2012年4月24日）对闽侯县第二届泰山文化节的报道

2019年6月3日，经福建省民族与宗教事务厅批准，"福建省岱宗文化研究会"在建瓯市东岳庙成立。2019年11月14日，一场汇聚海内外知名专家、高校学者等在内的泰山文化论坛在连江县玉荷东路东岳泰山府举行，与会专家学者围绕新时代如何传承和发扬泰山文化精神，进行了热烈讨论和交流，在马来西亚道教学院院长、闽江学者王琛发教授的主持下，"马来西亚道教学院与连江县东岳泰山府联合教学基地"挂牌成立。2022年7月15日，马尾船政研究会、连江县东岳泰山府共同举办"江连山海——船政与神俗文化论坛"，马尾船政是中国近代海军的摇篮，同属福州沿海的连江县不但有着悠久的海洋文化历史，也留下了众多近代海军的遗迹，同时，福建省有着深厚的神俗文化积淀，马尾船政乃至近代海军都深受神俗文化影响，两单位合作举办论坛，是文化活动的一次创新尝试，在马尾船政研究会陈悦会长的主持下，马尾船政向连江县东岳泰山府授牌"连江船政之家"。

祖先留下的古庙宇蕴含着极其丰富的传统文化和民族精神遗产，或许这些与当下的生活已渐行渐远，但不妨让我们的视线在这些传承了几千年的色彩和

图7-15　连江县玉荷东路东岳泰山府举办的"江连山海——船政与神俗文化论坛"

线条上多流连一会儿，用心感受它的内涵，对其进行科学总结，通过有组织的泰山文化研究，将庙宇从原先的相对孤立状态带入紧密的相互联系和互动之中，编织庙际关系网络，把握过去和现在的关系，体现历史传统和地方感，给予现代化解释，赋予时代化特征。呼唤古庙宇活起来，这对于弘扬中华优秀传统文化具有重要的现实意义。

（三）海内外的信仰桥梁

福建简称"闽"，在历史上先后有"七闽""八闽""九闽""十闽"的别称。从宋至清的九百年间，福建在大部分时间里保持八府建制，故"八闽"之称最为普及。清康熙二十三年（1684）增设台湾府，管理台湾、澎湖，这样福建为九府建制，史称"九闽"。期间"福宁州"曾升格为"福宁府"，这段时间内，福建为"十府"建制，故也被称为"十闽"，此时福建为十府二州：福州府、兴化府（莆田）、泉州府、漳州府、台湾府、延平府（南平）、建宁府、邵武府、汀州府（长汀）、福宁府（宁德）、永春州和龙岩州。①

---

① 赵荔：《"八闽"源流考》，载《海交史研究》2015年12月15日，第117～127页。

　　藏身于福州市鼓楼区龙峰社区的泰山庙，迄今已有四百多年的历史，庙中保存着大陆唯一含有台湾府在内的清代福建十府二州城隍壁画，佐证了福建曾有"十闽"之称，更有力地见证了台湾和大陆本为一体。据村民讲，龙峰村的一些村民早期在台湾定居，并在台湾繁衍后代，但他们念念不忘家乡。在海峡两岸未实现全面三通时，他们不辞劳苦绕道第三地回到家乡祭拜泰山神，全面三通后，台胞往返台湾和龙峰村之间更是频繁。泰山庙历尽数百年风雨，年久失修，数以百计台湾同胞更是纷纷回乡捐资，让古庙面貌焕然一新。

图7-16　福州市鼓楼区龙峰社区泰山庙的台湾府城隍壁画

　　闽地多山水，一方面可耕地紧缺，这对以土地为基本生存资源的村落家族无疑是巨大的压力，另一方面拥有漫长的海岸线，海外谋生可以获得新的甚至更多的生存资源。福建人勇于打拼、善于经商，这似乎是公认的现象。于是，一代代福建人奔向了波澜壮阔的大海，以不输山东人闯关东的勇气和魄力，走上了一段充斥着悲剧和奇迹、混杂着屈辱与刚强的历史之路。数百年来福建先民泛舟海外，在茫茫大海中，面对着许多未知的危险。在航海技术不发达的时代，移民们的生命安全只能寄希望于神灵的保佑，所以出海时常随身携带神像、符咒、香灰袋等，它们既是故土的象征，也是精神力量的保证。开拓者到达任何新土地上，首先要集体奉祀家乡的神灵，这不仅源于亲近和维续原乡信仰文化的主观心灵要求，也表达了他们对待文化迁移异地的客观心态：既是为了消减异乡和原乡的差别，也是要消减本身对故国文化的心灵距离，希望故乡的神灵在异地也能灵验，保佑他们开垦顺利。据台湾世新大学丁肇琴教授考证，台湾的东岳大帝首庙是台南东岳殿，因为台南原本是台湾的首府，所谓"一府二鹿三艋舺"，一府即指台南府，郑成功反清复明的根据地即台南，而台南东岳殿的设立也与郑成功有关：

相传，明永历十五年，郑成功率军东征台湾，随军官兵即带有岳帝爷之香灰袋。当时郑军扎营于今之东门圆环一带，官兵乃将岳帝爷香灰袋挂在附近一棵松树下，并朝夕膜拜，以保平安。后郑军因水土不服，不少人病死，而前往膜拜者皆平安无事。因膜拜者日众，岳帝爷香灰袋遂成了众家军士的寄托，众人乃提议建草厝供奉。据考证，当初建供岳帝爷之草厝，即今之府前路一段六十八巷五十七号一带。明永历二十七年九月间，在距原址东北面百余公尺处（即今民权路一段一一零号现址），另建供奉处所，亦即今之东岳殿。①

闽人渡海带去的信仰，对后裔产生了极为深远的影响。作为移民社会的台湾，民众的根都在大陆，几百年来，祖籍之思、故土之念无时无刻不萦绕在他们心头，乡土神因此备受台湾信徒推崇，被称之为"桑梓神"。在人为因素阻隔海峡两岸交往的历史背景下，人们无法回故乡探亲，就自然转向了神的世界，通过建庙塑像来寻求精神寄托。庙宇建立起来，它无论在视觉上、活动上还是组织上，都统合着人们的神灵印象，展示着信仰的文化因素、社会意识和传统价值，无论祭祀方式、祭祀群体成员来历、祭祀组织的势力范围，乃至组成祭祀组织的形式，都在表述着信仰群体的社会实力和集体意愿。当回乡的条件达到后，定期奉神像回福建谒祖进香便成了他们抒发家乡情、表达故土爱的主要途径，民族向心力也通过这些活动曲折地折射出来。闽台寺庙间的分香、进香、巡游活动还体现了中国传统文化中支流对主流文化的认同和维护，台湾分香庙纷纷以赴福建祖庙进香为荣，以请得福建祖庙的分身神像来标榜自身的正统地位，并借此来吸引信徒、扩大香火。

尽管随着时间的流逝，社会环境发生了巨大的变化，传统家族观念的成分也渐渐消解，但信仰本身所具有的独立性和稳定性，使得一代又一代的移民后裔们承继这些观念、发扬这些传统，与祖地保持着密切的联系。这条纽带尽管是无形的，却强大有力，它跨越海峡，将游子和祖国大陆紧紧地联结在一起，无论什么样的外部力量都无法将它切断。海外游子回乡寻根祭祀、捐资修庙之举不只龙峰

---

① 丁肇琴：《台湾东岳庙调查报告》，载叶涛主编：《2011泰山东岳庙会国际论坛论文集》，广西师范大学出版社2011年版，第170页。

图7-17　台湾宜兰县东岳庙到福建交流参访

泰山庙，而是在福建乃至全国处处上演着。

　　同胞们走进来，福建泰山庙也走出去，每年到台湾开展活动，交流项目和模式也不断拓展，从过去单一的游神、进香、参访，扩展到法事交流、学术交流、慈

图7-18　闽侯县洲头村瀛洲泰山祖殿华侨捐建的思乡亭

善交流、宗教文物展出、宗教人才培养等。1925年，泉州市东岳行宫道长陈高迨旅居新加坡，欧洲汉学家施舟人曾赴新加坡学习，为陈氏嗣传。福州市马尾区亭江镇、长乐区象屿村都将泰山的香火带到了大洋彼岸的美国，在纽约建起了新的泰山府。南宋绍兴年间，闽侯县上街镇六桥林氏建"兴琳寺"，供奉

"泰山康王"，林氏部分族人移居马来西亚，于1968年在槟城建起了新的"兴琳寺"。此类现象在有"侨乡"之称的福建非常普遍。

一脉同根，一本同源，泰山已成为对海外华人最有影响力的神灵之一。时代虽有变更，信仰稳如泰山，共同的信仰所表现出的巨大亲和力、凝聚力、向心力，已经成为重要的桥梁和精神纽带，构筑了海峡两岸及全球华人不可分割的民族情感。

附录 1

称雄不争霸，乃我中华魂

——论新时代的泰山精神①

　　泰山，世界自然文化双遗产、世界地质公园，符合世界遗产标准数全球第一，被称为"世界遗产之尊"。世界遗产委员会评价："庄严神圣的泰山，两千年来一直是帝王朝拜的对象。其山中的人文杰作与自然景观完美和谐地融合在一起。泰山一直是中国艺术家和学者的精神源泉，是古代中国文明和信仰的象征。"然而，泰山不仅限于古代中国，在新时代的中国，泰山更不断地焕发着新的生机，承载着新的精神内涵。

抵抗外辱的天东一柱

　　抵抗是从被侵略开始的，正如《我们是黄河泰山》所唱的："祖先的历史像黄河万古奔流，载着多少辛酸多少愤怒，多少苦难。"从清末到 20 世纪 40 年代的一百多年间，中华大地上战火连绵，生活在这块土地上的人们一刻也没有停止同入侵者的抗争。直到今天，我们依然可以清晰地感受到那根植于基因中不甘被奴役、勇于抵抗的血性。

　　仁人志士从泰山吸取能量、寄托抱负。1919 年初，青年毛泽东登上了泰山。1936 年，在陕北窑洞接受美国记者斯诺采访时，毛泽东特别提到这次泰山之行："在这次旅行中，我登上了山东的神岳泰山。后来冯玉祥曾在这里隐居，并且写了一些爱国的诗。"

---

　　① 笔者旧作，原刊于 2018 年 11 月 29 日《泰山晚报》第 12 版，略有修改。

在当时民族危亡的背景下，泰山屹立在时代激流的峰头浪尖，开始成为凝聚人心、鼓舞斗志的精神源泉。1932年，老舍先生奋笔写下了《救国难歌》"我也曾提倡东封泰岳为国山"，1933年，易君左先生更是在《定泰山为国山刍议》中发出了"用泰山的精神消灭富士山之魔影"的呐喊。

传统的"泰山石敢当"也一改其镇宅驱邪的原有形象。1938年，画家高龙生发表在《抗战画刊》第22期上的画图《泰山石敢当，勇士敌难冲》，把泰山石敢当绘成一位抗日战士。1941年1月，皖南事变发生后，中央在江苏盐城泰山庙重建新四军军部，继续领导新四军坚持抗日斗争。1942年夏，中国远征军由缅甸败退，失散的战士在阿佤山区建立抗日游击队，孤军镌刻泰山镇石名号用以励志振气。今云南孟定尖山西南尚存阿佤山游击队所留大字石刻，其文"以戈待敌""泰山敢当"，虽风剥雨蚀，藓点苔斑，仍赫然在目。

在三次长沙会战中，山东将军李玉堂率领泰山军，于十数万日军包围之中力挫敌人锋芒，钉子一样守住了长沙。衡阳保卫战中，泰山军孤军奋战47天，使得衡阳保卫战最终演绎成豫湘桂战役乃至整个抗日战争后期最大的一场战役。日军战史称："寸土必争，其孤城奋战之精神，实令人敬仰。"《救国日报》也称："对国家贡献之大，于全局胜败有决定作用者，当为衡阳守军。"毛主席在《解放日报》中高度评价："坚守衡阳的守军是英勇的，衡阳人民付出了重大牺牲。"

坚守信仰的高地，是共产党人的政治灵魂。《沙家浜》中唱道："要学那泰山顶上一青松，挺然屹立傲苍穹。"正是共产党人的挺然屹立、百折不挠的信仰，创造了举世震惊的人间奇迹。三大战役结束后，解放全中国已指日可得，邓榕在《我的父亲邓小平》中回忆，渡江战役前夕，邓小平与陈毅登泰山、参观孔庙，然后才回前线，"父亲和陈毅都是史学兴趣极浓厚的人，也都极爱游览观光之赏心乐事，这次游览，是他们二十多年来都未曾享受过的逍遥自在，他们一定相当开怀"。看似愉悦的言语背后，是革命者与亲人间的心灵交流，背后承载着的是战火的记忆。2010年，南京雨花台烈士陵园到泰山之巅采火种点燃长明灯。

季羡林先生曾对温家宝同志讲："欲弘扬中华文化，必先弘扬泰山文化，几千年来，我们的国家经历那么多的磨难，还是岿然不动，泰山可以代表这种精神。"

为国家立心，为民族铸魂。对一个伟大的民族而言，挫折意味着新的出发。

新中国的价值标杆

1949年10月1日，新中国诞生。自此，中国开始了弃旧图新、迎头赶上的历史进程，并最终使自己成为东方世界摆脱大国的欺凌、实现独立自强的国家。文化的基因会写入一个民族，变成整体的价值标杆。1952年，毛泽东在泰安火车站下了车，若有所思地仰首遥望巍巍泰山，矗立良久，然后登车离开。我们不知道这位伟人是出于什么样的情结，才有了这次特别的停车，抑或是想起了他年少时登泰山的经历，但八年前他在张思德同志追悼会上做的演讲《为人民服务》却音犹在耳："人固有一死，或重于泰山或轻于鸿毛。为人民利益而死，就比泰山还重；替法西斯卖力，替剥削人民和压迫人民的人去死，就比鸿毛还轻。张思德同志是为人民利益而死的，他的死是比泰山还要重的。"

"成就任何一项伟业都离不开劳动者"，1960年，朱德元帅写诗《飞过泰山》："泰山不算高，一千五百八。飞过二千一，它把头低下。"激励和鞭策亿万劳动者去创造更大的成就，攀登新的高峰。

四化建设的攀登序曲

在经历了弯路徘徊之后，人们开始强烈地渴望社会的安定富足，改革开放四化建设让国人看到了延续理想的希望。一方面，为了追赶强国的现代化步伐，我们以学生身份四处求教；另一方面，我们又凭借传统文化与精神力量，演奏着新时代的攀登序曲。

1981年7月1日，在建党60周年纪念大会上，胡耀邦同志把社会主义建设的艰辛历程比喻为登泰山："我们还要走一段相当长的艰难的路程。好比登泰山，已经到了中天门，前面还有一段要费很大气力的路——三个十八盘。要爬过这一段路，才能到达南天门。由南天门再往前，就可以比较顺利地向着最高峰玉皇顶挺进了，到了那里就好比我们实现了社会主义现代化建设的宏伟任务。"

周总理曾五次批示保护泰山，1984年6月10日，周总理的夫人、战友邓颖超同志登上了泰山。在泰山南天门，邓颖超同志讲："振兴中华呀，要拿出比泰山十倍还要高的这样一种意志和热情，一直要攀登到'四化'实现。你们在这里有很多人可以自己亲眼看到。自己的手来创造新的中华、社会主义的世纪中国。"

新世纪的强国之基

1983 年 8 月 16 日，习仲勋同志携家人登上了泰山。29 年后的 2012 年 11 月 15 日，习近平总书记代表新一届领导人演讲："责任重于泰山，事业任重道远。我们一定要始终与人民心心相印、与人民同甘共苦、与人民团结奋斗……向人民交出一份合格的答卷。"自此，以习近平同志为核心的党中央以高度的历史担当和使命追求，带领亿万人民在实现中国梦的伟大进军中不断开拓前进。

只有创造过辉煌的民族，才懂得复兴的意义，只有经历过苦难的民族，才对攻坚克难有如此深切的渴望。2003 年，时任浙江省委书记的习近平同志讲："以'登东山而小鲁''登泰山而小天下'的气度和胸襟，始终把全局作为观察和处理问题的出发点和落脚点。"2017 年，在庆祝中国人民解放军建军 90 周年大会上，习主席号召全军"攻如猛虎、守如泰山"。2018 年上合组织峰会后，习主席视察山东，提出了山东要勇做新时代的"泰山挑山工"！2019 年，嫦娥四号登月着陆区中央峰命名为"泰山"，这是我国首次以"山"命名月球地理实体。南海三大岛（永暑、渚碧、美济）安放巨型泰山石，象征着中国的主权。

在祖国的心脏——天安门城楼的正中央，有一幅巨制国画《江山永泰》。画面上，凸起的泰山犹如一头觉醒的雄狮迎着朝阳，又像一条巨龙在云海的波涛中升腾，象征着中华民族正在崛起、伟大祖国正在腾飞；近景是一片苍虬的古松，是中华民族不屈不挠的精神写照；一轮红日喷薄而出，霞光万丈，隐喻着社会主义事业蒸蒸日上、伟大的祖国前景无限壮丽广阔。

从"雄关漫道真如铁"的昨天，到"人间正道是沧桑"的今天，再到"长风破浪会有时"的明天，近代以来中华民族的历史追求和当代发展的时代潮流因梦想而交汇，中华民族伟大复兴展现出光明前景。

联系世界的友谊纽带

历史进入了一个新的千年。当全球化把世界紧紧联结在一起，国与国之间的互动、合作和依存关系开始增强。作为中华民族的象征，泰山越来越多地在世界友好交往中展现身影：希腊奥林匹斯山、法国圣米歇尔山、韩国汉拿山与中国泰山结为"姐妹山"；在日本，有一种樱花叫"泰山府君樱"，清华大学刘晓峰教授考证日本天皇登基要举行泰山府君祭。2007年，温家宝同志在日本国会演讲："风虽在呼啸，山却不会移动，中日两国人民友好的根基如同泰山和富士山那样不可动摇。"随后经中日两国友好人士共同努力，泰山与富士山在日本东京结为"友好山"；法国总统密特朗访华介绍法国圣山圣米歇尔山时，将其比作"法国的泰山"；2015年，巴基斯坦发行《巴中友谊颂》，驻巴大使孙卫东同志讲："巴中友谊如登临巍巍泰山和喀喇昆仑山那样独一无二"；美国NASA将火星上一片区域命名"泰山"，探测车在火星上刻下了汉字"泰山"，在美国出生的第一只大熊猫宝宝，美国人民投票起名"泰山（TAI SHAN）"……

2015年9月4日，联合国秘书长潘基文来到泰山，挥毫写下了"中华泰山""天下泰山"。潘基文对此次泰山之行感慨万千，他说："举世闻名的泰山是一座神圣名山，其雄伟的自然景观与悠久的人文景观浑然一体，令人心驰神往，自古文人墨客更对泰山仰慕备至。一直以来，我非常希望亲自访问一次泰山，这是我的一个梦想。我相信，如果不停歇前进的脚步，就能够征服所有顶峰；如果可以登上拔地通天的泰山，就能够克服所有困难。联合国愿与中国政府共同合作，为促进世界和平与发展做出新的贡献。"

随着全球一体化的进程不断加速，具有战略智慧和历史责任感的国家开始做出理性的判断。中国作为正在崛起的大国，没有像某些国家那样依靠战争打破原有国际体系、通过集团对抗来争夺霸权的老路。2018年上合组织青岛峰会上，习主席在泰山厅巨幅国画《国泰民安》前接见各国元首和嘉宾。2015年11月6日，习主席在越南国会做了名为《共同谱写中越友好新篇章》的演讲："登泰山而览群岳，则冈峦之本末可知也。中越关系已经站在新的历史起点上。让我们登高望远、携手努力，为开创中越全面战略合作伙伴关系新局面，为建设持久和平、共同繁荣的亚洲和世界，作出新的更大的贡献！"

2003年，泰山被评为中华十大名山之首，《中国国家地理·选美中国特辑》评价："泰山——华夏的图腾"，央视《世界遗产之中国档案》则评价："泰山于1987年被评为世界自然与文化双遗产，这不仅因为泰山极其丰富的自然资源，更因为泰山已经同黄河、长城、长江一道，成为中华民族的一个象征，世界上很难有第二座山像泰山那样，几千年来深入到整个民族亿万人的心中。"和平崛起的中国，正如冯骥才先生的《颂泰山》所讲的那样：

岱宗立天地，由来万古尊。

称雄不争霸，乃我中华魂。

附录2
福建省泰山庙统计表

名称	地址	经纬度
福州市（342座）		
泰山庙	鼓楼区华大街道龙峰社区3号	经度119：17：41.663799999980355 纬度26：6：26.4646000000066
泰山殿	鼓楼区高峰南巷46号	经度119：17：0.21000000002104002 纬度26：5：12.029999999998822
三和堂	鼓楼区祥屿路19号	经度119：16：36.092100000008855 纬度26：4：29.839600000006623
大蚶境	鼓楼区营迹路64号	经度119：17：50.9799999999813 纬度26：6：3.1799999999930151
泰山庙	鼓楼区树汤路温泉东汤小区101号	经度119：18：13.793799999984984 纬度26：5：59.98339999999736
岳宗六曹司	鼓楼区朱紫坊府学后巷	经度119：17：51.041599999996734 纬度26：5：0.41039999999336274
达善境	鼓楼区朱紫坊	经度119：18：2.5900999999721108 纬度26：5：5.350000000057959
九案泰山府校场坂堂	鼓楼区加洋路	经度119：17：40.4826999999932 纬度26：4：32.817899999994573
九案泰山府西营长生堂	鼓楼区西洋路16号	经度119：17：27.531200000026672 纬度26：4：25.603300000002491
九案泰山府总堂	台江区义洲街道太平社区	经度119：17：34.110700000019349 纬度26：3：41.463699999992969
九案泰山府太平山堂	台江区义洲街道太平社区	经度119：17：47.980900000024178 纬度26：3：51.626099999994047
九案泰山府山仔里堂	台江区义洲街道太平社区	经度119：17：46.798499999975292 纬度26：3：51.443799999993644
九案泰山府浦东堂	台江区义洲街道浦东社区	经度119：17：29.633700000005874 纬度26：3：48.680399999997462
九案泰山府浦西福寿宫	台江区义洲街道浦西村	经度119：17：28.342799999984081 纬度26：3：50.822700000004268
九案泰山府上河救生堂	台江区白马南路	经度119：17：28.617499999993115 纬度26：3：51.289600000003716
九案泰山府双浦头堂	台江区上海街道交通三社区	经度119：17：38.010999999989118 纬度26：4：7.460099999996078

（续表）

名称	地址	经纬度
九案泰山府斗池堂	台江区斗池路斗池新村	经度119：17：8.2653000000282617 纬度26：4：25.010800000003659
九案泰山府涵头堂	台江区白马中路白马花园	经度119：17：19.965800000005487 纬度26：4：26.35659999999918
九案泰山府西洋积善堂	台江区上海街道西洋小区	经度119：17：26.914600000018183 纬度26：4：19.95020000000661
九案泰山府下河堂	台江区上海街道下河里	经度119：17：48.585199999972275 纬度26：4：17.285999999992807
九案泰山府洋柄同心堂	台江区交通路40号	经度119：17：44.712500000023283 纬度26：4：11.607499999998279
泰山庙	台江区义洲街道	经度119：17：31.693700000003489 纬度26：3：25.1695999999938
东岳泰山齐心堂	台江区义洲街道浦东社区奋斗里226号	经度119：17：36.619999999995358 纬度26：3：43.619999999995358
浦东泰山堂	台江区义洲街道元兴小区	经度119：17：38.3800000000047 纬度26：3：41.520000000004089
东岳泰山忠信堂	台江区长寿路长寿园	经度119：17：23.229999999981388 纬度26：3：19.96000000000641
东岳泰山府	台江区江滨西大道198-2号闽俗阁	经度119：17：49.640000000013984 纬度26：2：58.479999999995933
瀛洲泰山府	台江区瀛洲街道光明社区	经度119：19：41.085199999972275 纬度26：3：43.860100000005332
福庆堂	台江区瀛洲街道光明社区	经度119：19：36.088199999998238 纬度26：3：45.332999999998719
东岳六将厅	台江区安淡巷安淡新村	经度119：18：13.186800000024945 纬度26：4：5.4263000000064388
东岳整兴堂	台江区三通路	经度119：18：18.742599999997793 纬度26：3：14.601299999993903
东岳泰山宫	台江区帮洲里25号	经度119：17：40.85999999985988 纬度26：3：5.179999999993008
东岳六曹司公馆	台江区双洲桥道	经度119：17：32.880000000004586 纬度26：3：9.8399999999965182
新兴保升堂	台江区江滨西大道福瑞新村	经度119：17：14.500000000000028 纬度26：3：19.020000000004089
泰山府	台江区鳌峰路锦江新村117号	经度119：20：24.3300000000162 纬度26：3：26.100000000005814
泰山殿	台江区河下街同心花园	经度119：17：47.871092999994289 纬度26：3：10.592193000004038
东岱岳宗兴善堂	台江区兰花路5号	经度119：17：22.382811999996122 纬度26：4：20.005187000002458
考功伯庙	台江区浦西境巷14-1号	经度119：17：25.129393999987783 纬度26：3：29.7015379999939029
泰山青府	仓山区城门镇安头村	经度119：23：58.302599999995408 纬度25：59：55.955600000001056

（续表）

名称	地址	经纬度
泰山宫	仓山区城门镇连坂村	经度119：21：30.975900000019436 纬度26：0：54.718699999997625
泰山宫	仓山区城门镇林浦村濂江泰山前44号	经度119：21：58.570000000006885 纬度26：1：22.5399999999936
康三世子殿	仓山区城门镇林浦村狮山	经度119：21：49.075899999996153 纬度26：0：58.6943999999993038
英烈殿	仓山区城门镇林浦村绍岐102号	经度119：22：11.210000000021054 纬度26：1：25.009999999994754
泰山庙	仓山区城门镇林浦村绍岐13-2号	经度119：22：6.1599999999744881 纬度26：1：15.839999999996511
东岳灵界	仓山区城门镇樟岚村湖地里	经度119：22：50.027100000006541 纬度26：0：39.716499999994994
泰山青府	仓山区城门镇厚峰村后坂354号	经度119：24：24.455000000016298 纬度26：0：8.8459000000002543
康乂王庙	仓山区城门镇安平村上村90号	经度119：23：45.57860000000808 纬度26：0：0.33019999999669203
泰山青府	仓山区城门镇清富村	经度119：24：18.53429999999932 纬度25：58：18.2445000000007
积善泰山宫	仓山区城门镇清富村清凉山	经度119：24：3.71337800001491303 纬度25：58：32.2261040000010723
英烈殿	仓山区城门镇潘墩村山头道188-2号	经度119：2：24.24199999994013 纬度119：21：24.322299999999828
东岳李夫人庙	仓山区城门镇潘墩村下洲	经度119：21：36.549999999988287 纬度26：1：23.259999999994761
英烈侯王庙	仓山区城门镇潘墩村下洲	经度119：21：36.289999999979017 纬度26：1：23.330000000001746
泰山府	仓山区城门镇林厝里村	经度119：22：33.246299999998925 纬度25：58：37.894700000004491
东岱岳宗鸡芯堂	仓山区城门镇下董村	经度119：22：41.216299999971042 纬度26：0：42.19539999999688
泰山宫	仓山区城门镇下董村	经度119：22：35.070000000006942 纬度26：0：43.55000000000291
泰山府	仓山区城门镇浚边村浚边	经度119：23：8.6172999999834587 纬度25：58：25.840500000005591
东岳泰山宫	仓山区城门镇浚边村峡北凤凰山	经度119：23：26.461399999971036 纬度25：58：3.6198000000004527
龙山太子庙	仓山区城门镇胪雷村东洋路198号	经度119：22：55.554500000027431 纬度25：58：55.030100000003586
泰山府	仓山区城门镇胪雷村胪山	经度119：23：11.710000000021026 纬度25：59：2.2899999999937393
泰山宫	仓山区城门镇下洋村长岐山	经度119：24：41.54999999998843 纬度25：58：59.899999999994122
泰山宫	仓山区城门镇下洋村山边49号	经度119：24：41.753499999991561 纬度25：59：1.0858000000007451

（续表）

名称	地址	经纬度
泰山宫	仓山区城门镇龙江村林厝里	经度119：22：33.099999999976717 纬度25：58：37.960000000006318
泰山温康殿	仓山区城门镇龙江村竹楼160-7号	经度119：22：17.510000000009356 纬度25：58：52.85000000000565
泰山青府	仓山区城门镇谢坑村	经度119：23：34.215000000025668 纬度29：59：59.12790000000669
泰山宫	仓山区城门镇洋尾村	经度119：24：29.802299999981159 纬度25：58：43.016300000002872
泰山青府	仓山区城门镇鳌里村温墩46号	经度119：22：4.820000000069565 纬度25：59：22.570000000007013
泰山府	仓山区城门镇胪厦村	经度119：20：32.0800000000164 纬度26：0：37.839999999996508
泰山宫	仓山区城门镇梁厝村	经度119：24：12.419999999983631 纬度25：59：52.88000000004515
东岳血池林总政庙	仓山区城门镇梁厝村	经度119：18：55.710000000020869 纬度26：2：50.110000000000596
东岳血池主宰殿	仓山区城门镇城门村城楼519号	经度119：21：25.290526999975498 纬度26：0：4.9232480000064243
泰山宫	仓山区盖山镇高湖村	经度119：19：58.855500000005065 纬度26：2：22.238599999996957
大哥庙	仓山区盖山镇高湖村	经度119：19：44.049999999988287 纬度26：2：20.839999999996508
泰山宫	仓山区盖山镇尚保村尚保209号	经度119：18：56.575399999972475 纬度26：0：3.1521000000066119
祝圣堂泰山宫	仓山区盖山镇屿宅村仕尾200号	经度119：20：35.787499999976617 纬度26：1：39.276599999997423
泰山宫	仓山区盖山镇屿宅村秀宅106号	经度119：20：57.8499999999768 纬度26：1：28.639999999999418
锦江泰山青府	仓山区盖山镇江边村	经度119：20：17.733899999991891 纬度26：2：40.481599999999176
泰山府	仓山区盖山镇下岐楼路18号	经度119：21：45.90999999997436 纬度26：2：52.410000000003485
泰山府	仓山区盖山镇吴山村	经度119：17：47.239999999990587 纬度25：59：25.649999999994151
泰山府	仓山区盖山镇首山村首山398号	经度119：18：38.419999999983645 纬度26：1：14.860000000000589
岳宗泰山府	仓山区螺洲镇店前村	经度119：20：40.30150000000134 纬度25：59：3.3173999999999637
泰山府	仓山区螺洲镇洲尾村洲尾街61号	经度119：21：23.392999999981896 纬度25：58：49.068799999993615
瀛洲泰山府	仓山区螺洲镇洲尾村	经度119：21：21.890000000014069 纬度25：58：57.649999999994037
泰山府	仓山区螺洲镇吴厝村螺洲街53号	经度119：20：48.161699999997012 纬度25：59：0.22950000000122373

（续表）

名称	地址	经纬度
东岱岳宗敏政公庙	仓山区仓山镇先农村	经度119：17：56.8797999999952 纬度26：1：542097000000067
东岳泰山宫	仓山区仓山镇先农村	经度119：18：1.9061000000218797 纬度26：1：50.096699999994591
东岳泰山庙	仓山区建新镇叶宅村花溪路79号	经度119：14：28.586499999975779 纬度26：2：46.325550000006272
泰山庙	仓山区建新镇凤高村	经度119：16：7.0508000000263138 纬度26：1：36.016099999993465
泰山府	仓山区建新镇石边村	经度119：15：2.40000000002329 纬度26：2：32.190000000002328
总政府	仓山区上藤路文藻巷	经度119：18：49.1748040000094 纬度26：3：0.91735800000605217
泰山英烈王庙	晋安区宦溪镇鹅鼻村	经度119：21：56.876199999998747 纬度26：9：11.67840000000435
东岳庙	晋安区岳峰镇岳峰村东岳岭7号	经度119：19：27.379699999990308 纬度26：5：32.775800000003073
东岳血池殿	晋安区岳峰镇岳峰村岳前78号	经度119：19：25.402200000011419 纬度26：5：26.66469999999391
东岳祖殿	晋安区岳峰镇岳峰村岳前76号	经度119：19：26.720499999995795 纬度26：5：30.372600000002414
岳宗金太师府	晋安区岳峰镇岳峰村岳前	经度119：19：25.38000000004586 纬度26：5：29.270000000004046
东岱金将军庙	晋安区岳峰镇岳峰村东岳路	经度119：19：18.719999999972146 纬度26：5：29.460000000006428
岳宗普安堂	晋安区岳峰镇岳前雅居	经度119：19：37.047728999983462 纬度26：5：11.613463999994593
康山协心福寿堂	晋安区鹤林村李园174号	经度26：6：46.929999999993029 纬度119：19：55.520000000018612
东兴堂	晋安区岳峰镇浦下村	经度119：19：1.8914000000223297 纬度26：5：12.485499999995238
东岳娘娘宫	晋安区岳峰镇浦下村	经度119：18：58.827999999979426 纬度26：5：15.658299999995506
欧阳宫	晋安区岳峰镇浦下村	经度119：19：9.71919999999237 纬度26：5：13.906799999996995
泰山府	晋安区日溪乡汶石村汶石53号	经度119：11：13.09000000002559 纬度26：19：6.7599999999948324
康山庙	晋安区康山路	经度119：19：9.5922000000137331 纬度26：5：17.429900000002796
泰山府	晋安区晋安南路48-18号	经度119：19：10.90019999997466 纬度26：4：33.40850000000502
五大元帅庙	晋安区晋安南路38号	经度119：19：5.4895009999744815 纬度26：4：37.816772000005571
东岳督司府	晋安区晋安南路	经度119：19：4.8300000000162413 纬度26：4：24.029999999998832

（续表）

名称	地址	经纬度
东岱岳宗行善普德堂	晋安区象园街道双坂村大坂路2-1号	经度 119：19：38.948900000017659 纬度 26：4：16.221699999994588
岳宗秉政堂	晋安区象园支路60号	经度 119：19：11.580000000016284 纬度 26：4：10.160000000003464
东岳泰山宫	晋安区塔头支路4号	经度 119：19：5.1152000000002573 纬度 26：5：26.9853000000003
东岳泰山宫	晋安区鼓山镇横屿村西边73-8号	经度 119：20：55.929999999993 纬度 26：5：45.610000000000582
东岳普心堂	晋安区鼓山镇横屿村	经度 119：20：49.669999999983645 纬度 26：5：39.020000000004096
象山大庙	晋安区鼓山镇横屿村拥上6-6号	经度 119：21：2.5399999999790168 纬度 26：5：37.22999999999594
泰山殿	晋安区鼓山镇洋里村中下	经度 119：22：8.2899999999791163 纬度 26：2：44.179999999993
讲堂胜境	晋安区长乐中路	经度 119：19：13.8940419999998 纬度 26：4：41.11953700000592
嘉登泰山庙	马尾区琅岐镇上岐村	经度 119：34：20.403400000009952 纬度 26：5：21.84440000000178
东岳庙	马尾区琅岐镇院前村	经度 119：34：30.780000000028025 纬度 26：5：53.5399999999936
都察司庙	马尾区琅岐镇吴庄村东升	经度 119：35：29.1503900000245153 纬度 26：5：24.3507379999937257
东岳泰山仁圣大帝庙	马尾区琅岐镇吴庄村前进	经度 119：35：36.6760249999934729 纬度 26：5：31.5330499999981662
龙溪寺	马尾区罗星街道君竹村	经度 119：27：33.304999999993115 纬度 26：0：15.106199999994715
君竹泰山府	马尾区罗星街道君竹村476-1号	经度 119：27：20.505981000023894 纬度 26：0：22.123718000025546
岳宗庙	马尾区亭江镇东岐村	经度 119：31：45.770799999998388 纬度 26：6：31.353600000002206
泰山都统府	马尾区亭江镇亭头村登龙境八一五中路67号	经度 119：29：33.125999999989304 纬度 26：2：47.723899999997236
泰山都统府	马尾区亭江镇象洋村	经度 119：30：22.28999999997896 纬度 26：4：54.449999999997104
东岳泰山宫	马尾区亭江镇闽安村虎头山	经度 119：29：33.161699999997012 纬度 26：2：47.504300000000512
岳宗赵总政府	马尾区亭江镇英屿村	经度 119：31：45.530000000028039 纬度 26：6：3.779999999998811
东岳泰山府	马尾区马尾镇魁岐村协洲45号	经度 119：23：33.623900000005875 纬度 26：1：47.617599999997765
英烈殿	马尾区马尾镇快安村宅里8号	经度 119：24：56.7498769999947 纬度 26：2：2.7722159999975826
英烈殿	马尾区马尾镇快安村东陈248号	经度 119：25：4.1699999999836734 纬度 26：1：46.99999999999993

名称	地址	经纬度
贤龙殿	马尾区马尾镇快安村磨溪	经度119：24：47.2192379999906109 纬度26：1：37.7027890000026673
泰山宫	马尾区马尾镇腓头村38号	经度119：26：19.830000000016241 纬度26：0：20.880000000004657
东岳泰山府	马尾区马尾镇红山村	经度119：28：24.380000000004642 纬度26：0：58.570000000006985
瀛洲祖殿协洲泰山宫	马尾区马尾镇宗棠路	经度119：23：45.679999999992944 纬度26：1：40.139999999999418
英烈侯王宫	马尾区马尾镇龙门村160号	经度119：24：10.579833000025332 纬度26：1：56.990661000003449
东岳庙	长乐区航城镇泮野村爱心路456号	经度119：29：35.841399999975678 纬度25：57：47.385999999998631
泰山宫	长乐区航城镇厦朱村中山北路200号	经度119：29：24.919999999983773 纬度25：58：17.360000000000753
泰山少爷宫	长乐区航城镇厦朱村中山北路198号	经度119：29：24.369999999995358 纬度25：58：17.410000000003691
泰山宫	长乐区航城镇五里洋村138号	经度119：29：36.421700000006325 纬度25：58：22.185400000002176
泰山宫	长乐区航城镇龙门村宫井路7号	经度119：29：50.070000000006942 纬度25：57：6.2499999999998579
晴峰室	长乐区航城镇祥州村官道路94号	经度119：29：44.530000000027883 纬度25：58：53.919999999998112
东岳殿	长乐区航城镇五竹村	经度119：30：32.280000000002794 纬度25：59：44.570000000007042
泰山宫	长乐区鹤上镇峰陈村	经度119：35：6.98969999997658 纬度25：56：44.087899999998541
东岳庙	长乐区鹤上镇京林村大林483号	经度119：33：25.488499999977705 纬度25：55：17.069099999993398
龙云古迹	长乐区鹤上镇青桥村	经度119：31：40.771999999997135 纬度25：55：29.26249999999726
泰山宫	长乐区鹤上镇岱岭村	经度119：30：55.809999999997757 纬度25：55：43.210000000006232
东岳庙	长乐区鹤上镇云江村堤里188号	经度119：34：5.79999999998833 纬度25：57：0.550000000000291038
东岳堂	长乐区鹤上镇云路村上山厝349号	经度119：31：28.742064999998576 纬度25：55：42.295073999994344
泰山府	长乐区鹤上镇湖山村172号	经度119：31：28.742064999998576 纬度25：55：42.295073999994344
东岳泰山府	长乐区鹤上镇北山村许朱里129号	经度119：32：2.44262599997469465 纬度25：56：45.5213919999951599
泰山宫	长乐区猴屿镇象屿村	经度119：31：11.7956000000121 纬度26：3：30.202699999994358
东岳庙	长乐区营前镇湖里村	经度119：28：48.152200000011405 纬度25：58：5.2161000000049285

（续表）

名称	地址	经纬度
云顶寺	长乐区营前镇黄石村 180 号	经度 119：24：13.848200000007722 纬度 25：56：56.047600000005389
泰山府	长乐区营前镇长限村东区 24 号	经度 119：28：57.359999999986115 纬度 25：57：20.449999999997175
龙江泰山府	长乐区营前镇海星社区	经度 119：27：37.809999999997714 纬度 25：58：12.389999999999475
泰山府	长乐区营前镇渔民新村 1-1 号	经度 119：24：43.900000000023383 纬度 25：57：6.1399999999996169
东岳泰山宫	长乐区营前镇洞头村四区 5-8 号	经度 119：27：21.98913499998163 纬度 25：57：7.6931760000005056
文京寺	长乐区漳港镇洋边村	经度 119：36：56.958600000012609 纬度 25：56：42.960200000001265
泰山府	长乐区漳港镇王朱村横溪路 117 号	经度 119：36：56.630000000004515 纬度 25：56：19.479999999996096
泰山府	长乐区漳港镇上墩顶村上建路 151 号	经度 119：38：21.500000000000057 纬度 25：55：47.899999999994378
宝林庵	长乐区漳港镇渡桥村西店 64 号	经度 119：24：41.6500000000233 纬度 26：1：54.470000000001171
泰山府	长乐区金峰镇六林村判院 777-9 号	经度 119：37：0.61999999999542865 纬度 25：58：13.800000000002797
泰山府	长乐区金峰镇陈垱头村 348 号	经度 119：36：32.08000000006184 纬度 25：59：41.369999999995457
泰山府	长乐区金峰镇华阳村洋裡	经度 119：36：26.710000000020813 纬度 25：57：50.190000000002186
泰山宫	长乐区文武砂镇壶井村	经度 119：34：57.539999999978875 纬度 25：54：31.190000000002414
泰山殿	长乐区玉田镇琅峰村后街 261 号	经度 119：27：38.229999999981388 纬度 25：54：42.220000000001079
卧虎堂	长乐区玉田镇琅峰村圣王前路 249-1 号	经度 119：27：48.356322999985508 纬度 25：54：36.143645999996892
福善庵	长乐区潭头镇碧岭村上厝 888 号	经度 119：35：57.780000000027769 纬度 26：0：29.270000000004071
莲花泰山府	长乐区潭头镇碧岭村洋中厝 350 号	经度 119：35：57.619999999995173 纬度 26：0：29.179999999993012
泰山府	长乐区潭头镇大宏村	经度 119：35：50.190000000002186 纬度 26：1：27.550000000002907
万寿庵	长乐区古槐镇湖坂村东区 114 号	经度 119：32：44.580000000016327 纬度 25：54：30.029999999998864
梅花泰山府	长乐区梅花镇海防路	经度 119：41：1.4799999999813451 纬度 25：54：30.029999999998864
慈圣堂	长乐区文岭镇东吴村上官 75 号	经度 119：38：36.137694999983268 纬度 25：58：57.44659399999378
湖山堂	长乐区文岭镇山边刘村街里 35 号	经度 119：39：12.832030999997954 纬度 25：59：8.2063289999931044

（续表）

名称	地址	经纬度
泰山府	长乐区文岭镇姚坑村	经度119：39：12.832030999997954 纬度25：59：8.2063289999931044
东岳禅寺	福清市城头镇后俸村349号	经度119：31：37.091599999985121 纬度25：42：57.880000000004657
泰山寺	福清市江镜镇酒店村	经度119：25：31.411699999996898 纬度25：33：25.444300000002755
泰山府	福清市江阴镇高局村玉屿225号	经度119：17：27.573800000012909 纬度25：28：34.148700000005263
东岳寺	福清市江阴镇龙门村	经度119：19：10.131200000003489 纬度25：29：45.607900000002743
文石泰山府	福清市龙田镇友谊村	经度119：24：35.381400000012846 纬度25：38：27.588900000002496
东岳泰山府	福清市龙田镇西坑村740号	经度119：25：15.456300000019922 纬度25：37：29.6834999999993
中和胜境	福清市龙田镇赤坑村692号	经度119：24：47.823486000008373 纬度25：37：28.159790000005103
东尤堂	福清市龙田镇东营村下顶头103号	经度119：29：20.641478999983462 纬度25：37：2.0741270000000611
东岳泰山宫	福清市龙田镇后叶村	经度119：27：57.969359999988157 纬度25：30：4.174803999994694
泰山寺	福清市龙田镇南山村甲甲厝120号	经度119：27：23.91174299997509 纬度25：38：9.7499079999980154
嘉兴胜境	福清市龙田镇玉瑶村郑厝128号	经度119：23：40.289999999979 纬度25：36：22.759999999994562
东岳庙	福清市新厝镇双屿村162号	经度119：16：1.2212999999756136 纬度25：29：22.0010000000039
圣迹庙	福清市新厝镇双屿村156号	经度119：15：38.067625999974588 纬度25：30：23.606872000003989
普明堂	福清市三山镇嘉儒村	经度119：32：2.0690000000285759 纬度25：34：30.959400000006951
明善堂	福清市三山镇安前村安前456号	经度119：33：47.395200000028268 纬度25：33：51.439799999993028
水龙宫	福清市三山镇瑟江村梨头242号	经度119：34：10.176099999982426 纬度25：30：45.532099999996731
泰山宫	福清市三山镇海瑶村南门	经度119：33：52.333373999979784 纬度25：31：51.243438000004957
泰山宫	福清市三山镇海瑶村西陈	经度119：33：57.6617429999753 纬度25：31：18.956451000005359
七谢堂	福清市三山镇良棋村上陈	经度119：32：48.777464999992048 纬度25：33：36.437529999995775
芝山寺	福清市三山镇泽岐村788号	经度119：27：17.786864999972849 纬度25：28：45.540160999997141
泰山宫	福清市港头镇南郑村564号	经度119：2：17.882600000011664 纬度25：31：50.299299999998865

（续表）

名称	地址	经纬度
刹峰寺	福清市龙山街道玉峰村	经度119：23：40.40999999997446 纬度25：43：17.589999999996451
泰山宫	福清市龙山街道玉塘村村西242号	经度119：23：2.7100000000208979 纬度25：42：35.619999999995144
泰山宫	福清市上迳镇仙井村80号	经度119：19：23.979999999981345 纬度25：37：14.720000000001363
善福堂	福清市海口镇东阁村村东248-1号	经度119：26：27.854003000014913 纬度25：39：33.458861999999385
灵佑宫	福清市渔溪镇东漈村宫后山	经度119：14：11.248168000020122 纬度25：35：10.370634999999453
郎官境	福清市渔溪镇南郎官村	经度119：18：18.359999999985988 纬度25：33：54.960000000006204
潮龙堂	福清市阳下街道作坊村	经度119：24：46.120605000003678 纬度25：47：54.20883099999628
侯王宫	福清市东瀚镇万安村上街5-2号	经度119：38：55.473631999979176 纬度25：21：37.835539999999952
泰山府	闽侯县白沙镇马坑村5-1号	经度119：3：51.39949999999952 纬度26：12：28.937900000004433
东岳泰山府	闽侯县白沙镇白沙村火车路510号	经度119：4：9.7299999999813558 纬度26：12：18.279999999998786
泰山府	闽侯县白沙镇白沙村岭岩289号	经度119：4：29.340000000025626 纬度26：12：43.440000000002357
泰山宫	闽侯县白沙镇桃峰山	经度119：4：23.067600000009421 纬度26：12：2.9208999999973528
泰山府	闽侯县白沙镇大濑村261号	经度119：1：47.909999999974382 纬度26：13：9.580000000001796
泰山府	闽侯县白沙镇溪头村123号	经度119：4：17.659999999974367 纬度26：13：6.440000000023283
岐山泰山祖殿	闽侯县甘蔗镇青岐村179号	经度119：5：59.63740000000687 纬度26：9：39.652400000006267
五显泰山庙	闽侯县甘蔗镇校园路7号	经度119：8：12.654399999999448 纬度26：8：57.437399999995229
泰山府	闽侯县荆溪镇港头村	经度119：9：56.228000000002787 纬度26：7：43.904500000004191
东岳泰山府	闽侯县荆溪镇光明村	经度119：11：46.915199999988566 纬度26：7：16.857600000003004
泰山府	闽侯县荆溪镇关中村下料82号	经度119：11：0.44000000000234962 纬度26：12：3.630000000046495
泰山府	闽侯县荆溪镇关中村里店55号	经度119：11：11.237182000011643 纬度26：12：40.755157000006896
瀛洲泰山祖殿	闽侯县南通镇洲头村	经度119：14：51.952500000014012 纬度25：56：50.417100000006059
六境泰山殿	闽侯县南通镇陈厝村40号	经度119：15：25.700000000011691 纬度25：57：46.059999999997672

（续表）

名称	地址	经纬度
六境泰山府	闽侯县南通镇陈厝村	经度 119：15：47.109999999986059 纬度 25：57：32.139999999999418
泰山府	闽侯县南通镇安头村 76 号	经度 119：14：52.080000000016327 纬度 25：55：29.339999999996422
泰山府	闽侯县南屿镇窗夏村	经度 119：13：11.345199999981546 纬度 25：56：4.2951000000029183
福田泰山祖殿	闽侯县南屿镇中溪村	经度 119：12：50.114100000006125 纬度 25：59：12.470300000000947
福垆寺	闽侯县南屿镇西街铺太山堂边 31 号	经度 119：12：55.387500000011656 纬度 25：58：39.078800000003042
天仙泰山府	闽侯县南屿镇双龙村浦口 324 号	经度 119：10：31.369999999995336 纬度 25：54：18.300000000002967
岳山李元帅庙	闽侯县南屿镇陈厝里 49 号	经度 119：13：9.25781199999622828 纬度 25：58：37.7879329999997537
泰山宫	闽侯县青口镇傅筑村	经度 119：22：19.810100000002322 纬度 25：53：16.588799999997832
泰山宫	闽侯县青口镇东台村	经度 119：19：1.3421630002307776 纬度 25：51：7.44461000000598
东岳泰山府	闽侯县小箬乡中平村	经度 118：53：54.704499999992606 纬度 26：16：54.202799999909058
东岳泰山庙	闽侯县小箬乡临江南路 176 号	经度 118：52：25.1300000000046 纬度 26：16：31.869999999995358
茂峰寺	闽侯县上街镇都巡村	经度 119：10：57.916199999977849 纬度 26：5：16.680900000006655
泰山府	闽侯县上街镇金屿村金桥 188 号	经度 119：12：16.110199999995523 纬度 26：4：34.770300000003793
美党泰山府	闽侯县上街镇美党村溪源宫路 88 号	经度 119：11：10.454800000006834 纬度 26：3：48.473499999992768
兴琳寺	闽侯县上街镇上街村	经度 119：11：14.140000000013977 纬度 26：4：44.389999999999418
福泉泰山府	闽侯县上街镇晓岐村观头 52 号	经度 119：13：31.789999999979059 纬度 25：59：55.419999999998453
泰山堂	闽侯县上街镇青州村	经度 119：10：29.929999999992987 纬度 26：4：1.3099999999976575
泰山府	闽侯县大湖乡后井村 257 号	经度 119：3：56.3415999999852 纬度 26：18：0.0053999999944664978
泰山府	闽侯县大湖乡珍山村 126 号	经度 119：1：2.9199999999837045 纬度 26：17：11.589999999996579
泰山尊王庙	闽侯县大湖乡岭头村陈九源	经度 119：7：47.550659000000465 纬度 26：25：34.666442000001538
泰山府	闽侯县大湖乡岭头村山东 95 号	经度 119：5：27.777098999998984 纬度 26：24：54.703674000003986
泰山尊王庙	闽侯县大湖乡岭头村蒋厝林 21 号	经度 119：6：15.3204339999938277 纬度 26：25：49.0104670000001619

（续表）

名称	地址	经纬度
泰山府	闽侯县竹岐乡竹西村园厝58号	经度119：4：15.520000000018648 纬度26：9：33.520000000004089
泰山府	闽侯县竹岐乡苏洋村21号	经度119：8：53.90000000002324 纬度26：6：28.210000000006392
榕岸泰山宫	闽侯县竹岐乡榕岸村榕东466号	经度119：7：25.890000000013949 纬度26：7：12.779999999998832
瀛洲泰山府	闽侯县祥谦镇龙翔岛江中村四十一头206号	经度119：19：46.710000000020955 纬度25：58：19.470000000001306
祥田泰山宫	闽侯县洋里乡田垱村	经度118：59：15.02000000001857 纬度26：18：20.270000000003989
东岳泰山府	闽侯县廷坪乡后溪村前路57号	经度119：6：54.8499999999767 纬度26：28：58.029999999998765
东岳泰山宫	闽侯县尚干镇红新村上道头新村63号	经度119：22：1.3099999999976575 纬度25：55：30.300000000002711
东岳泰山宫	闽侯县尚干镇龙醒村	经度119：21：50.69640999982646 纬度25：55：19.80056699999821
泰山府	闽侯县鸿尾乡鸿尾村柏溪135号	经度118：58：7.6199999999984871 纬度26：9：12.559999999997657
泰山白马庙	闽侯县鸿尾乡超堁村	经度119：0：4.7600000000093106 纬度26：10：4.839999999996536
东岳庙	闽清县梅城镇台山公园	经度118：52：14.159999999974247 纬度26：13：33.220000000001164
泰山殿	闽清县池园镇丽山村芝山公园	经度118：40：59.976100000028794 纬度26：6：3.4140000000043003
东岳泰山府	闽清县省璜镇省璜村	经度118：43：26.918300000019286 纬度25：59：25.839300000006915
泰山府	闽清县塔庄镇坪洋村	经度118：45：44.027699999977017 纬度26：1：16.650200000003682
七都乡约所	闽清县塔庄镇坪街村	经度118：45：51.90000000023141 纬度26：1：15.699999999997086
东岳泰山堂	闽清县塔庄镇溪东村龙安前26号	经度118：46：50.6047999999717 纬度26：3：7.3168000000005051
泰山殿	闽清县云龙乡台埔村161-1号	经度118：50：10.770000000018598 纬度26：9：32.36000000000539
东岳泰山殿	闽清县云龙乡台埔村	经度118：50：11.627197000023273 纬度26：9：32.731018000005818
台埔娱乐园	闽清县云龙乡台埔村74-1号	经度118：50：5.4473870000218483 纬度26：9：29.284056999997148
泰山堂	闽清县坂东镇湖头村广德洋113号	经度118：46：55.179999999993044 纬度26：7：16.249999999999982
东岳泰山府	闽清县坂东镇坂东村683号	经度118：46：13.270000000018456 纬度26：6：43.240000000005253
福兴堂	闽清县桔林乡尚德村10号	经度118：46：35.661620999977544 纬度26：22：29.546812999993577

（续表）

名称	地址	经纬度
后张泰山府	罗源县凤山镇后张街道	经度119：31：51.209099999978207 纬度26：29：17.434800000002681
东岳庙	罗源县松山镇盛头村	经度119：36：32.211899999994813 纬度26：27：14.79989999999809
泰山府	罗源县松山镇大获村	经度119：35：17.359999999985831 纬度26：27：17.649999999994179
东岳庙	罗源县松山镇坑里村169号	经度119：34：17.3200000000071 纬度26：25：6.630000000045856
泰山府	罗源县松山镇坑里村168号	经度119：34：33.840000000025583 纬度26：25：31.389999999999461
七境堂	罗源县西兰乡西兰村	经度119：25：1.2816999999923695 纬度26：28：15.08740000000401
泰山府	罗源县飞竹镇丰余村	经度119：17：42.09000000002554 纬度26：31：7.8300000000017889
泰山都统府	罗源县鉴江镇环城北路121号	经度119：45：23.236083000025332 纬度26：33：9.6926870000025644
泰山府	连江县安凯乡飞红村飞红路3-9号	经度26：21：1.9269000000058156 纬度119：48：40.989799999981216
东岳大帝庙	连江县安凯乡奇达村	经度119：51：19.275499999988881 纬度26：21：19.124400000000534
泰山庙	连江县东岱镇外浦村	经度119：36：22.216299999971056 纬度26：14：33.548500000004395
东岳庙	连江县凤城镇凤尾村	经度119：32：10.132999999972725 纬度26：12：31.883600000000989
泰山府	连江县官坂镇白鹤村	经度119：41：17.856399999989776 纬度26：18：46.874500000005312
泰山府	连江县官坂镇溪尾村	经度119：40：30.065899999986669 纬度26：18：50.465599999995945
泰山府	连江县琯头镇粗芦岛东岸村中心路70-3号	经度119：6：6.44：3：100000019881 纬度26：9：57.532600000005871
泰山夫人宫	连江县琯头镇粗芦岛东岸村中心路232号	经度119：36：13.635499999974741 纬度26：10：1.6760999999969783
东岳庙	连江县琯头镇阳岐村前舟路61号	经度119：32：35.8200000000069 纬度26：7：45.149999999994165
东岳泰山府	连江县黄岐镇凤岐境	经度119：51：57.919899999978952 纬度26：19：38.31799999999923
泰山府公园	连江县坑园镇申园路	经度119：44：30.034700000018546 纬度26：20：55.091799999994677
东岳泰山府	连江县坑园镇红厦村新厝路26-3号	经度119：43：51.7100000000211 纬度26：19：8.32000000000697
圣堂宫	连江县潘渡乡贵安村后巷路30号	经度119：24：19.749300000024945 纬度26：13：22.011400000003007
东岳庙	连江县潘渡乡仁山村	经度119：23：14.41220000002069 纬度26：14：50.27710000000663

（续表）

名称	地址	经纬度
东岳泰山府	连江县透堡镇陇柄村	经度 119：37：25.907499999972003 纬度 26：20：39.834499999997135
东岳泰山府	连江县筱埕镇蛤沙村	经度 119：43：7.80209999997183 纬度 26：16：47.57670000000509
泰山府	连江县筱埕镇南山村泰山路 152 号	经度 119：47：27.95000000001167 纬度 26：17：41.199999999997061
东岳泰山府	连江县凤城镇杭下村玉荷东路 299 号	经度 119：32：44.987100000027453 纬度 26：12：11.13319999999657
东岳庙	连江县长龙镇建庄村	经度 119：33：33.8052000000026 纬度 26：19：40.039600000003688
泰山府	连江县敖江镇幕浦村东南路 2 号	经度 119：34：29.710000000021068 纬度 26：14：9.14999999999413
泰山府	连江县丹阳镇东山村	经度 119：28：30.030000000027854 纬度 26：23：23.749999999999929
泰山府	连江县丹阳镇杜棠村杜棠 149 号	经度 119：29：7.9199999999836734 纬度 26：24：42.740000000005338
泰山府	连江县浦口镇官岭村中明路 5 号	经度 119：41：50.08000000001644 纬度 26：16：55.350000000005721
泰山庙	永泰县城峰镇温泉村大汤	经度 118：56：18.652899999986374 纬度 25：51：13.452699999994167
泰山康太保庙	永泰县城峰镇穴利村小洋 26 号	经度 118：56：42.669999999983617 纬度 25：50：6.0899999999966781
泰山康太保庙	永泰县城峰镇穴利村穴利	经度 118：56：53.820000000007155 纬度 25：50：48.809999999997729
狮子宫	永泰县赤锡乡东坑村	经度 118：53：52.754499999980737 纬度 25：44：36.228300000002633
凤羽宫	永泰县赤锡乡念后村里涧	经度 118：52：30.466899999999555 纬度 25：44：3.1662999999973351
太山尊元庙	永泰县赤锡乡上苦竹村	经度 118：53：32.347400000027875 纬度 25：46：8.1015000000041937
仁寿宫	永泰县赤锡乡白叶村井后 6 号	经度 118：52：51.450000000011613 纬度 25：47：1.2299999999960676
宁寿宫	永泰县赤锡乡云岭村坑头	经度 118：53：12.359999999986115 纬度 25：47：38.660000000003549
蕉坪宫	永泰县赤锡乡蕉坪村桥下 11 号	经度 118：53：54.440000000021578 纬度 25：44：11.2799999999988643
泰山堂	永泰县东洋乡秀岩村	经度 118：37：42.084900000016034 纬度 25：53：11.04080000000252
泰山府	永泰县葛岭镇葛岭村濑下	经度 119：5：17.257600000011752 纬度 25：50：51.6242000000058
泰山府	永泰县葛岭镇溪南村溪南 60 号	经度 119：3：57.95000000011642 纬度 25：52：17.88999999999588
集庆堂	永泰县葛岭镇溪西村溪西 35 号	经度 119：3：23.9099999999743851 纬度 25：53：29.330000000016325

（续表）

名称	地址	经纬度
泰山府	永泰县葛岭镇溪洋村新魁21号	经度119：0：46.1699999999837 纬度25：50：12.649999999994037
泰山府	永泰县岭路乡岭路村	经度118：56：8.7102999999771669 纬度25：49：13.221099999995261
凤落宫	永泰县岭路乡凤落村宫后10号	经度118：55：13.020000000018683 纬度25：48：33.970000000001335
泰山堂	永泰县霞拔乡上和村洋中70号	经度118：41：36.7529000000215 纬度25：55：43.373099999996896
泰山社	永泰县霞拔乡锦安村翰阳41号	经度118：40：13.840000000025441 纬度25：55：52.380000000004543
泰山社	永泰县霞拔乡锦安村下村	经度118：40：30.02000000001857 纬度25：55：16.779999999998978
兴云堂	永泰县长庆镇上洋村连际11号	经度118：32：39.109400000015739 纬度25：53：54.086599999995286
泰山尊王庙	永泰县长庆镇先锋村水尾67号	经度118：35：40.150000000023169 纬度25：57：54.100000000005792
保赤宫	永泰县长庆镇福斗村洋坪33号	经度118：32：14.72999999981231 纬度25：57：24.440000000002158
东岳庙	永泰县长庆镇中埔村戴后	经度118：34：42.15999999997436 纬度25：54：34.470000000001306
龙水宫	永泰县长庆镇上漈村上漈36号	经度118：32：34.830000000016241 纬度25：52：7.9700000000011073
龙翔堂	永泰县盘古乡荣阳村旺益46号	经度118：48：33.097300000023182 纬度25：59：1.6212999999989108
泰山堂	永泰县白云乡凤漈村新堂街15号	经度118：54：13.190000000002158 纬度25：58：59.44999999999709
泰山府	永泰县白云乡岭下村岭下	经度118：55：48.330000000016327 纬度25：57：6.1600000000036914
泰山府	永泰县白云乡岭下村青兰7号	经度118：56：15.320000000006786 纬度25：58：45.470000000001107
泰山堂	永泰县大洋镇埔头村埔头43号	经度118：46：43.4899999999908 纬度25：56：44.6900000000025
泰山堂	永泰县大洋镇下苏村溪尾22号	经度118：49：41.840000000025555 纬度25：53：49.570000000007184
东岳府	永泰县大洋镇珠洋村灿堂坪99号	经度118：45：42.2899999999791 纬度25：53：31.660000000003521
新显堂	永泰县大洋镇宵洋村玉洋	经度118：44：50.6500000000234252 纬度25：53：4.44000000000244199
泰山宫	永泰县洑口乡双溪村白厝洋尾	经度118：27：28.479999999981302 纬度25：47：20.449999999997175
泰山尊王庙	永泰县盖洋乡奋斗村鬼脰33号	经度118：29：37.450000000011556 纬度25：50：15.410000000003379
泰山宫	永泰县清凉镇北斗村北斗66号	经度118：55：49.580000000016469 纬度25：54：54.5700000000069

（续表）

名称	地址	经纬度
七里境	永泰县清凉镇北斗村北斗23号	经度118：54：24.76000000000937 纬度25：55：42.210000000006289
七星境	永泰县清凉镇北斗村洪濑37号	经度118：55：24.9699999999720035 纬度25：54：28.6699999999980548
衍庆堂	永泰县清凉镇古岸村古岸33号	经度118：56：22.440000000002271 纬度25：54：18.55999999999753
泰山府	永泰县清凉镇旗山村旗山23号	经度118：56：44.6099999999862 纬度25：57：10.479999999995755
福兴堂	永泰县清凉镇温南村寨顶13号	经度118：58：41.65000000023084 纬度25：58：35.320000000006928
泰山堂	永泰县清凉镇小田村小田18号	经度118：56：0.41999999998367343 纬度25：55：32.080000000001689
钟峰境	永泰县清凉镇村尾村村尾68-1号	经度118：54：8.79999999998816 纬度25：54：48.8300000000018
泰山宫	永泰县嵩口镇佳洋村宵洋30-1号	经度118：36：38.030000000027826 纬度25：50：56.360000000000667
寿春堂	永泰县嵩口镇中山村德星楼	经度118：35：8.8531489999732571 纬度25：48：27.174681999997148
泰山堂	永泰县塘前乡芋坑村	经度119：9：20.619999999995358 纬度25：48：0.55000000000291038
泰山宫	永泰县梧桐镇白杜村溪北	经度118：39：23.289999999978903 纬度25：47：1.9600000000062323
文明堂	永泰县梧桐镇白杜村白杜	经度118：39：21.690000000002527 纬度25：46：54.089999999996508
格尾宫	永泰县梧桐镇明灯村格尾5-2号	经度118：47：12.729999999981345 纬度25：45：2.3000000000030241
泰山宫	永泰县梧桐镇盘洋村梨营4-8号	经度118：45：30.539999999979131 纬度25：43：8.4799999999958686
泰山府	永泰县梧桐镇盘洋村岭口2-16号	经度118：46：3.7999999999884437 纬度25：42：59.6900000000025
泰山宫	永泰县梧桐镇埔埕村埔埕234号	经度118：47：52.900000000023084 纬度25：45：23.199999999997232
泰山宫	永泰县梧桐镇埔埕村上埕	经度118：47：22.3300000000161 纬度25：44：48.55000000000274
大会岩泰山宫	永泰县梧桐镇三富村大渭	经度118：40：46.809999999997842 纬度25：46：7.5500000000029388
厦门市（4座）		
东岳庙	思明区公园北路66-1号	经度118：5：6.6842000000178636 纬度24：27：49.921199999997015
东岳行宫	同安区岳东路	经度118：9：43.36469999997643 纬度24：43：36.53780000000566
资寿院	湖里区蔡塘社532号	经度118：9：25.010000000009356 纬度24：29：35.009999999994719

（续表）

名称	地址	经纬度
资福院	湖里区后坑社区后社478号	经度118：9：20.724352404839998 纬度24：29：44.85122491291428
漳州市（13座）		
东岳庙	芗城区新华东路851号	经度117：40：0.12809999997244859 纬度24：31：14.150800000003017
东岳庙	诏安县南诏镇中山东路	经度117：11：7.6940000000177378 纬度23：42：28.464200000002222
泰山妈庙	诏安县桥头镇东沈村	经度117：11：40.526899999997141 纬度23：44：34.223100000003086
东岳庙	南靖县靖城镇迎宾西路264号	经度117：30：53.29830000002408 纬度24：34：33.747399999992922
洋丁庵	南靖县靖城镇天口村碑头	经度117：34：0.52000000001854119 纬度24：30：37.919999999998169
下山庵	南靖县靖城镇天口村下山54号	经度117：33：48.039999999978988 纬度24：30：33.75999999999479
岳庙	龙海市榜山镇凤山	经度117：48：5.8307999999996259 纬度24：25：31.330199999996751
东岳宫	龙海市白水镇方田村仙姑岭	经度117：53：49.712600000027862 纬度24：19：21.183600000004006
海澄东岳庙	龙海市海澄镇河福村	经度117：51：30.830000000016469 纬度24：24：28.809999999997586
东岳大帝观	龙海市隆教乡镇海村直路口39号	经度118：5：24.03999999997902 纬度24：16：6.2899999999935119
东岳仁圣大帝庙	漳浦县马坪镇河后村鸡母污61号	经度117：55：36.815799999982062 纬度24：14：23.244800000000403
东岳庙	漳浦县绥安镇绥东村东门兜73号	经度117：37：4.0357000000076937 纬度24：6：47：51690000000238
东岳宫	平和县九峰镇东街20号	经度117：1：9.4299999999960062 纬度24：15：20.820000000007006
泉州市（11座）		
东岳行宫	丰泽区东岳前街古道街66-1号	经度118：36：33.57900000002715 纬度24：55：14.272599999996487
东岳庙	泉港区诚峰村	经度118：57：22.459499999997377 纬度25：7：15.221300000004714
东岳寺	安溪县凤山	经度118：10：57.5592000000179 纬度25：3：56.494399999995949
东岳大帝庙	惠安县崇武镇东门街10号	经度118：56：2.9699999999719751 纬度24：52：46.1199999999954
东岳大帝庙	惠安县螺城镇中山北街445号	经度118：47：46.4051999999792 纬度25：2：25.024099999995073
一片瓦泰山殿	惠安县紫山镇南安村	经度118：45：51.690000000002527 纬度25：2：52.929999999993015

（续表）

名称	地址	经纬度
湖山桥	德化县水口镇淳湖村	经度118：23：55.960000000020855 纬度25：52：22.960000000006318
东岳庙	南安市诗山镇山二村	经度118：17：7.5800000000162981 纬度25：11：10.25999999999474
东岳古寺	石狮市蚶江镇石湖村	经度118：43：17.999999999999829 纬度24：48：35.910000000003492
东岳庙	永春县桃城镇东岳小区98-1号	经度118：17：50.9799999999813 纬度25：19：23.210000000006303
东岳庙	永春县一都镇仙阳村660号	经度117：48：28.51000000000937 纬度25：27：26.039999999993668
莆田市（24座）		
东岳观	涵江区江口镇锦江东路169号	经度119：11：52.051299999991905 纬度25：29：18.780599999998202
东岳观	涵江区江口镇东蔡村	经度119：10：28.499999999999979 纬度25：28：43.259999999994676
临江境	涵江区江口镇东施村149号	经度119：9：55.679999999993015 纬度25：28：37.839999999996579
东岳殿	涵江区江口镇丰美村村址111号	经度119：10：2.830000000162484 纬度25：29：34.630000000047
大兴庙	涵江区三江口镇田厝村	经度119：6：49.239999999990687 纬度25：26：48.809999999997729
三喧庙	涵江区三江口镇鳌山村	经度119：7：33.75119999999994 纬度25：27：6.166799999999999
白云洞	涵江区三江口镇哆中村58号	经度119：7：35.909999999974396 纬度25：26：10.41000000000345
东岳殿	涵江区三江口镇哆中村	经度119：7：49.497499999997686 纬度25：26：12.735600000000034
东岳观	涵江区三江口镇铁灶村东湾西区186号	经度119：8：5.3485000000218363 纬度25：27：37.459199999997495
东岳庙	涵江区大洋乡琼峰村	经度119：6：11.679999999993012 纬度25：44：19.960000000006488
莆阳书院（东岳殿）	荔城区梅园东路395号	经度119：0：48.649299999990035 纬度25：26：16.432899999999862
紫霞宫	秀屿区平海镇平海村西门181号	经度119：15：54.650399999984032 纬度25：11：15.005199999999554
平宁洞	秀屿区平海镇山星村岱山146号	经度119：15：38.770000000018605 纬度25：12：16.240000000005246
顺安庙	秀屿区平海镇江堤村	经度119：14：44.289999999979095 纬度25：12：25.460000000006389
高明庙	莆田市秀屿区平海镇江堤村埭北洲367号	经度119：14：45.249999999999986 纬度25：12：22.949999999997139
朝宗岳庙	秀屿区埭头镇武盛村北渚林	经度119：11：30.340000000025569 纬度25：16：53.779999999998793

（续表）

名称	地址	经纬度
广泽庙	秀屿区埭头镇大蚶山	经度119：15：47.539999999979017 纬度25：15：54.880000000004614
东岳庙	秀屿区东埔镇前范村169号	经度119：3：56.909999999974374 纬度25：9：44.369999999995393
正顺庙	秀屿区东庄镇栖梧村下吴77号	经度119：3：23.429999999993008 纬度25：14：26.179999999992987
五福庙	秀屿区山亭乡莆禧村	经度119：0：7.69000000000233 纬度25：26：25.759999999994818
万安岳庙	秀屿区月塘乡东潘村	经度119：6：3.7000000000116628 纬度25：13：13.059999999997629
泰山洞	城厢区东海镇东海村东港286号	经度118：56：8.743299999999933 纬度25：16：43.852899999999346
东岳庙	仙游县枫亭镇建兴南街518弄62号	经度118：51：2.5300000000281386 纬度25：14：39.42999999999298
东岳庙	仙游县鲤城街道金井村付洋	经度118：39：35.9099999999745 纬度25：22：1.789999999995545
三明市（36座）		
东岳庙	大田县桃源镇广汤村	经度117：33：51.3215000000020137 纬度25：42：25.018700000000393
东岳宫	永安市贡川古镇延城路20号	经度117：26：12.857399999979009 纬度26：5：33.96199999999952
东岳宫	明溪县翰仙镇小眉溪村55号	经度117：15：45.726299999980284 纬度26：19：13.246400000003646
东岳庙	宁化县安远镇灵丰山村	经度116：40：10.869999999995485 纬度26：38：51.3800000000046
东岳庙	清流县里田乡杨坊村园丘里16号	经度116：41：25.750000000000028 纬度26：0：3.3000000000029104
清岩泰山祖殿	尤溪县中仙乡竹峰村	经度118：19：46.890000000013927 纬度26：1：57.7899999999936
泰山宫	尤溪县中仙乡西华村	经度118：14：39.539999999979045 纬度25：56：36.220000000000994
龙兴宫	尤溪县中仙乡华口村100号	经度118：13：23.880000000004671 纬度25：57：54.550000000002825
鸾西宫	尤溪县中仙乡华阳村	经度118：25：19.33000000001627 纬度26：1：45.6999999999971
泰保宫	尤溪县中仙乡上仙村	经度118：20：53.320000000006971 纬度25：57：19.929999999993129
泰山宫	尤溪县中仙乡中仙村	经度118：22：23.719999999972075 纬度25：56：44.339999999996422
龙兴宫	尤溪县中仙乡长门村46-3号	经度118：24：35.710000000020941 纬度25：3：4.1199999999953363
泰山庙	尤溪县中仙乡吉华村	经度118：27：24.940000000002343 纬度25：57：13.179999999992873

（续表）

名称	地址	经纬度
福兴宫	尤溪县中仙乡吉华村	经度118：27：38.690000000002414 纬度25：56：44.160000000003663
泰山宫	尤溪县坂面镇大坪村洋尾58-1号	经度118：12：50.260000000009306 纬度25：56：43.300000000002825
泰山宫	尤溪县坂面镇下川村	经度118：10：35.940000000002357 纬度26：2：38.919999999998247
常清宫	尤溪县坂面镇古迹村常山186号	经度118：9：10.739999999990637 纬度26：58：52.30000000000274
福寿宫	尤溪县西城镇七口街北街90号	经度118：8：22.590000000025583 纬度26：10：23.929999999993008
龙腾宝殿	尤溪县西城镇和平村	经度118：5：35.299999999988358 纬度26：8：41.9700000000012
和济庙	尤溪县三奎头镇	经度118：12：49.65999999997436 纬度26：11：49.110000000000547
岩保宫	尤溪县台溪乡七官场村22-4号	经度118：12：7.05999999999765 纬度26：1：21.520000000004078
威济宫	尤溪县台溪乡西吉村	经度118：11：2.700000000011131 纬度26：0：33.410000000003492
泰山宫	尤溪县台溪乡福廷坑村108号	经度118：12：39.039999999979074 纬度26：2：50.720000000001157
泰山宫	尤溪县台溪乡漈坑村75号	经度118：16：13.190000000002371 纬度26：59：24.110000000000582
西山泰山宫	尤溪县台溪乡漈坑村65-3号	经度118：15：53.249999999999957 纬度25：58：55.88000000000477
感应宫	尤溪县台溪乡坑美村	经度118：16：20.960000000020926 纬度26：1：10.220000000001166
泰山宫	尤溪县台溪乡上宅村	经度118：12：23.190000000002335 纬度26：4：30.970000000001185
泰山宫	尤溪县汤川乡光明村	经度118：25：36.250000000000071 纬度26：7：23.360000000000571
清灵宫	尤溪县溪尾乡溪尾村半岭73号	经度118：21：58.58000000001383 纬度26：10：59.089999999996543
泰山宫	尤溪县溪尾乡本洋村上本洋94号	经度118：26：6.5999999999767311 纬度26：12：38.649999999994158
泰山尊王庙	尤溪县梅仙镇下保村	经度118：12：40.510000000009327 纬度26：18：24.710000000006431
泰山宫	尤溪县梅仙镇半山村138号	经度118：14：30.739999999990673 纬度26：12：34.869999999995294
泰山尊王庙	尤溪县西滨镇七里村下万19号	经度118：17：38.280000000028025 纬度26：18：24.10000000005792
泰山宫	尤溪县西滨镇西洋村丁山路22-5号	经度118：22：40.549999999988273 纬度26：22：22.029999999998893
清灵宫	尤溪县新阳镇南芹村南阳199号	经度117：54：32.780000000027911 纬度26：6：26.240000000005264

（续表）

名称	地址	经纬度
泰山宫	尤溪县洋中镇梅峰村丹坑	经度118：29：12.450000000011698 纬度26：18：1.0399999999935972
南平市（4座）		
泰山东岳宫	延平区闽江支路2号	经度118：11：9.0204999999841817 纬度26：38：26.772100000002155
泰山宫	延平区南山镇岩溪村岩溪30号	经度118：25：28.460000000020926 纬度26：37：43.360000000000554
泰山府	延平区樟湖镇溪口村	经度118：30：0.719999999972103 纬度26：25：9.240000000005324
东岳庙	建瓯市白鹤山建安路401号	经度118：20：31.732699999993272 纬度27：2：44.416800000006333
龙岩市（3座）		
东岳宫	长汀县兆征路99号	经度116：20：52.229999999981445 纬度25：50：20.649999999994009
东岳行宫	长汀县南屏山	经度116：21：1.989999999996015 纬度25：49：20.330000000001718
泰山圣母庙	上杭县嫩洋村马鞍山丰路46号	经度116：28：35.7945000000182 纬度25：3：57.538499999951
宁德市（19座）		
泰山温康元帅宫	蕉城区八都镇云淡村和平路75-1号	经度119：35：41.369999999995457 纬度26：46：36.820000000006843
元帅宫	蕉城区八都镇下汐村	经度119：35：53.130000000004713 纬度26：46：40.33999999999665
东山宫	蕉城区七都镇黄厝村	经度119：32：59.109999999986229 纬度26：45：55.970000000001363
康山元帅庙	蕉城区三都镇孙厝里村26-1号	经度119：40：10.710000000020869 纬度26：28：31.529999999998779
康元帅宫	蕉城区洋中镇上坎村67号	经度119：23：4.5399999999791163 纬度26：41：51.3800000000046
康元帅宫	蕉城区漳湾镇王坑村东路北弄44号	经度119：34：44.169999999983531 纬度26：41：45.429999999992958
康元帅宫	蕉城区漳湾镇王坑村坑里28号	经度119：34：45.150000000023311 纬度26：41：49.149999999994094
泰灵宫	蕉城区漳湾镇留屿村79号	经度119：34：37.760000000009484 纬度26：43：38.740000000005352
泰山康太保宫	蕉城区漳湾镇林家池村	经度119：35：40.16999999983759 纬度26：40：14.100000000005934
泰山康太保宫	蕉城区漳湾镇拱屿村	经度119：36：8.0499999999884153 纬度26：41：16.139999999999475
尤沃境	蕉城区漳湾镇游澳村	经度119：34：11.422118999995092 纬度26：40：19.601439999998576

（续表）

名称	地址	经纬度
东岳宫	蕉城区虎贝乡梅鹤村	经度 119：14：0.799999999984011 纬度 26：47：55.440000000002527
泰山宫	蕉城区虎贝乡新亭村	经度 119：16：12.170784970000002 纬度 26：45：12.469299999996576
东岳道观	福安市天马山溪口2-19号	经度 119：39：0.85300000000273712 纬度 27：4：42.330499999996377
安泰宫	福安市下白石镇行洋村行洋路282号	经度 119：37：26.099999999976689 纬度 26：48：0.75999999999496026
东岳庙	古田县凤都镇溪头村溪头洋路17-4号	经度 118：38：2.1099999999860586 纬度 26：37：0.82000000000718387
攀龙堂	古田县凤都镇溪头村溪头路1-2号	经度 118：38：28.599999999976546 纬度 26：37：10.440000000002527
东岳庙	霞浦县溪南镇台江村307号	经度 119：53：32.559999999997586 纬度 26：42：24.039999999993569
东岳殿	屏南县代溪镇忠洋村339号	经度 119：7：8.6865230000112348 纬度 26：47：18.7641900000016
平潭综合实验区（5座）		
东岳泰山府	澳前镇东光村	经度 119：50：31.375100000004892 纬度 25：28：26.362099999998563
泰山府	流水镇裕藩村	经度 119：51：35.562700000009357 纬度 25：33：17.513500000000732
东岳泰山寺	流水镇松柏岚村	经度 119：4：23.768099999986418 纬度 25：33：27.817299999994987
兴隆泰山寺	北厝镇吉钓林厝村	经度 118：41：22.827700000023583 纬度 25：26：52.483900000006543
泰山宫	屿头岛东金村东京282号	经度 119：35：53.061099999991512 纬度 25：39：8.0354999999981658

后　记

　　最初，我并无专门调研、整理成书的打算，只是简单走走看看，当意识到泰山信仰在福建群众基础非常广泛、民间活动非常丰富时，便发愿般想走遍福建泰山庙，仔细地调研一番。其过程完全在摸索尝试，一点点地学习、调整和修改，资料一点点地细流融汇，拙作宛如正在成长的胚胎，逐渐由模糊的团状，演变成现在清晰的模样。

　　我非"科班"出身，所谓的调研完全是"野路子"，却也得到了诸位师长的鼓励支持：北京大学杨辛教授百岁高龄，仍当面指点，鼓励"年轻人，将调研继续进行下去"；冯骥才先生未因我微末之人而拒于门外，而是挤出时间当面畅谈；德国汉学家、"中国政府友谊奖"获得者沃尔夫冈·顾彬在著作中多次论及泰山，并与我同登泰山创作；中国民俗学会会长叶涛教授多次拨冗指导；中央民族大学谢路军教授亲自写序。同时，我也得益于和其他学友的交流，获得了大量珍贵资料与启发，甚是感激，唯有继续努力，以不负师友厚爱。

　　多位朋友问我，缘何会对泰山有如此情怀，并为之耗费心力、不计成本。据父母回忆，我的曾祖母患眼疾半盲，现实的痛苦让人无奈，只好将希望转至云端，终其一生不间断地给碧霞元君烧香，祈祷着："我这辈子就这样了，求泰山老奶奶保佑我的子孙。"或许是曾祖母给我种下的远因，而朋友则调侃："是泰山派你到福建完成这个任务的。"

　　回顾这段历程，雨中漂萍般游荡，感受难以言表，在此引用冯骥才先生在《泰山挑山工纪事》中的一段话略表心迹："我深信一个人能与一座堪称'国山'的名山如此结缘，是一种少有的福分。为此我将自己与泰山的各种因缘，整理成一本档案化的小书。档案留给我自己，书献给泰山，还有尊敬的读者。如果读者由此书深化了一层与泰山的关系，那便是我最美好的期望了。"

王东峰

2021 年 12 月 21 日